∷ 中華文化促進會主持編纂

∷ 國家"十一五"~"十四五"重點圖書出版規劃項目

∷ 中國社會科學院哲學社會科學創新工程學術出版資助項目

出品人 王石 段先念

今注本二十四史

遼史

元 脫脫等 撰

李錫厚 劉鳳翥 主持校注

三 紀【三】志【一】

中國社會科學出版社

遼史　卷一八

本紀第十八

興宗一

　　興宗神聖孝章皇帝諱宗真，字夷不菫，小字只骨，聖宗長子，母曰欽愛皇后蕭氏。[1]上始生，齊天皇后取養之。[2]幼而聰明，長而魁偉，龍顔日角，豁達大度。善騎射，好儒術，通音律。三歲封梁王，太平元年册爲皇太子，十年六月判北南院樞密使事。[3]

　　[1]欽愛皇后（？—1057）：太祖淳欽皇后弟阿古只五世孫。姓蕭氏，小字耨斤。爲聖宗元妃，生宗真。仁德皇后無子，取宗真而養之如己出。聖宗死後，宗真即位，耨斤自立爲皇太后，攝政，並殺害仁德皇后，謀廢興宗立重元。本書卷七一有傳。【劉校】欽愛皇后，原作“欽哀皇后”，其哀册篆蓋作“欽愛皇后哀册”，據改。

　　[2]齊天皇后（982—1032）：聖宗皇后，姓蕭氏，小字菩薩哥，景宗睿智皇后弟隗因之女。年十二選入掖庭。統和十九年（1001），册爲齊天皇后。生皇子二，皆早卒。開泰五年（1016），

宮人耨斤生興宗，後養爲子。興宗即位後，耨斤自立爲太后。齊天皇后被耨斤所害，死時年五十。後追尊仁德皇后。與欽愛並祔慶陵。本書卷七一有傳。

[3]判：唐宋官制。以大兼小，即以高官兼較低職位的官稱判。故興宗即位前以皇太子之尊負責北南院樞密院事稱爲"判"。

十一年夏六月己卯，聖宗崩，即皇帝位於柩前。壬午，尊母元妃蕭氏爲皇太后。甲申，遣使告哀於宋及夏、高麗。[1]是年，御宣政殿放進士劉貞等五十七人。[2]辛卯，大赦，改元景福。乙未，奉大行皇帝梓宮殯于永安山太平殿。[3]辛丑，皇太后賜駙馬蕭鉏不里、蕭匹敵死，圍場都太師女直著骨里、右祗候郎君詳穩蕭延留等七人皆棄市，[4]籍其家，遷齊天皇后於上京。

[1]高麗：指王建創建的高麗王朝（918—1392）。統治地域在今朝鮮半島，首都在開京（今朝鮮開城市）。

[2]放進士劉貞等五十七人：【劉校】《羅校》謂是次年放進士劉師貞等五十七人之複出。

[3]大行皇帝：尚未確定謐號的皇帝、皇后稱"大行皇帝""大行皇后"。 梓宮：【劉注】入殮後的皇帝、皇后的棺材。 永安山：遼帝夏捺鉢地。傅樂焕《遼代四時捺鉢考》云："原名緬山，聖宗時改稱。《聖宗紀》'太平三年七月丁亥，賜緬山名曰永安'。後聖宗慶陵即營建其地。聖宗崩後，興宗即陵置州，是曰慶州，更稱慶陵曰慶雲山。"（《遼史叢考》第86頁）

[4]棄市：執行死刑。古代在鬧市上行刑，並暴屍於街頭，稱爲棄市。

秋七月丙午朔，皇太后率皇族大臨于太平殿。高麗遣使弔慰。上召晉王蕭普古等飲博，夜分乃罷。丁未，擊鞠。[1]戊申，以耶律韓八爲左夷离畢，[2]特末里爲左祇候郎君詳穩，[3]橫帳郎君樂古權右祇候郎君詳穩。[4]己酉，以耶律鄭留爲于厥迪烈都詳穩，[5]高八右皮室詳穩。[6]庚戌，振薊州饑民。[7]癸丑，詔寫大行皇帝御容。甲寅，錄囚。以觀察姚居信爲上將軍。建慶州于慶陵之南，[8]徙民實之，充奉陵邑。乙卯，以比歲豐稔，罷給東京統軍司糧。丁巳，上謁大行皇帝御容，哀慟久之，因詔寫北府宰相蕭孝先、南府宰相蕭孝穆象于御容殿。[9]以蕭阿姑軫爲東京留守。丁卯，謁太平殿，焚先帝所御弓矢。幸晉王普古第視疾。辛未，錄囚。壬申，上謁神主帳，時奧隈蕭氏始入宮，亦命拜之。

[1]擊鞠：即打馬球，是當時流行的競技活動。因爲參賽者都在馬上擊球，奔馳的快馬有時會失控，因此具有一定的危險性。統和六年（988），一日承天太后觀看臣下擊鞠，她的寵臣韓德讓被胡里室衝撞墜馬，太后一怒之下，竟下令將胡里室斬首。今内蒙古自治區敖漢旗皮匠溝1號遼墓墓門西側的穹隆頂下部，有一幅打馬球圖。現存寬180釐米、高50釐米。畫面有多處剥落，但大體可辨。

[2]夷离畢：契丹官名。爲執政官，相當於副宰相參知政事。後來官分南、北，北面官有夷离畢院，主要掌刑政。

[3]詳穩：契丹語官名。即漢語將軍的轉譯。【劉注】詳穩爲契丹小字官名（字）的音譯。本書卷一一六《國語解》："詳穩，諸官府監治之官。""詳穩"不是漢語"將軍"的轉譯，而是契丹語的音譯。契丹語中另有"將軍"一詞是漢語借詞。

[4]横帳：契丹以玄祖之後爲皇族，分爲三房：孟父房、仲父房和季父房。季父房一系太祖阿保機子孫爲“横帳”。本書卷一六《聖宗本紀七》：開泰八年（1019）冬十月癸巳，詔“横帳、三房不得與卑小帳族爲婚；凡嫁娶，必奏而後行”。本書卷四五《百官志一》：“玄祖伯子麻魯無後，次子巖木之後曰孟父房；叔子釋魯曰仲父房；季子爲德祖，德祖之元子是爲太祖天皇帝，謂之横帳；次曰剌葛，曰迭剌，曰寅底石，曰安端，曰蘇，皆曰季父房。”

[5]于厥：部族名。即烏古。

[6]皮室：契丹軍名。意爲“金剛”。初爲阿保機所置，稱“腹心部”。後有南、北、左、右皮室及黄皮室等，皆掌精甲。

[7]薊州：治所在今天津市薊州區。

[8]慶州：州城治所在今内蒙古自治區巴林右旗索博日嘎鎮。

慶陵：包括遼聖宗耶律隆緒和仁德皇后、欽愛皇后的永慶陵，遼興宗耶律宗真和仁懿皇后的永興陵，遼道宗耶律弘基和宣懿皇后的永福陵。位於今内蒙古自治區巴林右旗索博力嘎鎮（白塔子）北約十餘公里的瓦林茫哈地方。聖宗永慶陵中保存有壁畫，繪有人物、山水，尤以象徵四時捺鉢的四季山水圖，彌足珍貴。三陵出土遺物多已散失，今僅存部分石刻哀册。其中漢文哀册有聖宗、仁德皇后、欽愛皇后、道宗、宣懿皇后各一盒，仁懿皇后哀册僅存篆蓋。契丹小字哀册有道宗、宣懿皇后各一盒。1922年還從中抄寫出興宗和仁懿皇后的契丹小字哀册册文，原石仍埋陵内。

[9]蕭孝先：聖宗欽愛皇后蕭耨斤和蕭孝穆之弟。字延寧，小字海里。尚南陽公主，拜駙馬都尉。爲東京留守。大延琳反，被圍數月，穴地而出。欽愛弑仁德皇后蕭菩薩哥，孝先多爲其謀。本書卷八七有傳。　蕭孝穆（？—1043）：太祖淳欽皇后弟阿古只五世孫。小字胡獨堇。統和二十八年（1010）累遷西北路招討都監。開泰元年（1012）冬，進軍可敦城，敗阻卜結五群牧長謀叛，拜北府宰相。太平九年（1029）平定大延琳謀反，改東京留守。興宗即位，復爲南京留守。本書卷八七有傳。

八月壬午，[1]遷大行皇帝梓宮於菆塗殿。

[1]壬午：【劉校】據中華點校本校勘記，《遼文匯》卷五《聖宗哀册》作"壬寅"。

九月戊申，躬視慶陵。庚戌，問安于皇太后。辛亥，宋遣王隨、曹儀致祭，王礭、許懷信、梅詢、張綸來慰兩宮，范諷、孫繼業賀即位，孔道輔、魏昭文賀皇太后册禮。戊午，焚弧矢、鞍勒於菆塗殿。[1]庚申，夏國遣使來慰。[2]庚午，以宋使弔祭，喪服臨菆塗殿。甲戌，遣御史中丞耶律壽、司農卿張確、詳穩耶律勵、四方館使高維翰謝宋弔慰。

[1]弧矢：弓箭。
[2]夏國（1038—1227）：以党項民族爲主體建立的政權。公元1038年，元昊叛宋稱帝，建立大夏王朝，傳十代，至1227年爲蒙古所滅。元昊稱帝以前，作爲北宋境内的地方割據政權，已經具有獨立性。史稱西夏，先後與遼、北宋及金、南宋並立於中國境内。境土包括今寧夏回族自治區全部、甘肅省大部、陝西省北部以及青海省、內蒙古自治區的部分地區。

冬十月戊寅，宰臣呂德懋薨。癸未，殺鉏不里黨彌勒奴、觀音奴等。丙戌，遣工部尚書高德順、崇禄卿李可封致先帝遺物于宋。[1]以右領軍衛上將軍耶律遜、少府監馬憚充皇太后謝宋使，右監門衛上將軍耶律元載、引進使魏永充皇帝謝宋使。丁酉，夏國遣使來賵。戊戌，以蕭革、趙爲果、耶律鬱、馬保業充來歲賀宋正旦使副。[2]

[1]高德順：【劉校】據中華點校本校勘記：“《長編》作‘蕭德順’。”

[2]蕭革（？—1063）：契丹外戚。國舅房林牙和尚之子。重熙十二年（1043）爲北院樞密副使。十三年，拜北府宰相。革怙寵專權，同僚以其奸佞，言用之將敗事，興宗不聽。拜南院樞密使，詔班諸王上。道宗即位後，與國舅蕭阿剌同掌朝政。清寧九年（1063）秋重元之亂，革參預其謀，凌遲處死。本書卷一一三有傳。

賀宋正旦使副：【靳校】原闕“副”字，中華點校本據南監本、北監本和殿本補。今從。

閏月辛亥，謁菆塗殿，閱玄宮閟器。[1]有司請以生辰爲永壽節，皇太后生辰爲應聖節，從之。辛酉，閱新造鎧甲。丁卯，振黃龍府饑民。[2]

[1]玄宮：北方的宮殿稱“玄宮”，這里是指菆塗殿。興宗謁菆塗殿，並觀看殿中秘器。
[2]黃龍府：治所在今吉林省農安縣。

十一月壬辰，上率百僚奠於菆塗殿。出大行皇帝服御、玩好焚之，縱五坊鷹鶻。甲午，葬文武大孝宣皇帝於慶陵。乙未，祭天地。問安皇太后。丙申，謁慶陵，以遺物賜群臣，名其山曰慶雲，殿曰望仙。

十二月癸丑，至自慶陵。皇太后聽政，帝不親庶務，群臣表請，不從。

是歲，以興平公主下嫁夏國王李德昭子元昊，[1]以元昊爲夏國公、駙馬都尉。

[1]李德昭（981—1032）：即李德明，遼避景宗諱，改德明爲德昭。西夏李繼遷之子。年二十四嗣位。公元 1005 年，遼册封他爲西平王。次年，宋授其爲定難軍節度使，封西平王。死後其子元昊追諡光聖皇帝，廟號太宗。　元昊（1003—1048）：即李元昊。小字嵬理，李德明長子。1031 年，李德明死後嗣位，宋授定難軍節度、夏銀綏宥靜等州觀察處置押蕃落使、西平王。遼封他爲夏國王。宋寶元元年（1038）十月，他更名曩霄，建國號大夏，年號天授禮法延祚，自稱皇帝。進表宋朝，要求承認建國稱帝的既成事實，雙方隨即發生戰爭。七年後，雙方重新媾和。西夏國主稱臣，宋朝同意每年給予銀、絹、茶、采共二十五萬五千兩、匹、斤。夏宋媾和，夏遼矛盾隨之激化。西夏景宗與遼興平公主婚後失和，再加這時遼境内的党項部落多叛附西夏，糾紛益形擴大。遼興宗親征西夏，遭遇失敗。從此夏、宋、遼三方鼎峙的局勢形成。

重熙元年春正月壬申朔，皇太后御正殿，受帝與群臣朝。宋遣任布、王遵範、陳琰、王克善來賀。[1]乙亥，宋遣鄭向、郭遵範來賀永壽節。[2]丁丑，如雪林。

[1]王克善：據傅樂焕《宋遼聘使表》應爲王克忠（見《遼史叢考》第 195 頁）。

[2]宋遣鄭向、郭遵範來賀永壽節：宋賀遼帝后生辰使節到達時間，均與受賀者生辰不符。其原因有二：一是遼方考慮到宋使行程季節之方便，二是遼接待之方便。傅樂焕先生有如下論述："宋遼互賀，雙方遣使，例在賀期前三二月。如賀正旦使，例遣於九月左右……考《長編》所記賀遼生辰聘使，自興宗之後，統命遣於八

九月間，與賀正旦使同時。則到遼亦應在十二月一月之間。初疑遼諸帝后生辰何以均在此兩月之內，於是轉而求諸帝生辰確日。由前表可見除聖宗確生十二月外，餘如興宗生二月，天祚生四月，而道宗生八月，揆以事理，宋廷決不能在期前一年即行遣使。繼見《長編》所載此期生辰使不獨與正旦使同遣，且確於十二月或一月與正旦使先後抵遼。尤可異者《遼史》記宋賀生辰使之到達，亦多在十二月一月，換言之即與《長編》合，而與其本身所載諸帝生辰不相符⋯⋯金宋通好時，金帝生辰嘗改期以受宋賀。改期之原因，則以避免雨水霖潦，以便行人。頗疑金人未必有此雅量，其所以改期或別有原由，而遼帝生辰《長編》《遼史》記載之抵牾，亦或與之有關⋯⋯蓋遼帝等終年遊獵，居處無定所。今為接待異國使人，須趕往三數地點，坐待無謂禮儀之舉行，其為苦事，可想像而知也⋯⋯是使臣之蒞臨，打斷其‘鈎魚射鵝’之樂，加之以‘拱手朝會’之苦，改賀之制在以上種種局勢下產生，事甚自然也。”（參傅樂煥《遼史叢考》第 241 至 244 頁）

二月，大蒐。[1]
三月壬申朔，尚父、漆水郡王敵烈復為惕隱。[2]

[1]大蒐：即春蒐，春季打獵。蒐，打獵。典出《左傳》隱公五年：“春蒐、夏苗、秋獮、冬狩”。
[2]惕隱：契丹官名。又稱梯里己，掌皇族政教。

是春，皇太后誣齊天皇后以罪，[1]遣人即上京行弒。后請具浴以就死，許之。有頃，后崩。

[1]皇太后誣齊天皇后以罪：據《九朝編年備要》卷九宋仁宗天聖九年（1031）末載：“是歲契丹主隆緒死，子宗真立。隆緒自

與朝廷通好，歲貢方物，無鉅細必親閲之，守約甚堅。至是病劇，召東平王蕭孝先，使輔立其子宗真，且戒毋失朝廷信誓。隆緒妻號齊天聖后，妾號順聖元妃。順聖生宗真，小名木不孤。隆緒遺命以齊天爲皇太后，順聖爲皇太妃。順聖匿之，乃自爲皇太后，令人誣告齊天謀叛，縊殺之。於是宗真立，改元景福，諡其父曰天輔皇帝，廟號聖宗。"

夏四月乙巳，清暑別輦斗。

秋七月，獵平地松林。[1]以蕭達溥、王英秀、蕭麓、張素羽充來歲賀宋正旦生辰使。

[1]平地松林：西遼河上游中古時期生態良好，有茂密的松林，稱"平地松林"。《新五代史》卷七三《四夷附録第二》引胡嶠《陷虜記》説："自上京東去四十里至真珠寨，始食菜。明日東行，地勢漸高，西望平地松林，鬱然數十里，遂入平川，多草木。"

八月丙午，駐蹕剌河源。皇子洪基生。[1]

[1]洪基：【劉注】《仁懿皇后哀册》作"弘基"。即後來的遼道宗。據《耶律弘世墓誌銘》，遼道宗的二弟名弘本，三弟名弘世。他們都是"弘"字輩的。

冬十月己酉，幸中京。

十一月己卯，帝率群臣上皇太后尊號曰法天應運仁德章聖皇太后；群臣上皇帝尊號曰文武仁聖昭孝皇帝。大赦，改元重熙。癸未，宋遣劉隨、王德本來賀應聖節。[1]以楊佶爲翰林承旨。丙戌，夏國遣使來賀。辛卯，五國酋長來貢。[2]夏國王李德昭薨，册其子夏國公元昊爲夏國王。

[1]宋遣劉隨、王德本來賀應聖節：《長編》卷一一一宋仁宗明道元年（1032）八月壬子："以鹽鐵副使、刑部員外郎劉隨爲契丹國母生辰使，内殿承制、閣門祇候王德基副之；開封府判官、職方員外郎楊日嚴爲國主生辰使，客省副使王克基副之；太常博士、直集賢、同修起居注胥偃爲國母正旦使，閣門宣事舍人王從益副之；監察禦史崔暨爲國主正旦使，東染院副使趙振副之。"王德基，此避道宗洪基名改"德本"。

[2]五國：即五國部。遼以越里篤、剖阿里、奥里米、蒲奴里和越里吉等五部統稱五國部。

　　十二月庚戌，宋遣胥偃、王從益、崔暨、張懷志來賀來歲正旦；又遣楊日嚴、王克纂來賀永壽節。[1]以北大王耶律求翰同平章事。

　　是年，放進士劉師貞等五十七人。

[1]王克纂：【劉校】據中華點校本校勘記："《長編》作'王克基'。此避道宗洪基名改。"

　　二年春正月庚辰，東幸。乙酉，夏國遣使來貢。壬辰，女直詳穩臺押率所部來貢。宋遣曹琮來告母后劉氏哀，章得象、安繼昌來饋母后遺物。即遣興聖宮使耶律壽寧、給事中知制誥李奎充祭奠使，天德軍節度使耶律卿寧、大理卿和道亨、河西軍節度使耶律嵩、引進使馬世卿充兩宮弔慰使。[1]

[1]天德軍：唐軍鎮名，即豐州。遼太祖阿保機於神册五年（920）平党項，乃以此地爲天德軍。其地在今内蒙古自治區呼和浩特市東白塔一帶。

秋七月甲子朔，以耶律寔、高升、耶律迪、王惟允充兩宫賀宋生辰使、副，[1]以耶律師古、劉五常充賀宋來歲正旦使、副。[2]

[1]以耶律寔、高升、耶律迪、王惟允充兩宫賀宋生辰使、副：【劉校】中華修訂本稱“耶律寔”，道光殿本引《大典》作“耶律實”，明抄本、南監本、北監本、殿本皆作“耶律楚”，《長編》卷一一四宋仁宗景祐元年（遼重熙三年，1034）四月庚子作“耶律述”。又“高升”“王惟允”，《長編》作“高昇”“王惟永”。

[2]正旦：【劉校】原本作“三旦”，明抄本、南監本、北監本和殿本均作“正旦”。中華點校本及修訂本徑改。今從改。

八月丁酉，幸温泉宫。乙卯，遣使閲諸路禾稼。

冬十一月甲申，宋遣劉寶、符忠、李昭述、張茂實等來謝慰奠。[1]

[1]宋遣劉寶、符忠、李昭述、張茂實等來謝慰奠：傅樂焕云，劉寶，《長編》作“劉賽”。符忠，《長編》作“符惟忠”。《宋遼聘使表》作“惟忠”，《宋史》卷四六三有傳，曾載此次使事。《遼史》作“符忠”蓋脱“惟”字（見《遼史叢考》第196頁）。

十二月乙未，宋遣丁度、王繼凝來賀應聖節。己酉，禁夏國使沿路私市金、鐵。甲寅，宋遣章頻、李懿、王沖睦、張緯、李紘、李繼一來賀永壽節及來歲正旦。庚申，以北府宰相蕭孝先爲樞密使。

三年春正月丁卯，宋使章頻卒，詔有司賵贈，[1]命近侍護喪以歸。[2]辛卯，如春水。[3]

[1]賵（fù）贈：贈送財物給辦喪事的人家。

[2]近侍：皇帝身邊的奴僕。

[3]春水：即春捺鉢。地點多在長春州（今吉林省前郭爾羅斯蒙古族自治縣塔虎城）魚兒濼，又稱長濼、長泊。因其活動多在水上，故稱"春水"。

二月壬辰朔，[1]以北院樞密使蕭普古爲東京留守。[2]戊申，耶律大師奴有侍繰褓恩，詔入屬籍。

[1]二月壬辰朔：【劉校】"朔"字原闕，中華點校本據本書卷四四《曆象志下·朔考》補。今從。

[2]北院樞密使：即契丹樞密院之樞密使，爲北面官之最高官職，掌軍事、部族。詳本書卷四五《百官志一》。

夏四月甲寅，振耶迷只部。

五月庚申朔，清暑沿柳湖。是月，皇太后還政於上，躬守慶陵。[1]

[1]皇太后還政於上，躬守慶陵：據此，似乎皇太后是自願退出政治舞臺的。這顯然是史官有意爲尊者諱。《長編》卷一一五宋仁宗景祐元年（1034）八月壬申記事："契丹法天太后專制其國，用蕭氏兄弟分監南北蕃漢事，蕭氏奴團練、防禦、節度、觀察使者

至四十人，范陽無賴輩以故多占名爲蕭氏奴。契丹主以上尊酒、銀帶賜樂工，太后怒，鞭樂工。契丹主疑内品告太后，使左右殺内品一人。太后愈怒，下吏雜治，語連契丹主。契丹主曰：'我貴爲天子，乃與囚同答狀。'鬱鬱不平，即與耶律薏孫謀率兵逐太后，以黄布車載送慶州，守聖宗塚。遂殺永興宫都總管郭沁格及内侍數十族。命内庫都提點王繼、内侍都知趙安仁等監南北面蕃漢臣僚。"《契丹國志》卷一三《聖宗欽哀皇后蕭氏傳》載：法天太后臨朝，"南北面蕃漢公事率其弟兄掌握之，凡所呈奏，弟兄聚議，各各弄權，朝臣朋黨，每事必知。太后臨朝凡四年，興宗方幽而廢之，國中已困矣。太后之未廢也，諸舅以次權勢熏灼，帝懼内難，乃與殿前都點檢耶律喜孫、護衛太保耶律劉三等定謀廢后。召硬寨曳剌護衛等三百餘人，帝立馬於行宫東之二里小山上，喜孫等直入太后宫，驅后登黄布車，幽於慶州，諸舅以次分兵捕獲，或死或徙，餘黨並誅。是時乃重熙之三年也"。

六月己亥，以蕭普古爲南院樞密使。[1]

[1]南院樞密使：即漢人樞密院之樞密使。爲南面官最高官職。詳見本書卷四七《百官志三》。

秋七月戊子朔，上始親政，以耶律庶徵、劉六符、耶律睦、薄可久充賀宋來歲正旦使、副。[1]壬辰，如秋山。[2]

[1]以耶律庶徵、劉六符、耶律睦、薄可久充賀宋來歲正旦使、副：傅樂焕《宋遼聘使表》載："本年遼興宗逐其母法天太后，自此迄重熙八年，宋停遣契丹國母生辰正旦賀使。庶徵《長編》作庶幾。按《遼史》全書中除此一處外，未再見庶徵一名。而卷八九有

耶律庶成及弟庶箴傳，疑‘庶徵’爲‘庶箴’之誤。”（見《遼史叢考》第 197 頁）。　劉六符（？—1055）：劉慎行之子。六符重熙初遷政事舍人，擢翰林學士。十一年（1042）與宣徽使蕭特末使宋索十縣地，還，爲漢人行宮副部署。會宋遣使增歲幣以易十縣，復與耶律仁先使宋，還，加同中書門下平章事。及宋幣至，命六符爲三司使以受之。本書卷八六有傳。

　[2]秋山：即秋捺鉢。秋捺鉢的主要活動是狩獵，聖宗以後，其主要地點是在慶州（今内蒙古自治區巴林右旗西北白塔子）西部諸山。

　　冬十月己未，駐蹕中會川。

　　十二月，宋遣段少連、杜仁贊來賀來歲正旦，楊偕、李守忠來賀永壽節。

　　四年春正月庚寅，如耶迷只里。

　　三月乙酉朔，立皇后蕭氏。[1]

　[1]皇后蕭氏：【劉注】指仁懿皇后蕭氏，小字撻里，欽愛皇后弟孝穆之長女。性寬容，姿貌端麗。帝即位，入宮，生道宗。重熙四年（1035）立爲皇后。

　　夏四月甲寅朔，如涼陘。

　　五月庚子，清暑散水源。

　　六月癸丑朔，皇子寶信奴生。以耶律信、呂士宗、蕭袞、郭揆充賀宋生辰及來歲正旦使、副。

　　秋七月壬午朔，獵于黑嶺。

　　九月己酉，駐蹕長寧淀。

　　冬十月，如王子城。

十一月壬午，改南京總管府爲元帥府。[1]乙酉，行柴册禮於白嶺，大赦。加尚父耶律信寧、政事令耶律求翰者宿贊翊功臣。[2]

十二月癸丑，詔諸軍炮、弩、弓、劍手以時閲習。庚申，宋遣鄭戩、柴貽範、楊日華、張士禹來賀永壽節及正旦。

[1]元帥府：主持遼朝南邊防務的機構。遼朝往往以皇位繼承人出任天下兵馬大元帥，早年德光、李胡都曾具有大元帥頭銜。後來，大元帥在燕京開府。余靖《武溪集》卷一七《契丹官儀》説："胡人之掌兵者，燕中有元帥府，雜掌番漢兵，太弟總判之……大抵胡人以元帥府守山前，故有府官，又有統軍，掌契丹、渤海之兵。馬軍步軍一，掌漢兵。以乙室王府守山後，又有雲、應、蔚、朔、奉聖等五節度營兵，諸州又置鄉兵。"

[2]政事令：遼朝南面宰相。掌中外事悉令參決。

五年春正月甲申，如魚兒濼。樞密使蕭延寧請改國舅乙室小功帳敞史爲將軍，[1]從之。

[1]乙室小功帳：【劉校】中華修訂本校勘記："本書卷四五《百官志一》作'乙室己小翁帳'，當是。"

夏四月庚申，[1]以潞王查葛爲南府宰相，[2]崇德宮使耶律馬六爲惕隱。甲子，幸后弟蕭無曲第，[3]曲水泛觴賦詩。丁卯，頒新定條制。己巳，上與大臣分朋擊鞠。

[1]夏四月：【劉校】原無"夏"字，據中華點校本補。

[2]潞王查葛：【劉注】查葛爲耶律宗正的契丹語名。據《耶律宗正墓誌銘》：“（重熙）四年，國家以肇膺駿命，始上鴻名。廼眷靈源。宜均睿澤，寵膺一字。進封魯王。”潞王應爲“魯王”之。

[3]幸后弟蕭無曲第：【劉注】蕭無曲，蕭孝穆第二子，蕭德温之叔。無曲是漢名，契丹語小名撒八，契丹語第二個名周隱。七歲，以戚屬加左右千牛衛大將軍。重熙初，補祇候郎君。尚魏國公主，拜駙馬都尉。重熙末，出爲西北路招討使，武寧郡王，居官以治稱。清寧初薨，年三十九，追封齊王。本書卷八七有傳。《蕭德温墓誌銘》稱：“故西北路招討使、駙馬都尉、齊王，諱舞曲，則叔也。”（見陳述校輯《全遼文》（中華書局 1982 年版）第 216 頁）

五月甲午，南幸。丁未，如胡土白山清暑。庚申，幸北院大王高十行帳拜奧，[1]賜銀絹。壬戌，詔修南京宮闕、府署。

[1]北院大王：契丹部族官。遼朝析迭剌部爲五院部和六院部。五院部有知五院事，在朝曰北大王院；六院部有知六院事，在朝曰南大王院。北院大王和南院大王即是五院部和六院部的首領，握有兵權。

秋七月辛丑，録囚。耶律把八誣其弟韓哥謀殺己，有司奏當反坐。臨刑，其弟泣訴：“臣惟一兄，乞貸其死。”上憫而從之。

九月癸巳，獵黄花山，獲熊三十六，賞獵人有差。

冬十月丁未，幸南京。辛亥，曲赦析津府境内囚。[1]壬子，御元和殿，[2]以《日射三十六熊賦》《幸燕詩》試進士於廷，賜馮立、趙徽四十九人進士第。以馮立爲右補闕，趙徽以下皆爲太子中舍，賜緋衣、銀魚，遂大宴。御試進士自此始。宋遣宋郊、王世文來賀永壽節。[3]甲子，宰臣張儉等請幸禮部貢院，歡飲至暮而罷，賜物有差。以耶律祥、張素民、耶律甫、王澤充賀宋生辰正旦使、副。

[1]曲赦：猶特赦。《通鑑》卷八三晉惠帝元康元年（291）八月"曲赦洛陽"，胡三省注曰："不普赦天下而獨赦洛陽，故曰曲赦。" 析津：府名。今北京市。

[2]元和殿：宮殿名。在遼南京皇城内。【劉注】本書卷四〇《地理志·南京道》引王曾《上契丹事》云："正南曰啟夏門，内有元和殿。"

[3]宋遣宋郊、王世文來賀永壽節：傅樂焕《宋遼聘使表》載"宋祁《遼史》作'宋郊'誤"（見《遼史叢考》第198頁）。

六年春正月丁丑，西幸。

三月戊寅，以秦王蕭孝穆爲北院樞密使，徙封吳王；晉王蕭孝先爲南京留守。

夏四月，獵野狐嶺。

閏月，獵龍門縣西山。[1]

[1]龍門縣：治所在今河北省赤城縣西南龍關鎮。

五月己酉，清暑炭山。[1]以耶律韓八爲北院大王，蕭把哥左夷离畢，王子郎君詳穩鼻姑得林牙，[2]簽北面事耶律涅哥同簽點檢司。甲寅，録囚。以南大王耶律信寧故匿重囚及侍婢賕汙，命撻以劍脊而奪其官。都監坐阿附及侍婢罪，皆論死，詔貸之。丙辰，以耶律信寧爲西南路招討使。庚申，出飛龍廄馬，賜皇太弟重元及北、南面侍臣有差。癸亥，以上京留守耶律胡覩袞爲南大王，平章事蕭查剌寧上京留守，侍中管寧行宮都部署，耶律蒲奴寧烏古迪烈得都詳穩。甲子，以上京留守耶律洪古爲北院大王。[3]

[1]炭山：山名。據《新五代史》卷七二《四夷附録第一》："漢城在炭山東南灤河上，有鹽鐵之利，乃後魏滑鹽縣也。其地可植五穀，阿保機率漢人耕種，爲治城郭、邑屋、廛市如幽州制度，漢人安之，不復思歸。"另據本書卷四一《地理志·西京道》，炭山在歸化州，即武州，今河北省張家口市宣化區。

[2]林牙：契丹官名。掌文翰，相當於翰林學士。

[3]以上京留守耶律洪古爲北院大王：【劉校】據中華點校本校勘記："依本書卷九五本傳，洪古作'弘古'，本年由上京留守遷南院大王。又弘古字胡睹堇，此與上文以上京留守耶律胡覩袞爲南大王係一事重出，北院應作'南院'。"

六月壬申朔，以善寧爲殿前都點檢，護衛太保耶律合住兼長寧宮使，[1]蕭阿剌里、耶律烏魯斡、耶律和尚、蕭韓家奴、蕭特里、蕭求翰爲各宮都部署。[2]上酒酣賦詩，吳國王蕭孝穆、北宰相蕭撒八等皆屬和，[3]夜中乃罷。己卯，祀天地。癸未，賜南院大王耶律胡覩袞命，上親爲製誥詞，並賜詩以寵之。丙申，以北院大王侯哂爲南京統軍使。

[1]殿前都點檢：官名。五代後周世宗設置殿前司，以都點檢、副都點檢爲正副長官，位在都指揮使之上，爲禁軍統帥。宋初廢。遼設殿前都點檢，爲南面軍官，當係模倣周制。　耶律合住：契丹皇族。字粘衮，又作昌主（《紀》保寧六年三月作“昌尤”），漢名琮。太祖弟迭剌之孫。保寧初加右龍虎衛上將軍，拜涿州刺史。合住久任邊防，不妄生事以邀近功。力主與宋和好。本書卷八六有傳。　長寧宮：應天皇太后述律氏宮分。

[2]耶律和尚（？—1054）：契丹皇族。字特抹，係出季父房。重熙初補祗候郎君。歷積慶、永興宮使，累遷至同知南院宣徽使事、南面林牙。十六年（1047），出爲懷化軍節度使。二十三年加天平軍節度使、檢校太師，徙中京路按問使。本書卷八九有傳。蕭韓家奴（？—1078）：字括寧，奚長渤魯恩之後。太平中補祗候郎君，累遷敦睦宮使。改奚六部大王。清寧初封韓國公，歷南京統軍使、北院宣徽使，封蘭陵郡王。平定重元之亂有功，遷殿前都點檢，封荆王，賜資忠保義奉國竭貞平亂功臣。大康初皇太子爲耶律乙辛誣構，韓家奴上書力言其冤。本書卷九六有傳。

[3]蕭撒八：【劉校】據中華點校本校勘記，原誤“蕭八撒”。按本書卷八一《蕭孝忠傳》：“字撒板，……太平中擢北府宰相，重熙七年爲東京留守。”撒八即撒板之異譯。據改。下文重熙七年（1038）十二月“北府宰相撒八寧再任兼知東京留守事”，亦即此人。

　　秋七月辛丑朔，以北、南樞密院獄空，賞賚有差。壬寅，以皇太弟重元生子，賜詩及寶玩器物，曲赦死罪以下。[1]癸卯，如秋山。

[1]死罪以下：較死罪爲輕的罪刑，即笞、杖、徒、流之罪。

八月己卯，北樞密院言越棘部民苦其酋帥坤長不法，[1]多流亡，詔罷越棘等五國酋帥，以契丹節度使一員領之。

[1]越棘部：即五國部中的越里吉。

冬十月癸酉，駐蹕石竇岡。

十一月己亥朔，阻卜酋長來貢。[1]辛亥，以契丹行宮都部署蕭惠爲南院樞密使。壬子，以管寧爲南院樞密使，[2]蕭掃古諸行宮都部署，[3]耶律襄里知南面行宮副部署，蕭阿剌里左祗候郎君詳穩，耶律曷主右祗候郎君詳穩。庚申，幸晉國公主行帳視疾。[4]封皇子洪基爲梁王。[5]

[1]阻卜：即達旦、韃靼。元人諱言達旦，而稱達旦爲阻卜。詳王國維《觀堂集林》卷一四《達旦考》。

[2]以契丹行宮都部署蕭惠爲南院樞密使、以管寧爲南院樞密使：【劉校】據中華點校本校勘記：“連日以一官任二人，不合。檢上文本年五月，以侍中管寧爲行宮都部署，本書《蕭惠傳》云，‘興宗即位，兼侍中’，‘重熙六年，復爲契丹行宮都部署’，‘徙王趙，拜南院樞密使’，是管寧即蕭惠，一事重出。”

[3]諸行宮都部署：遼職官名。遼在北南面官系統中，分別設契丹行宮都部署和漢人行宮都部署，其上則有諸行宮都部署。行宮都部署完全是倣中原王朝官制設置的，它不同於專管斡魯朵事務的某宮都部署的宮官。宋朝皇帝巡幸亦有行宮，且亦有行宮都部署之設。後避英宗趙曙名諱，改稱行宮都總管。

[4]晉國公主：世宗次女。名觀音，保寧間封晉國長公主。下

嫁蕭夏剌。

[5]梁王：遼皇位繼承人的封號。

十二月，以楊佶爲忠順軍節度使。[1]遣耶律斡、秦鑑、耶律德、崔繼芳賀宋生辰及正旦。

[1]忠順軍：蔚州軍號。在今河北省蔚縣。

七年春正月戊戌朔，宋遣高若訥、夏元正、謝絳、張茂實來賀正旦及永壽節。辛丑，如混同江。[1]

[1]混同江：即松花江。

二月庚午，如春州。[1]乙亥，駐蹕東川。丁丑，高麗遣使來貢。[2]壬午，幸五坊閱鷹鶻。乙酉，遣使慶州問安皇太后。

[1]春州：即長春州，治所在今吉林省前郭爾羅斯蒙古族自治縣塔虎城。

[2]高麗遣使來貢：《高麗史》卷六《靖宗世家》靖宗四年（遼重熙七年，1037）三月辛亥，崔延嘏還自契丹，［遼興宗］詔曰：“省所奏，乞修朝貢事具悉。以小事大，列國之通規；舍舊謀新，諸侯之格訓。卿本世稟聲朔，歲奉梯航，先國公方屬嗣藩，遂稽任土。時候屢更於灰管，天朝未審於事情。近覽奏章，備觀誠懇。欲率大弓之俗，薦陳楛矢之儀。載念傾虔，信爲愛戴，允俞之外，嘉歎良多。勉思永圖，無曠述職。”

三月戊戌朔，幸皇太弟重元行帳。壬寅，如蒲河淀。辛亥，夏國遣使來貢。甲寅，錄囚。

夏四月己巳，以興平公主薨，遣北院承旨耶律庶成持詔問夏國王李元昊，[1]公主生與元昊不睦，没，詰其故。己卯，獵白馬塌。甲申，射兔新淀井。乙未，獵金山，遣楊家進鹿尾茸於大安宫。

[1]耶律庶成：皇族。季父房之後。字喜隱，小字陳六。通曉契丹文及漢文，善於作詩。原來，契丹醫人很少懂得切脈、審藥，庶成奉命譯方脈書行於遼，自此以後，雖諸部族亦知醫事。爲妻胡篤所誣，以罪奪官，使吐蕃凡十二年，清寧間始歸。本書卷八九有傳。

六月乙亥，御清涼殿試進士，賜邢彭年以下五十五人第。[1]

[1]賜邢彭年以下五十五人第：【劉注】天慶四年（1114）的《王師儒墓誌銘》稱："父諱祁，重和七年，二十一歲，舉進士狀元第。""重和"即"重熙"，因避天祚帝耶律延禧名諱改。五十五人中的狀元是王師儒的父親王祁。

秋七月甲辰，錄囚。乙巳，阻卜酋長屯禿古斯來朝。戊申，如黑嶺。

九月丁未，駐蹕平淀。[1]

[1]平淀：即廣平淀，在永州東南三十里，爲遼中期以後冬捺鉢所在地。詳本書卷三二《營衛志中》。

　　冬十月甲子朔，渡遼河。丙寅，駐蹕白馬淀。壬
申，錄囚。

　　十一月癸巳朔，以耶律元方、張泥、韓至德、蕭傅
充賀宋生辰正旦使、副。[1]辛丑，問安皇太后，進珍玩。
庚申，錄囚。

　　[1]耶律元方、張泥、韓至德、蕭傅：【劉校】據中華點校本
校勘記：“《長編》作‘耶律九方、張渥、韓志德、蕭溥’。”

　　十二月，召善擊鞠者數十人於東京，令與近臣角
勝，上臨觀之。己巳，以皇太弟重元判北南院樞密使
事，北府宰相撒八寧再任兼知東京留守事，[1]耶律應穩
南府宰相，查割折大內惕隱，乙室己帳蕭翰乾州節度
使，[2]劉六符參知政事，王子帳冠哥王子郎君詳穩，鉏
窘大王平州節度使，[3]宰臣張克恭守司空，宰臣韓紹芳
加侍中，[4]惕隱耶律馬六北院宣徽使，[5]傅父耶律喜孫南
府宰相。[6]癸未，宋遣王舉正、張士禹來賀永壽節。甲
申，命日進酒于大安宮，致薦慶陵。丁亥，錄囚。非故
殺者減科。南面侍御壯骨里詐取女直貢物罪死，[7]上以
有吏能，黥而流之。

　　[1]判北南院樞密使事：興宗爲皇太子時曾判北南院樞密使事，
重元作爲皇太弟亦判北南院樞密使事，表明他是皇位繼承人。

　　[2]乙室己帳：遼國舅帳。遼朝有大國舅司，掌乙室己、拔里
二帳之事。

　　[3]平州：唐置，治所在今河北省盧龍縣。

[4]韓紹芳：遼初著名漢臣韓延徽之曾孫，仕至東京户部使。死於大延琳叛亂。

[5]宣徽使：遼朝官名。遼設北、南宣徽，分隸北南樞密院之下。宣徽北院使常執行軍事使命。此外，宣徽使還掌領朝會、宴饗、禮儀、祭祀及御前祗應之事。

[6]"耶律應穩南府宰相"及"耶律喜孫南府宰相"事：【劉校】據中華點校本校勘記："一官同時任二人，不合。卷九七《耶律喜孫傳》，字盈隱。應穩即盈隱異譯，一事重出。"

[7]女直：本作女真，因避遼興宗耶律宗真名諱，改稱女直。遼時居東北東部。在南者入遼籍，稱熟女真，或合蘇館女真；在北者不入遼籍，稱生女真。

八年春正月壬辰朔，宋遣韓琦、王從益來賀。丙申，如混同江觀漁。戊戌，振品部。庚戌，叉魚於率没里河。丁巳，禁朔州鬻羊於宋。[1]

[1]朔州：治所在今山西省朔州市。

二月丙子，駐蹕長春河。
夏六月乙丑，詔括户口。
秋七月丁巳，謁慶陵，致奠於望仙殿，迎皇太后至顯州，[1]謁園陵，還京。

[1]顯州：治所在今遼寧省北鎮市。

冬十月，駐蹕東京。
十一月甲午，詔有言北院處事失平，擊鐘及邀駕告者，悉以奏聞。戊戌，朝皇太后，召僧論佛法。戊申，皇太后行再生禮，[1]大赦。己酉，城長春。

閏十二月壬辰，視吳國王蕭孝穆疾。宋遣龐籍、杜贊來賀永壽節。[2]

[1]再生禮：契丹傳統禮儀之一。據本書卷一一六《國語解》載，依契丹故俗，此種禮儀每隔十二年舉行一次，而且祇有皇帝、太后、太子及夷离堇得行此禮。這是與選汗儀式同時舉行的禮儀，禮儀十分煩瑣。先期，候選者入一帳中，"再生母后"入帳搜索，並與在場眾人反復問答。

[2]宋遣龐籍、杜贊來賀永壽節：《長編》卷一二四宋仁宗寶元二年（1039）八月"乙酉，刑部員外郎、天章閣待制龐籍爲契丹生辰使，內殿崇班、閤門祇候杜贊副之；右正言、直集賢院、判都磨勘司王拱辰爲正旦使，西京左藏庫副使彭再問副之"。卷一二五寶元二年十一月戊戌"兵部郎中、知制誥聶冠卿爲契丹生辰使，代龐籍也"。知龐籍出發前已爲聶冠卿代。

九年春正月丙辰朔，上進酒于皇太后宮，御正殿。宋遣王拱辰、彭再思來賀。[1]庚申，如鴨子河。

[1]王拱辰（1012—1086）：開封咸平（今河南省通許縣）人。字君貺。慶曆元年（1041），爲翰林學士。權知開封府，拜御史中丞。《宋史》卷三一八有傳。

二月，駐蹕魚兒濼。
三月辛未，以應聖節，大赦。
五月乙卯朔，清暑永安山。[1]

六月，射柳祈雨。[2]

[1]永安山：遼帝夏捺鉢地。傅樂焕《遼代四時捺鉢考》云：
“原名緬山，聖宗時改稱。《聖宗紀》‘太平三年七月丁亥，賜緬山
名曰永安’。後聖宗慶陵即營建其地。聖宗崩後，興宗即陵置州，
是曰慶州，更稱慶陵曰慶雲山。”（見《遼史叢考》第86頁）

[2]射柳祈雨：亦稱祈雨射柳。契丹的一種禮儀，包括祈雨和
射柳兩部分，始於遙輦蘇可汗。祈雨稱爲瑟瑟儀。《遼史》卷四九
《禮志》載：“瑟瑟儀：若旱，擇吉日行瑟瑟儀以祈雨。”瑟瑟儀祈
雨如果奏效，主持此儀式的官員敵烈麻都就會受到賞賜，否則就要
受到戲弄。這是因爲他作爲禮官，不僅是這一禮儀的主持者，同時
還被看作契丹人與祖先溝通的中間人。射柳也可以單獨舉行。《長
編》卷一一〇宋仁宗天聖九年（1031）六月丁丑載：契丹“每謁
木葉山即射柳枝，譚子唱番歌，前導彈胡琴和之，已事而罷”。此
外，祈雨也射柳。金初接待宋使，亦以射柳作爲一種遊樂項目，元
朝、明朝也有此類活動。

秋七月癸酉，宋遣郭禎以伐夏來報，[1]遣樞密使杜
防報聘。[2]丁丑，如秋山。

[1]宋遣郭禎以伐夏來報：郭禎，《宋史》作“郭稹”，《遼史》
誤。郭稹（？—1040）字仲微，開封祥符人。累遷尚書刑部員外
郎，同修起居注。據《宋史》卷三〇一《郭稹傳》：“康定元年
（遼重熙九年，1040）使契丹，告用兵西鄙。契丹厚禮之，與同出
觀獵，延稹射。稹一發中走兔，衆皆愕視，契丹主遺以所乘馬及他
物甚厚。”

[2]遣樞密使杜防報聘：【劉校】據中華點校本校勘記：“樞密
使，卷八六本傳作‘樞密副使’，《長編》作‘契丹遣工部尚書、

修國史杜防來聘'。"

冬十月癸未朔，駐蹕中會川。[1]

[1]中會川：即藕絲淀。則靴淀中會川亦爲廣平淀之別名。宋人王易《重編燕北録》謂，遼帝冬捺鉢在靴甸住坐。即以靴淀代廣平淀（參傅樂煥《遼史叢考》第70頁）。

十一月甲子，女直侵邊，發黃龍府鐵驪軍拒之。[1]宋遣蘇伸、向傳範來賀應聖節。[2]

[1]鐵驪：族名。遼置鐵驪國王府，以統其衆。其地當今黑龍江省東部松花江流域。

[2]宋遣蘇伸、向傳範來賀應聖節：傅樂煥云，蘇紳，《宋史》卷二九四有傳，《遼史》作"蘇伸"誤（見《遼史叢考》第199頁）。

十二月庚寅，以北大王府布猥帳郎君自言先世與國聯姻，許置敵史，命本帳蕭胡覩爲之。[1]辛卯，以所得女直户置肅州。[2]以蕭迪、劉三嘏、耶律元方、王惟吉、耶律庶忠、孫文昭、蕭紹筠、秦德昌充賀宋生辰及來歲正旦使、副。[3]詔諸犯法者，不得爲官吏。諸職官非婚祭，不得沉酗廢事。有治民安邊之略者，悉具以聞。

[1]蕭胡覩（？—1063）：遼外戚。字乙辛。重熙中尚秦國長公主，授駙馬都尉，以不諧離婚，復尚齊國公主，爲北面林牙。清寧中歷北、南院樞密副使。清寧九年（1063）七月參與重元叛亂，

失敗投水死。五子，同日誅之。本書卷一一四有傳。

　　[2]蕭州：【劉注】遼代蕭州州治在今遼寧省昌圖縣馬仲河鎮馬仲河村古城址。

　　[3]秦德昌（995—1072）：【劉注】據《秦德昌墓誌銘》，秦德昌，字世京，宛平縣池水里人。曾祖諱美，左拾遺，知繒陽縣事。祖諱遂，兵部郎中，知范陽縣事。考諱英照，左番殿直。母鄭氏。秦德昌十六歲時，因"躰兒魁秀"被燕京留守耶律隆慶看中，把他推薦給聖宗，從此養入宮中。興宗時，曾出使西夏、高麗和宋朝。

　　　　　　　　　　　　（李錫厚注　劉鳳翥校）

遼史　卷一九

本紀第十九

興宗二

　　十年春正月辛亥朔，宋遣梁適、張從一、富弼、趙日宣來賀。[1]甲子，復遣吳育、馮戴來賀永壽節。

　　[1]宋遣梁適、張從一、富弼、趙日宣來賀：《長編》卷一二八宋仁宗康定元年（1040）八月"乙未，刑部員外郎、知制誥蘇紳爲契丹國母生辰使，西京左藏庫副使向傅範副之。傅範，敏中子也。右正言、知制誥吳台爲契丹主生辰使，東頭供奉官、閤門祗候馮載副之；右正言梁適爲契丹國母正旦使，西染院副使張從一副之；從一，耆子。太常丞、史館修撰富弼爲契丹主正旦使，供備庫副使趙日宣副之（原注：據富弼語録，副使乃張從一，非趙日宣也）"。

　　二月庚辰朔，詔蒲盧毛朵部歸曷蘇館户之没入者使復業。[1]甲申，北樞密院言，南、北二王府及諸部節度、侍衛、祗候郎君皆出族帳，既免與民戍邊，其祗候事，請亦得以部曲代行。詔從其請。

[1]蒲盧毛朵部：女真部族。遼屬部，爲遼國外十部之一。曷蘇館：即熟女真。《松漠紀聞》卷上稱："居混同江之南者謂之熟女真，以其服屬契丹也。江之北爲生女真，亦臣於契丹。"

夏四月，詔罷修鴨渌江浮梁及漢兵屯戍之役。[1]又以東京留守蕭撒八言，弛東京擊鞠之禁。[2]

[1]鴨渌江：即鴨綠江。　漢兵：遼朝軍隊名。也稱"漢軍"。遼朝有衆多的漢軍，其中有阿保機收編的"山北八軍"以及趙延壽的軍隊。此外，遼朝還有自己按照中原軍隊編制組建的漢軍，其中最重要的是燕京等地的禁軍。據《長編》卷五五宋真宗咸平六年（1003）七月己酉記李信云：契丹"國中所管幽州漢兵，謂之神武、控鶴、羽林、驍武等，約萬八千餘騎"。其中"羽林""控鶴"是唐、五代禁軍舊有的名號。因此可以斷定李信所說的遼燕京的"漢兵"就是戍衛京城的禁軍。

[2]擊鞠：即打馬球，是當時流行的競技活動。因爲參賽者都在馬上擊球，奔馳的快馬有時會失控，因此具有一定的危險性。統和六年（988），一日承天太后觀看臣下擊鞠，她的寵臣韓德讓被胡里室衝撞墜馬，太后一怒之下，竟下令將胡里室斬首。内蒙古敖漢旗皮匠溝1號遼墓墓門西側的穹隆頂下部，有一幅打馬球圖。現存寬180釐米、高50釐米。畫面有多處剥落，但大體可辨。

六月戊寅朔，[1]以蕭寧、耶律坦、崔禹稱、馬世良、耶律仁先、劉六符充賀宋生辰使、副；[2]耶律庶成、趙成、耶律烈、張旦充來歲賀宋正旦使、副。[3]

　　[1]六月戊寅朔：【劉校】原本無“朔”字，中華點校本據本書卷四四《曆象志下·朔考》補。今從。

　　[2]以蕭寧等充賀宋生辰使副事：傅樂煥《宋遼聘使表》認爲：“仁先、六符二名衍。蓋賀生辰使例只四人，無需六人。且仁先於本年方使宋賀生辰，決不致再受命，而六符於明年正月使宋議關南事，亦非賀生辰使。”（見《遼史叢考》第 200 頁）

　　[3]耶律庶成：皇族，季父房之後。字喜隱，小字陳六。通曉契丹文及漢文，善於作詩。原來，契丹醫人很少懂得切脈、審藥，庶成奉命譯方脈書行於遼，自此以後，雖諸部族亦知醫事。爲妻胡篤所誣，以罪奪官，使吐蕃凡十二年，清寧間始歸。本書卷八九有傳。

　　秋七月壬戌，詔諸職官私取官物者，以正盜論。[1]諸敢以先朝已斷事相告言者，罪之。諸帳郎君等於禁地射鹿決三百，[2]不徵償。小將軍決二百以下，及百姓犯者罪同郎君論。

　　[1]正盜：劫盜案的案犯。諸職官私取官物，即按照劫盜案的案犯治罪。

　　[2]郎君：即“舍利”，契丹官名。本書卷一一六《國語解》：“契丹豪民要裹頭巾者，納牛駞十頭，馬百疋，乃給官名曰舍利。後遂爲諸帳官，以郎君繫之。”

　　八月丙戌，以醫者鄧延貞治詳穩蕭留寧疾驗，[1]贈其父母官以獎之。

　　[1]醫者鄧延貞：即鄧延正。【劉注】據 1976 年內蒙古自治區

寧城縣出土《鄧仲舉墓誌銘》（劉鳳翥拓本）記載，鄧延貞是一位
長於治療齒疾的御醫。"大父延正，通術數，尤長醫卜。興廟時，
皇太后齒疾，工治不驗。因召入，遽以術止之。爾後出入扈從，蔚
有緩佗之能。至於寓泊塗舍貧賤惸獨嬰疾恙者，皆陰治活之。後累
官至節度使，加勤勞奉職功臣、右千牛衞上將軍。"

九月辛亥，朝皇太后。國舅留寧薨。庚申，皇太后
射獲熊，上進酒爲壽。癸亥，上獵馬盂山，草木蒙密，
恐獵者誤射傷人，命耶律迪姑各書姓名於矢以志之。丙
寅，夏國獻宋俘。[1]以石硬砦太保郭三避虎不射，[2]
免官。

[1]夏國（1038—1227）：以党項民族爲主體建立的政權。公
元1038年，元昊叛宋稱帝，建立大夏王朝，傳十代，至1227年爲
蒙古所滅。元昊稱帝以前，作爲北宋境內的地方割據政權，已經具
有獨立性。史稱西夏，先後與遼、北宋及金、南宋並立於中國境
內。境土包括今寧夏回族自治區全部、甘肅省大部、陝西省北部以
及青海省、内蒙古自治區的部分地區。

[2]石硬砦太保：【劉校】據中華點校本校勘記，硬砦太保即
硬寨太保，官名。見本書卷四五《百官志一》及卷二九《天祚皇
帝本紀三》保大三年（1123）四月，"石"字衍。

冬十月丙戌，詔東京留守蕭孝忠察官吏有廉幹清彊
者，[1]具以名聞。庚寅，以女直太師臺押爲曷蘇館都大
王。[2]辛卯，以皇子胡盧斡里生，北宰相、駙馬撒八寧
迎上至其第宴飲，[3]上命衞士與漢人角觝爲樂。[4]壬辰，
復飲皇太后殿，以皇子生，肆赦。夕，復引公主、駙馬

及内族大臣入寢殿劇飲。甲午，幸中京。庚子，以駙馬
都尉蕭忽列爲國舅詳穩。

[1]蕭孝忠（？—1043）：遼駙馬。尚越國公主，拜駙馬都尉，
累遷殿前都點檢。太平中擢北府宰相。重熙七年（1038）爲東京留
守。十二年入朝，封楚王，拜北院樞密使。本書卷八一有傳。

[2]女直：本作女真，因避遼興宗耶律宗真名諱，改稱女直。
遼時居東北東部。在南者入遼籍，稱熟女真，或合蘇館女真；在北
者不入遼籍，稱生女真。

[3]宰相：契丹部族官名。契丹可汗之下有北、南二府，各部
族則分屬二府，分設宰相，故北宰相亦稱北府宰相，南宰相亦稱南
府宰相。

[4]角觝（dǐ）：類似今日的摔跤，宋人稱之爲"相撲"。

十一月丙辰，回鶻遣使來貢。

十二月丙子朔，宋遣劉沆、王整來賀應聖節。乙
未，置撻尤不姑酋長。以胡撻剌爲平章事。上聞宋設關
河，[1]治壕塹，恐爲邊患，與南、北樞密吳國王蕭孝穆、
趙國王蕭貫寧謀取宋舊割關南十縣地，[2]遂遣蕭英、劉
六符使宋。[3]庚寅，宋遣張沔、侯宗亮、薛申、侍其濬、
施昌言、潘永照來賀永壽節及來歲正旦。以宣政殿學士
楊佶爲吏部尚書、判順義軍節度使事。[4]丁酉，議伐宋，
詔諭諸道。

[1]設關河：在河上設關隘。

[2]趙國王蕭貫寧：【劉校】據中華點校本校勘記："蕭貫寧即
蕭惠，卷九三有傳。上文六年五月、十一月並作管寧。"

[3]遂遣蕭英、劉六符使宋：【劉校】據中華點校本校勘記：
"明年正月，遣南院宣徽使蕭特末、翰林學士劉六符使宋，取晉陽
及瓦橋以南十縣地，與此爲一事。英即特末漢名。此記定議遣使，
明年正月成行。" 劉六符（？—1055）：劉慎行之子。六符重熙
初，遷政事舍人，擢翰林學士。十一年與宣徽使蕭特末使宋索十縣
地，還，爲漢人行宮副部署。會宋遣使增歲幣以易十縣，復與耶律
仁先使宋，還，加同中書門下平章事。及宋幣至，命六符爲三司使
以受之。本書卷八六有傳。《九朝編年備要》卷一一宋仁宗慶曆二
年（1042）二月載："契丹遣其臣蕭英、劉六符來求石晉所割瓦橋
關十縣。其書略曰：'李元昊於北朝爲甥舅之親，設罪合致討，曷
不以一介爲報？況營築長堤、填塞隘路、歸決塘水、添置邊軍，既
稔猜疑，慮隳信睦。倘思久好，共遣疑懷，以晉陽舊附之區、關南
元割之縣見歸敝國，共康黎元。'初有涿州進士梁濟世嘗主文書遼
帳下，一日得罪來歸，言彼將有割地之請。又知雄州杜推序亦先得
其事以聞。至是上發書示輔臣，色皆不動，六符亦疑其書之先漏。"

[4]判順義軍節度使事：【劉校】據中華點校本校勘記，"義"
原誤作"度"。順義爲朔州軍號。據本書卷四一《地理志五》及卷
八九《楊佶傳》改。

十一年春正月戊申，奉迎皇太后于内殿。庚戌，遣
南院宣徽使蕭特末、翰林學士劉六符使宋，[1]取晉陽及
瓦橋以南十縣地，[2]且問興師伐夏及沿邊疏濬水澤，增
益兵戍之故。

[1]宣徽使：遼朝官名。遼設北、南宣徽，分隸北南樞密院之
下。宣徽北院使常執行軍事使命。此外，宣徽使還掌領朝會、宴
饗、禮儀、祭祀及御前祗應之事。 蕭特末：大安初，娶道宗第三
女越國公主。後爲都統，與金人戰，敗於石輦鐸，被擒。

[2]晉陽：指原北漢統治區域。　瓦橋關：在今河北省雄縣。關南十縣地原屬遼，被後周攻取。

二月壬寅，如鴛鴦濼。[1]

[1]鴛鴦濼：湖名。在今北京市延慶區境内。舊時周八十里。其水停積不流，自遼金以來，爲飛放之所。即今野鴨湖。

夏四月甲戌朔，頒南征賞罰令。

六月乙亥，宋遣富弼、張茂實奉書來聘，[1]以書答之。壬午，御含涼殿，放進士王寔等六十四人。禁氊、銀鬻入宋。

[1]宋遣富弼、張茂實奉書來聘：據《宋史》卷一一《仁宗本紀》記載，慶曆二年（1042）四月庚辰，“知制誥富弼報使契丹”，“是月契丹集兵幽州，聲言來侵，河北、京東皆爲邊備”。七月癸亥，“富弼再使契丹”。《長編》卷一三五慶曆二年四月庚辰，“以右正言知制誥富弼爲回謝契丹國信使，西上閤門使符惟忠副之”。《長編》卷一三六慶曆二年五月癸丑，“命知貝州供備庫使、恩州團練使張茂實爲回謝契丹國信副使，代符惟忠也。惟忠行至武强病卒。富弼請以茂實代之，詔從其請”。富張二人所奉書，《長編》卷一三五有記。慶曆二年四月庚辰載復書曰：“昔我烈考章聖皇帝保有基圖，惠養黎庶，與大契丹昭聖皇帝弭兵講好，通聘著盟。肆餘纂承，共遵謨訓，邊民安堵垂四十年。兹者專致使臣，特詣緘問。且以瓦橋内地，晉陽故封，援石氏之割域，述周朝之復境，繫於異代，安及本朝！粤自景德之初，始敦鄰寶之信，凡諸細故，咸不實懷。況太宗皇帝親駕並郊，匪圖燕壤，當時貴國亟發援兵，既交石

嶺之鋒，遂舉薊門之役。義非反覆，理有因緣。元昊賜姓稱藩，稟朔受祿，忽謀狂僭，俶擾邊陲。向議討除，已嘗聞達。杜防、郭稹傳道備詳。及此西征，豈云無報。聘輶旁午，屢聞嫉惡之談；慶問交馳，未喻聯親之故。忽窺異論，良用憫然。謂將軫於在原，反致議於忌器。復云營築隄埭，開決陂塘，昨緣霖潦之餘，大爲衍溢之患。既非疏導，當稍繕防。豈蘊猜嫌，以虧信睦。至於備塞隘路，閱集兵夫，蓋邊臣謹職之常。及鄉兵充籍之舊，在於貴境，寧撤戍兵，一皆示以坦夷。兩何形於疑阻。顧惟歡契。方保悠長，遽興請地之言，殊非載書之約。信辭至悉，靈鑒孔昭，兩地不得相侵，緣邊各守疆界。誓書之外，一無所求。期在久要，勿違先志。諒惟聰達，應切感思，甫屬清和，妙臻戩谷。自餘令富弼口陳。”書詞，翰林學士王拱辰所撰也。“初，契丹書言太宗‘舉無名之師，直抵燕薊’。一時莫知所答。拱辰獨請間曰：‘河東之役，本誅僭僞。契丹遣使行在致誠款，已而寇石嶺關，潛假兵以援賊。太宗怒其反覆，既平繼元，遂下令北征，安得謂之無名。’上喜曰：‘事本末乃如此。’乃諭執政曰：‘非拱辰詳識故事，殆難答也。’劉六符嘗謂賈昌朝曰：‘南朝溏濼何爲者哉。一葦可杭，投箠可平。不然，決其堤，十萬土囊遂可踏矣。’時議者亦請涸其地以養兵。上問拱辰，對曰：‘兵事尚詭，彼誠有謀，不應以語敵。此六符誇言耳。設險守國，先王不廢。且祖宗所以限敵騎也。’上深然之。”

　　秋七月壬寅朔，詔盜易官馬者減死論。外路官勤瘁正直者考滿代，不治事者即易之。

　　八月丙申，宋復遣富弼、張茂實奉書來聘，乞增歲幣銀絹，以書答之。[1]

　　[1]宋復遣富弼、張茂實奉書來聘：據《宋史》卷三一三《富弼傳》：弼歸復命，復持二議及受口傳之詞於政府以往。行次樂壽，

謂副使張茂實曰："吾爲使者而不見國書，脫書詞與口傳異，吾事敗矣。"啟視果不同，即馳還都，以晡時入見，易書而行。及至，契丹不復求婚，專欲增幣，曰："南朝遺我之辭當曰'獻'，否則曰'納'。"弼爭之，契丹主曰："南朝既懼我矣，於二字何有？若我擁兵而南，得無悔乎！"弼曰："本朝兼愛南北，故不憚更成，何名爲懼？或不得已至於用兵，則當以曲直爲勝負，非使臣之所知也。"契丹主曰："卿勿固執，古亦有之。"弼曰："自古唯唐高祖借兵於突厥，當時贈遺，或稱獻納。其後頡利爲太宗所擒，豈復有此禮哉！"弼聲色俱厲，契丹知不可奪，乃曰："吾當自遣人議之。"復使劉六符來。弼歸奏曰："臣以死拒之，彼氣折矣，可勿許也。"朝廷竟以"納"字與之。始受命，聞一女卒；再命，聞一子生，皆不顧。又除樞密直學士，遷翰林學士，皆懇辭，曰："增歲幣非臣本志，特以方討元昊，未暇與角，故不敢以死爭，其敢受乎！"

九月壬寅，遣北院樞密副使耶律仁先、漢人行宮副部署劉六符使宋約和。[1]是時，富弼爲上言，大意謂遼與宋和，坐獲歲幣，則利在國家，臣下無與；與宋交兵，則利在臣下，害在國家。[2]上感其言，和好始定。

[1]遣北院樞密副使耶律仁先、漢人行宮副部署劉六符使宋約和：《長編》卷一三七宋仁宗慶曆二年（1042）九月癸亥記事：富弼、張茂實以八月乙未至契丹清泉淀金氈館，持國書二、誓書三以語館伴耶律仁先、劉六符。仁先、六符問所以然者，弼曰："姻事合則以姻事盟。能令夏國復歸款，則歲入金帛增二十萬，否則十萬。國書所以有二，誓書所以有三也。"翌日，引弼等見契丹主，太弟宗元、子梁王洪基侍，蕭孝思、孝穆、馬保忠、杜防分立帳外。國主曰："姻事使南朝骨肉暌離，或公主與梁王不相悅，則將奈何？固不若歲增金帛，但無名爾，須於誓書中加一'獻'字乃

可。”弼曰：“‘獻’字乃下奉上之辭，非可施於敵國。況南朝爲兄，豈有兄獻於弟乎？”國主曰：“南朝以厚幣遺我，是懼我也。‘獻’字何惜？”弼曰：“南朝皇帝守祖宗之土宇，繼先皇之盟好，故致幣帛以代干戈，蓋惜生靈也，豈懼北朝哉！今陛下忽發此言，正欲棄絕舊好，以必不可冀相要爾，則南朝亦何暇顧生靈哉！”國主曰：“改爲‘納’字如何？”弼曰：“亦不可。”國主曰：“誓書何在，取二十萬者來。”弼既與之。國主曰：“必與寡人加一‘納’字，卿無固執，恐敗乃主事。我若擁兵南下，豈不禍乃國乎？”弼曰：“陛下用兵能保其必勝否？”國主曰：“不能。”弼曰：“勝未可必，安知其不敗邪！”國主曰：“南朝既以厚幣與我，‘納’字何惜？況古有之。”弼曰：“自古惟唐高祖借兵於突厥，故臣事之。當時所遺或稱‘獻’、‘納’，亦不可知。其後頡利爲太宗所擒，豈復更有此理！”國主默然，見弼詞色俱屬，度不可奪，曰：“我自遣使與南朝皇帝議之。若南朝許我，卿將何如？”弼曰：“若南朝許陛下，請陛下與南朝書具言臣等於此妄有爭執，請加之罪，臣等不敢辭。”國主曰：“此乃卿等忠孝爲國之事，豈可罪乎。”弼退而與劉六符言，指帳前高山曰：“此尚可踰，若欲‘獻’、‘納’二字，則如天不可得而升也，使臣頸可斷，此議決不敢諾。”於是敵留所許歲增金帛二十萬誓書，復遣耶律仁先、劉六符齎其國誓書以來，仍求“納”字。二十萬誓書蓋明著令夏國納款事。國主不悅，欲令弼改之，弼不可，敵亦卒不肯報其事於誓書，但於國書中敘述爾。是月乙巳，弼等還至雄州，詔即以弼爲接伴事，有朝廷合先知者急置以聞。弼奏曰：“彼求‘獻’、‘納’二字，臣既以死拒之，敵氣折矣，可勿復許。”然朝廷竟從晏殊議，許稱“納”字，弼不預也。乙丑，契丹樞密副使保大節度使耶律仁先、樞密使禮部侍郎同修國史劉六符入見，其誓書曰：“維重熙十一年，歲次壬午，八月壬申朔，二十九日庚子，弟大契丹皇帝謹致書於兄大宋皇帝闕下，來書云：‘謹按景德元年十二月七日章聖皇帝與昭聖皇帝誓：共遵成約，虔守歡盟，以風土之儀物，備軍旅之費用。每歲以絹二十萬疋、銀一十萬兩，更不差使臣專往北朝，只令三司差人般送至雄州交割。沿邊州軍，各守疆界，兩地人户不得交侵。或有賊盜逋逃，彼此勿令停匿。至於隴畝稼穡，南北勿縱騷擾。所有兩朝城池，並各依舊存守，淘壕完葺，一切如常，即不得創築城隍，開決河道。誓書之外，一無所求。各務協心，庶同悠久，自此保安黎庶，謹守封疆，質於天地神祇，告於宗廟社稷。子孫共守，傳之無窮，有渝此盟，不克享國。昭昭天鑒，共當殛之。'昭聖皇帝復答云：'孤雖不才，敢遵此約，謹當告於天地，誓之子孫、神明具知。嗚呼，此盟可改，後嗣何述。'竊以兩朝修睦三紀於此，邊鄙用寧，干戈載偃。追懷先約，炳若日星。今綿禩已深，敦好如故。如關南縣邑，本朝傳守，懼難依從。別納金帛之儀，用代賦稅之物。每年增絹一十萬疋、銀一十萬兩，前來銀絹般至雄州白溝交割。兩界塘淀已前開畎者並依舊外，自今已後不得添展。其見堤堰水口逐時決泄，壅塞，量差兵夫取便修壘疏導，非時霖潦，別至大段漲溢，並不在關報之限。南朝河北沿邊州軍，北朝自古北口以南沿邊軍民，除見管數目依常教閱，無故不得大段添屯兵馬。如有事故添屯，即令逐州軍移牒關報。兩界所屬之處，其自來乘例更替及本路移易，不在關防之限。兩界逃走作過諸色人，並依先朝誓書外，更不得似日前停留容縱。恭惟二聖，威靈在天，顧茲纂承，各當遵奉，共循大體，無介小嫌。且夫守約爲信，善鄰爲義，二者缺一，罔以守國。皇天厚地，實聞此盟。文藏宗廟，副在有司。餘並依景德統和兩朝誓書，顧惟不德，必敦大信。苟有食言，必如前誓。"時契丹實固惜盟好，特爲虛聲以動中國。中國方困西兵，宰相呂夷簡等持之不堅，許與過厚，遂爲無窮之害。敵既歲得金帛五十萬，因勒碑紀功，擢劉六符極漢官之貴，子孫重於國中。

[2]遼與宋和，坐獲歲幣，則利在國家，臣下無與；與宋交兵，則利在臣下，害在國家：《長編》卷一三七宋仁宗慶曆二年（1042）七月壬戌記載此事：初，富弼張茂實以結婚及增歲幣二事往報契丹，惟所擇。弼等至没打河，劉六符館之，謂弼曰："北朝皇帝堅

欲割地，如何？"弼曰："北朝若欲割地，此必志在敗盟，假此爲名。南朝決不從，有橫戈相待耳。"六符曰："若南朝堅執，則事安得濟？"弼曰："北朝無故求割地，南朝不即發兵拒卻，而遣使好辭更議嫁女、益歲幣，猶不從，此豈南朝堅執乎？"及見國主，弼曰："兩朝人主，父子繼好，垂四十年，一旦忽求割地，何也？"國主曰："南朝違約塞鴈門、增塘水、治城隍、籍民兵，此何意也？羣臣競請舉兵，而寡人以謂不若遣使求關南故地，求而不得，舉兵未晚也。"弼曰："北朝念章聖皇帝之大德乎？澶淵之役，若從諸將之言，北兵無得脱者。且北朝與中國通好，則人主專其利，而臣下無所獲；若用兵，則利歸臣下，而人主任其禍。故北朝諸臣爭勸用兵者，皆爲其身謀，非國計也。"國主驚曰："何謂也？"弼曰："晉高祖欺天叛君而求助於北，末帝昏亂，神人棄之。是時中國狹小，上下離叛，故契丹全師獨克，雖虜獲金幣，充牣諸臣之家，而壯士健馬物故大半，此誰任其禍者。今中國提封萬里，所在精兵以萬計，法令修明，上下一心，北朝欲用兵，能保其必勝乎？"曰："不能。"弼曰："勝負未可知，就使其勝，所亡士馬羣臣當之歟？抑人主當之歟？若通好不絕，歲幣盡歸人主，臣下所得止奉使者歲一二人耳，羣臣何利焉？"國主大悟，首肯者久之。

閏月癸未，耶律仁先遣人報："宋歲增銀、絹十萬兩、匹，文書稱'貢'，[1]送至白溝。"帝喜，宴群臣於昭慶殿。[2]是日，振恤三父族之貧者。[3]辛卯，仁先、劉六符還，進宋國誓書。

[1]文書稱"貢"：其實誓書中稱"納"。
[2]昭慶殿：宮殿名。當在遼南京城内。本書卷四《太宗本紀》載：會同三年四月"壬戌，御昭慶殿，宴南京群臣"。
[3]三父族：即三父房族。皇族孟父房、仲父房、季父房的

總稱。

冬十一月丁亥，群臣加上尊號曰聰文聖武英略神功睿哲仁孝皇帝，册皇后蕭氏曰貞懿宣慈崇聖皇后。[1]大赦。梁王洪基進封燕國王。

[1]貞懿宣慈崇聖皇后：即興宗仁懿皇后蕭氏（？—1076）。小字撻里，聖宗欽哀皇后弟蕭孝穆之長女。重熙四年（1035），立爲皇后。二十三年，號貞懿慈和文惠孝敬廣愛崇聖皇后。道宗即位，尊爲皇太后。本書卷七一有傳。

十二月癸卯，朝皇太后。甲辰，封皇太弟重元子涅魯古爲安定郡王。己酉，以宣獻皇后忌日，上與皇太后素服，飯僧於延壽、憫忠、三學三寺。[1]辛亥，詔蠲預備伐宋諸部租税一年。壬子，以吐渾、党項多鬻馬夏國，[2]詔謹邊防。己未，宋遣賀正旦及永壽節使居邸，帝微服往觀。丁卯，禁喪葬殺牛馬及藏珍寶。

[1]飯僧：向僧人施飯，奉佛藉以祈福。《舊唐書》卷一一八《王縉傳》：“初，代宗喜祠祀，未甚重佛，而元載、杜鴻漸與［王］縉喜飯僧徒。代宗嘗問以福業報應事，載等因而啟奏，代宗由是奉之過當，嘗令僧百餘人於宮中陳設佛像，經行念誦，謂之内道場。其飲膳之厚，窮極珍異，出入乘廐馬，度支具廩給。每西蕃入寇，必令群僧講誦《仁王經》，以攘虜寇。苟幸其退，則橫加錫賜。”
[2]吐渾：古代部族名。即吐谷渾。據《新五代史》卷七四《四夷附録第三》，吐渾“自後魏以來，名見中國，居於青海之上。當唐至德中，爲吐蕃所攻，部族分散，其内附者，唐處之河西。其

大姓有慕容、拓拔、赫連等族。懿宗時，首領赫連鐸爲陰山府都督，與討龐勛，以功拜大同軍節度使。爲晉王所破，其部族益微，散處蔚州界中"。"晉高祖立，割鴈門以北入於契丹，於是吐渾爲契丹役屬，而苦其苛暴"。另據《五代會要》卷二八《吐渾》："至開運中，捍虜於澶州，召承福等率其部衆從行，屬歲多暑熱，部下多死，復遣歸太原，移帳於嵐石州界。然承福馭下無法，多幹軍令。其族子白可久，名在承福之亞，因牧馬率本帳北遁，契丹授以官爵，復遣潛誘承福。承福亦思叛去，事未果，漢高祖知之，乃以兵環其部族，擒承福與其族白鐵櫃、赫連海龍等五家，凡四百有餘人，伏誅。籍其牛馬，命別部長王義宗統其餘屬。" 党項：中國古代族名。又稱党項羌。唐以後主要活動於靈、慶、銀、夏等州，即今甘肅、寧夏、陝西和内蒙古等省區交界地區。

十二年春正月辛未，遣同知析津府事耶律敵烈、樞密院都承旨王惟吉諭夏國與宋和。壬申，以吳國王蕭孝穆爲南院樞密使，北府宰相蕭孝忠北院樞密使、封楚王，[1]韓國王蕭惠北府宰相、同知元帥府事，[2]韓八南院大王，[3]耶律侯哂東京留守，[4]北院樞密副使耶律仁先同知東京留守事，[5]北面林牙蕭革北院樞密副使。[6]甲戌，如武清寨葦淀。

[1]北院樞密使：即契丹樞密院之樞密使，爲北面官之最高官職，掌軍事、部族。詳本書卷四五《百官志一》。

[2]蕭惠（982—1056）：契丹外戚。淳欽皇后弟阿古只五世孫。字伯仁。初爲國舅詳穩。從伯父排押征高麗，以功授契丹行宮都部署。開泰二年（1013）改南京統軍使。後爲西北路招討使，封魏國公。興宗即位，知興中府，歷順義軍節度使、東京留守、西南

面招討使。重熙十七年（1048）尚帝姊秦晉國長公主，拜駙馬都尉。本書卷九三有傳。

［3］韓八南院大王：【劉校】據中華點校本校勘記，本書卷九一本傳作"北院大王"，是。 南院大王：契丹部族官。遼朝析迭剌部爲五院部和六院部。五院部有知五院事，在朝曰北大王院；六院部有知六院事，在朝曰南大王院。北院大王和南院大王即是五院部和六院部的首領，握有兵權。

［4］耶律侯曬：【劉校】侯曬，原誤作"遼曬"。中華點校本據下文及本書卷九二本傳改。今從改。

［5］同知東京留守事：【劉校】據中華點校本校勘記，本書卷九六本傳作"同知南京留守事"。

［6］蕭革（？—1063）：契丹外戚。國舅房林牙和尚之子。重熙十二年（1043）爲北院樞密副使。十三年，拜北府宰相。革怙寵專權，同僚以其奸佞，言用之將敗事，興宗不聽。拜南院樞密使，詔班諸王上。道宗即位後，與國舅蕭阿剌同掌朝政。清寧九年（1063）秋重元之亂，革參預其謀，凌遲處死。本書卷一一三有傳。

二月壬寅，禁關南漢民弓矢。己酉，夏國以加上尊號，遣使來賀。甲寅，耶律敵烈等使夏國還，奏元昊罷兵，[1]即遣使報宋。

［1］元昊（1003—1048）：即李元昊。李德明長子。小字嵬理。1031年，李德明死後嗣位，宋授定難軍節度、夏銀綏宥靜等州觀察處置押蕃落使、西平王。遼封他爲夏國王。宋寶元元年（1038）十月，他更名曩霄，建國號大夏，年號天授禮法延祚，自稱皇帝。進表宋朝，要求承認建國稱帝的既成事實，雙方隨即發生戰爭。七年後，雙方重新媾和。西夏國主稱臣，宋朝同意每年給予銀、絹、茶、采共二十五萬五千兩、匹、斤。夏宋媾和，夏遼矛盾隨之激

化。西夏景宗與遼興平公主婚後失和，再加這時遼境內的党項部落多叛附西夏，糾紛益形擴大。遼興宗親征西夏，遭遇失敗。從此夏、宋、遼三方鼎峙的局勢形成。

三月辛卯，幸南京。壬辰，高麗國以加上尊號，[1]遣使來賀。

[1]高麗：指王建創建的高麗王朝（918—1392）。統治地域在今朝鮮半島，首都在開京（今朝鮮開城市）。

夏四月己亥，置回跋部詳穩、都監。[1]庚子，夏國遣使進馬、駞。

[1]回跋部：遼朝時期女真部族名。當時東北地區有大量的女真人，分佈在南部者稱"熟女真"；中部地區則有回跋女真，隸屬咸州（今遼寧省開原市老城）兵馬司；其在北者則是"生女真"。

五月辛卯，斡魯、蒲盧毛朵部二使來貢失期，宥而遣還。[1]乙未，詔復定禮制。是月，幸山西。

[1]宥而遣還：【劉校】"宥"原本作"春"，明抄本、南監本、北監本、殿本均作"宥"。中華點校本及修訂本徑改。今從改。

六月丙午，詔世選宰相、節度使族屬及身爲節度使之家，[1]許葬用銀器；仍禁殺牲以祭。庚戌，詔漢人宮分戶絕，[2]恒產以親族繼之。辛亥，阻卜大王屯禿古斯

弟太尉撒葛里來朝。[3]丙辰，回鶻遣使來貢。甲子，以
南院樞密使吳國王蕭孝穆爲北院樞密使，徙封齊國王。

[1]世選：氏族社會遺留下的選任首領和官員的制度，契丹立
國初期汗位繼承在形式上仍實行世選。世選與世襲的區別在於：世
襲之制即漢族封建時代盛行的嫡長子繼承制，在這種制度下，嫡長
子是當然的繼承人。世襲制度下的繼承問題，是皇帝自己的事情，
不容許他人介入；世選之制則不同，在這種制度下，有權勢、地位
的貴族們都可介入確定汗位繼承人之事，由他們在可汗的兄弟子侄
中量才推選繼承人。這種“世選”制度不僅存在於契丹社會中，在
這一發展階段上的各個民族，無不如此。

[2]宮分户：亦稱宮户、宮分人户。他們是隸屬宮分而不隸州
縣的人户。宮分人户有宮籍，多是統治者的私奴。宮籍是世襲的，
未經統治者宣佈廢除，子孫則世代爲宮分人户。遼亡之後，諸宮衛
機構雖已不存，但那些宮户、宮分人的身份並未改變，他們仍隸宮
籍。於是，金朝始有宮籍監之設，用以管理這些宮户，並依照新機
構的名稱，稱他們爲“宮籍監户”或“監户”。

[3]阻卜：即達旦、韃靼。元人諱言達旦，而稱達旦爲阻卜。
詳王國維《觀堂集林》卷一四《達旦考》。

秋七月丙寅朔，北院樞密使蕭孝忠薨，特釋繫囚。
庚寅，夏國遣使上表請伐宋，不從。

八月丙申，謁慶陵。[1]辛丑，燕國王洪基加尚書令，
知北、南院樞密使事，進封燕趙國王。戊午，以前西北
路招討使蕭塔烈葛爲右夷离畢。[2]庚申，于越耶律洪古
薨。[3]甲子，阻卜來貢。

[1]慶陵：包括遼聖宗耶律隆緒和仁德皇后、欽愛皇后的永慶陵，遼興宗耶律宗真和仁懿皇后的永興陵，遼道宗耶律弘基和宣懿皇后的永福陵。位於今内蒙古自治區巴林右旗索博日嘎（白塔子）鎮西北約十餘公里的慶雲山中。聖宗永慶陵中保存有壁畫，繪有人物、山水，尤以象徵四時捺鉢的四季山水圖彌足珍貴。三陵出土遺物多已散失，今僅存部分石刻哀册。其中漢文哀册有聖宗、仁德皇后、欽愛皇后、道宗、宣懿皇后各一盒，仁懿皇后哀册僅存篆蓋。契丹小字哀册有道宗、宣懿皇后各一盒。1922年還從陵中抄寫出興宗和仁懿皇后的契丹小字哀册册文，原石已仍埋陵中。

[2]夷离畢：契丹官名。爲執政官，相當於副宰相參知政事。後來官分南、北，北面官有夷离畢院，主要掌刑政。

[3]于越：契丹語官名的音譯。貴官，非有大功德不授。無具體執掌。位在北、南大王之上。

九月壬申，朝皇太后，謁望仙殿。壬午，謁懷陵。[1]

[1]懷陵：遼太宗、穆宗之陵。其址位於懷州境内。大同元年（947）遼置懷州奉陵軍，治所在今内蒙古自治區巴林右旗幸福之路蘇木崗根嘎查古城址。州隸永興宮。

冬十月丁酉，駐蹕中會川。[1]己亥，北院樞密使蕭孝穆薨，追贈大丞相、晉國王。庚子，詔諸路上重囚，遣官詳讞。辛亥，參知政事韓紹芳爲廣德軍節度使，[2]三司使劉六符長寧軍節度使。[3]壬子，以夏人侵党項，遣延昌宮使高家奴讓之。[4]甲子，北府宰相蕭惠爲北院樞密使，幽王遂哥爲惕隱，[5]惕隱敵魯古封漆水郡王、西北路招討使，樞密副使蕭阿剌同知北院宣徽事。出飛龍廄馬，分賜群臣。

[1]中會川：即藕絲淀。則靴淀中會川亦爲廣平淀之別名。宋人王易《重編燕北録》謂，遼帝冬捺鉢在靴甸住坐。即以靴淀代廣平淀。參傅樂焕《遼史叢考》第70頁。

[2]廣德軍：乾州軍號。【劉注】遼代乾州州治在今遼寧省北鎮市廣寧鎮小常屯古城址。

[3]三司使：唐宋以鹽鐵、度支、户部爲三司，主理財賦。其長官爲三司使。《通鑑》卷二六五唐昭宣帝天祐三年（906）三月戊寅："以朱全忠爲鹽鐵、度支、户部三司都制置使。三司之名始於此。"遼代在南京設三司使司。此外，在上京設鹽鐵使司，東京設户部使司，中京設度支使司，西京設計司。 長寧軍：川州軍號。據《嘉慶重修一統志·承德府》："白川州故城在朝陽縣東北六十七里。遼置川州，會同中改爲白川州，治咸康縣。……今縣境東北之四角阪有廢城週二里餘，蒙古名卓索喀喇城。城内有遼開泰二年《佛頂尊勝陀羅尼石幢記》。爲白川州官吏所建，知即故白川州地。"

[4]延昌宮：穆宗宮分。

[5]惕隱：契丹官名。又稱梯里己，掌皇族政教。

．

　十一月丁丑，追封楚王蕭孝忠爲楚國王。丁亥，以上京歲儉，復其民租税。癸巳，朝皇太后。
　十二月戊申，改政事省爲中書省。[1]

[1]政事省：遼官署。後改稱中書省，爲南面官宰輔機構。

十三年春正月甲子朔，朝皇太后。戊辰，如混同
江。辛未，獵兀魯館岡。

二月庚戌，如魚兒濼。[1]丙辰，以參知政事杜防爲
南府宰相。

[1]魚兒濼：又稱長濼、長泊，在長春州（治所在今吉林省前
郭爾羅斯蒙古族自治縣塔虎城）境内。

三月丁亥，高麗遣使來貢。以宣政殿學士楊佶參知
政事。是月，置契丹警巡院。夏四月己西，遣東京留守
耶律侯哂、知黃龍府事耶律歐里斯將兵攻蒲盧毛朵部。
甲寅，南院大王耶律高十奏党項等部叛附夏國。丙辰，
西南面招討都監羅漢奴、詳穩斡魯母等奏，山西部族節
度使屈烈以五部叛入西夏，[1]乞南、北府兵援送實威塞
州户。[2]詔富者遣行，餘留屯田天德軍。[3]

[1]部族：【靳校】原本作“郡族”，中華點校本據南監本、北
監本和殿本改。今從改。
[2]威塞州：地望不詳，應是臨近豐州的邊塞州。
[3]天德：唐軍鎮名，即豐州。遼太祖阿保機於神册五年
（920）平党項，仍以此地爲天德軍。其地在今内蒙古自治區呼和浩
特市東白塔一帶。

五月壬戌朔，羅漢奴奏所發部兵與党項戰不利，招
討使蕭普達、四捷軍詳穩張佛奴歿于陣。李元昊來援叛
黨。戊辰，詔徵諸道兵會西南邊以討元昊。[1]

[1]元昊：【劉校】"昊"原本作"是"，明抄本、南監本、北監本和殿本均作"昊"。中華點校本及修訂本徑改。今從改。

六月甲午，阻卜酋長烏八遣其子執元昊所遣求援使宓邑改來，[1]乞以兵助戰，從之。駐蹕永安山。以將伐夏，遣延昌宮使耶律高家奴告宋。丙申，詔前南院大王耶律谷欲、[2]翰林都林牙耶律庶成等編集國朝上世以來事跡。[3]丙午，高麗遣使來貢。丁未，録囚。

[1]烏八遣其子執元昊所遣求援使：【劉校】據中華點校本校勘記，"求"原誤"來"。依本書卷七〇《屬國表》改。

[2]耶律谷欲：【劉校】"耶"原本誤作"即"，明抄本、南監本、北監本和殿本均作"耶"。中華點校本及修訂本徑改。今從改。

[3]國朝上世以來事跡：即契丹王朝建立以前大賀氏、遙輦氏時期的歷史。

秋七月辛酉，香河縣民李宜兒以左道惑衆，[1]伏誅。庚午，行再生禮。[2]庚辰，夏國遣使來朝。

[1]香河：縣名。治所在今河北省香河縣。　縣民：【劉校】"民"原本誤作"辰"，明抄本、南監本、北監本和殿本均作"民"。中華點校本和修訂本徑改。今從改。

[2]再生禮：契丹傳統禮儀之一。據本書卷一一六《國語解》載，依契丹故俗，此種禮儀每隔十二年舉行一次，而且祇有皇帝、太后、太子及夷离堇得行此禮。這是與選汗儀式同時舉行的禮儀，禮儀十分煩瑣。先期，候選者入一帳中，"再生母后"入帳搜索，並與在場衆人反復問答。

八月乙未，以夏使對不以情，羈之。[1]丁巳，夏國復遣使來，詢以事宜，又不以實對，笞之。

[1]羈之：【劉校】“羈”原本作“霸”，明抄本、南監本、北監本和殿本均作“羈”。中華點校本和修訂本徑改。今從改。

九月戊辰，宋以親征夏國，遣余靖致賻禮。[1]壬申，會大軍於九十九泉，以皇太弟重元、北院樞密使韓國王蕭惠將先鋒兵西征。[2]

[1]賻禮：送行的禮金。宋朝爲遼興宗親征夏國，遣余靖致送禮金，爲其送行。
[2]先鋒兵：作戰時衝鋒在先的軍隊。

冬十月庚寅，祭天地。丙申，獲党項偵人，射鬼箭。[1]丁酉，李元昊上表謝罪。己亥，元昊遣使來奏，欲收叛黨以獻，從之。辛亥，元昊遣使來進方物，詔北院樞密副使蕭革迓之。壬子，軍於河曲。[2]革言元昊親率党項三部來，詔革詰其納叛背盟，元昊伏罪，賜酒，許以自新，遣之。召群臣議，皆以大軍既集，宜加討伐。癸丑，督數路兵掩襲，殺數千人，駙馬都尉蕭胡覩爲夏人所執。[3]丁巳，元昊遣使以先被執者來歸，詔所留夏使亦還其國。

[1]射鬼箭：契丹人的巫術、刑罰。皇帝出征及祭祀先帝時，都要行這種巫術。取死囚一人，置於所要前往之方向，以亂箭射

殺，名爲射鬼箭。契丹人認爲，以此可以祓除不祥。班師歸來則以俘虜射鬼箭。後來則以此作爲刑罰的一種。

[2]河曲：【靳注】當在今内蒙古自治區鄂爾多斯市境。

[3]"革言元昊親率党項三部來"至"駙馬都尉蕭胡覩爲夏人所執"：《宋史》卷四八五《夏國傳》載：是歲（慶曆四年，遼重熙十三年，1044），"遼夾山部落呆兒族八百户歸元昊，興宗責還，元昊不遣。遂親將騎兵十萬出金肅城，弟天齊王馬步軍大元帥將騎七千出南路，韓國王〔蕭惠〕將兵六萬出北路，三路濟河長驅。興宗入夏境四百里，不見敵，據得勝寺南壁以待。八月五日，韓國王自賀蘭北與元昊接戰，數勝之。遼兵至者日益，夏乃請和，退十里，韓國王不從。如是退者三，凡百餘里矣，每退必赭其地，遼馬無所食，因許和。夏乃遷延，以老其師，而遼之馬益病，因急攻之，遂敗，復攻南壁，興宗大敗。入南樞王蕭孝友砦，擒其鶻突姑（即蕭胡覩）駙馬，興宗從數騎走，元昊縱其去"。 蕭胡覩（？—1063）：遼外戚，字乙辛。重熙中尚秦國長公主，授駙馬都尉，以不諧離婚，復尚齊國公主，爲北面林牙。清寧中歷北、南院樞密副使，清寧九年（1063）七月參與重元叛亂，失敗投水死。五子，同日誅之。本書卷一一四有傳。【劉校】蕭胡覩，原本作"蕭覩親"，明抄本、南監本、北監本和殿本均作"蕭胡覩"。中華點校本和修訂本徑改。今從改。

十一月辛酉，賜有功將校有差。甲子，班師。丁卯，改雲州爲西京。[1]辛巳，朝皇太后。

[1]雲州：治所在今山西省大同市。

十二月己丑，幸西京。戊戌，以北院樞密副使耶律敵烈爲右夷离畢。己亥，高麗遣使來貢。戊申，蕭胡覩自夏來歸。

十四年春正月庚申，以侍中蕭虛烈爲南院統軍使，封遼西郡王。庚午，如鴛鴦濼。壬午，以金吾衛大將軍敵魯古爲乙室大王。[1]甲申，夏國遣使進鶻。以常侍斡古得戰歿，命其子習羅爲帥。

[1]乙室：契丹部族名。遙輦氏阻午可汗時始置爲部。隸南府，駐守西南境。

二月庚子，朝皇太后。駐蹕撒剌濼。
三月己卯，宋以伐夏師還，遣使來賀。[1]

[1]宋以伐夏師還，遣使來賀：據《長編》卷一五四宋仁宗慶曆五年（1045）正月丙子記此事：契丹遣林牙彰聖軍節度使耶律宗睦來告討夏回。先是元昊既敗契丹，遣使齎表獻俘，詔卻其俘而受其表。及宗睦來，知制誥余靖言：“朝廷受表卻俘，此誠欲敦示大體，兩存其好也。竊緣臣昨到契丹，敵中君臣將元昊表狀皆示與臣，其間亦有毀讟本朝之語，但敵主佯詈元昊小人翻覆，交鬥兩朝，如此而已。臣愚以爲，今亦宜使館伴宗睦者，將元昊獻俘表示與宗睦，兼言本朝不受所獻，復令送還北朝之意，使敵人知本朝聞其敗衄，不敢分外邀求也。”樞密副使韓琦言：“朝廷已册封夏國，又契丹以西征回來告。當此之時，若便謂太平無事，則後必有大憂者三；若以前日之患而慮及經遠，則後必有大利者一。請略言之。自羌人盜邊以來，於今七年，小入大至，未嘗挫其鋒。今乘累勝之氣而與朝廷講和者，得非凡軍興之物悉取其國人，而所獲不償所費。又久絕在邊和市，上下困乏，故暫就稱臣之虛名，而歲邀二十萬之厚賂，非爲得計耶？且契丹勢素強而夏人尚敢與之抗，若使其

歲享金繒及和市之利，國内充實，一旦我之邊備少弛，則有窺圖關輔之心，此臣所謂後必有大憂者一也。契丹昨以羌人誘致邊民，遽往伐之，既不得志而還，見朝廷封册曩霄，其心必不樂。近諜者傳契丹國人語云：'往河西趨沙漠中，所得者唯牛羊爾；若議南牧，則子女玉帛不勝其有。'臣恐契丹異日更有邀求，或請絶西人之和，以隳盟誓，且河北兵驕不練，忽爾奔衝，則必震動京師。此臣所謂後必有大憂者二也。又昔石晉假契丹之力以得天下，歲才遺繒帛三十萬，今朝廷歲遺契丹五十萬，夏國二十萬，使敵日以富强，而國家取之於民，日以朘削。不幸數乘水旱之災，則患生腹心，不獨在二敵。此臣所謂後必有大憂者三也。昨契丹自恃盛强，意欲平吞夏人，倉卒興師，反成敗衂。北敵之性，切於復讎，必恐自此交兵未已。且二敵相攻者，中國之利，此誠朝廷養晦觀釁之時也。若能内輯綱紀，外練將卒，休息民力，畜斂財用，以坐待二敵之敝，則幽薊靈夏之地，一舉而可圖，振耀威靈，彈壓夷夏，豈不休哉。此臣所謂後必有大利者一也。臣願陛下深思，去大憂而取大利，則爲天下之福。”

四月辛亥，[1]高麗遣使來貢。

[1]四月辛亥：【劉校】據中華點校本校勘記，“四月”二字原脱。檢本書卷四四《曆象志下·朔考》，三月丁巳朔，無辛亥；四月丁亥朔，辛亥爲二十五日。檢卷七〇《屬國表》，高麗來貢正在四月。據補。

閏五月癸丑，清暑永安山。
六月丁卯，[1]謁慶陵。己卯，阻卜大王屯禿古斯率諸酋長來朝。庚辰，夏國遣使來貢。辛巳，[2]以西南面招討使蕭普達戰殁，贈同中書門下平章事。[3]

[1]六月丁卯：【劉校】據中華點校本校勘記，“六月”二字原脱。檢本書卷四四《曆象志下·朔考》，閏五月丙戌朔，無丁卯；六月乙卯朔，丁卯爲十三日。檢卷七〇《屬國表》，阻卜來貢正在六月。據補。

[2]辛巳：【劉校】據中華點校本校勘記，原誤“辛亥”，“按六月乙卯朔，無辛亥。庚辰之後，七月之前，只有辛巳，據改”。

[3]同中書門下平章事：唐制，大臣中有此名義者即爲事實上的宰相。遼襲唐制，在分設北、南面官之後，以同中書門下平章事爲南面宰相。

秋七月戊申，駐蹕中會川。
冬十月甲子，望祀木葉山。[1]

[1]木葉山：山名。契丹語稱“大”爲“木葉”。“木葉山”可以泛指任何“大山”，也可專指某一大山爲“木葉山”。此處專指永州境内一座山，契丹人視此山爲神山，其地在今内蒙古自治區翁牛特旗新蘇莫蘇木的西拉木倫河與老哈河匯合處一帶。“上建契丹始祖廟，奇首可汗在南廟，可敦（可汗之妻）在北廟，繪塑二聖并八子神像。”詳見本書卷三七《地理志一》永州條。

十一月壬午朔，回鶻阿薩蘭遣使來貢。[1]甲辰，以同知北院宣徽事蕭阿剌爲北府宰相。

[1]回鶻阿薩蘭：亦稱阿薩蘭回鶻，即高昌回鶻。回鶻各部西遷、匯合後主要的一支。直到元代，它仍自認是回鶻的嫡系。其疆域東至今哈密烏納格什湖，西通天山西部，南接酒泉，北達天山北麓。首府設在喀拉和卓，陪都設在天山北麓別失八里（即北庭）。其王早期稱阿薩蘭汗（意爲獅子王），較晚則稱亦都護。

十二月癸丑，觀漢軍習炮射、擊刺。[1]癸亥，決滯獄。

[1]炮射、擊刺：【劉校】"射"原本作"謝"，明抄本、南監本、北監本和殿本均作"射"。中華點校本及修訂本徑改。今從改。

十五年春正月乙酉，如混同江。禁契丹以奴婢鬻與漢人。

二月乙卯，如長春河。丙寅，蒲盧毛朵界曷懶河户來附，詔撫之。

三月甲申，朝皇太后。乙酉，以應聖節，減死罪，釋徒以下。[1]辛卯，朝皇太后。丁酉，高麗遣使來貢。詔諸道歲具獄訟以聞。

[1]徒以下：即笞、杖罪。【靳注】唐律有五刑制度，包括笞、杖、徒、流、死五种基本的法定刑罰。遼襲唐律。

夏四月辛亥朔，[1]禁五京吏民擊鞠。戊午，罷遙輦帳戍軍。[2]壬戌，以北女直詳穩蕭高六爲奚六部大王。[3]甲子，清暑永安山。甲戌，蒲盧毛朵曷懶河百八十户來附。

[1]夏四月辛亥朔：【劉校】原本無"朔"字，中華點校本據本書卷四四《曆象志下·朔考》補。今從。
[2]遙輦帳：遙輦九可汗宮賬，亦稱宮衛。唐開元二十三年（735），可突於殘黨泥禮殺李過折，立阻午可汗，傳九世，至公元

907 年阿保機建國。遙輦九可汗繼位後各建宮衛，遼朝立國後，有遙輦九帳大常袞司之設，掌遙輦九世宮分之事務。

[3]奚六部大王：對奚部族首領的稱呼。據《五代會要》卷二八《奚》："奚，本匈奴別種，即東胡之地，人物風俗與突厥同。族有五姓：一曰阿會部，管縣六；二曰啜米部，管縣四；三曰奧質部，管縣六；四曰奴皆部，管縣四；五曰黑訖支部，管縣三。每部有刺史，每縣有令，酋長號奚王。"此奚王是被契丹降伏以後的奚部族酋長。《新五代史》卷七四《四夷附錄第三》所記奚各部名稱與《五代會要》略有不同：奚"分為五部：一曰阿薈部，二曰啜米部，三曰粵質部，四曰奴皆部，五曰黑訖支部。後徙居琵琶川，在幽州東北數百里。地多黑羊，馬趫前蹄堅善走，其登山逐獸，下上如飛"。奚本來祇有五部，阿保機降伏五部奚之後設置墮瑰部，而成六部。詳本書卷三三《營衛志·部族下》。

六月癸丑，以西京留守耶律馬六為漢人行宮都部署，參知政事楊佶出為武定軍節度使。[1]戊辰，御清涼殿，放進士王棠等六十八人。甲戌，西北路招討使耶律敵魯古坐贓免官。

[1]武定軍：遼代軍號。治奉聖州（今河北省涿鹿縣）。

秋七月乙酉，豳王遂哥薨。戊子，觀穫。乙未，以北院宣徽使旅墳為左夷离畢，[1]前南府宰相耶律喜孫東北路詳穩。丙申，籍諸路軍。丁酉，如秋山。辛丑，禁扈從踐民田。丁未，以女直部長遮母率眾來附，加太師。

八月癸丑，高麗王欽薨，[2]遣使來告。

[1]旅墳（991—1053）：【劉注】亦作“驢糞”，耶律宗教的契丹語名𗧷的音譯。據漢字和契丹小字《耶律宗教墓誌銘》，旅墳是遼聖宗二弟耶律隆慶之子。其最後官銜是保義軍節度使、同中書門下平章事、判奉先軍節度使事、廣陵郡王。

[2]高麗王欽薨：【劉校】據中華點校本校勘記，本書卷一一五《高麗外記》同。按《高麗史》卷五，欽立於辛未（遼景福元年，1031），卒於甲戌（重熙三年，1034）。而卒於本年（丙戌、重熙十五年）之高麗王是亨，非欽。

九月甲辰，禁以罝網捕狐兔。

冬十月己酉，駐蹕中會川。

十一月丁亥，以南院樞密使蕭孝友爲北府宰相，契丹行宮都部署耶律仁先南院大王，北府宰相蕭革同知北院樞密使事，知夷离畢事耶律信先漢人行宮都部署，左夷离畢旅墳惕隱，漢人行宮都部署耶律敵烈左夷离畢。己亥，渤海部以契丹户例通括軍馬。[1]乙巳，振南京貧民。

[1]渤海部：【劉校】原本“渤”字處爲空白。中華修訂本據明抄本、南監本、北監本和殿本補。今從。

十二月壬申，曲赦徒以下罪。[1]是日爲聖宗在時生辰。

[1]曲赦：猶特赦。赦令的一種。不普赦天下而獨赦一地、兩地或數地叫作曲赦。此舉始於晉惠帝。《通鑑》卷八三晉惠帝元康

元年（291）八月"曲赦洛陽"，胡三省注曰："不普赦天下而獨赦洛陽，故曰曲赦。"【劉校】原本"曲赦徒"三字處爲空白，中華修訂本據明抄本、南監本、北監本和殿本補。今從。

（李錫厚注　劉鳳翥校）

遼史　卷二〇

本紀第二十

興宗三

十六年春正月己卯，如混同江。[1]

[1]混同江：河流名。即松花江。

二月庚申，如魚兒濼。[1]辛酉，禁群臣遇宴樂奏請私事。詔世選之官，[2]從各部耆舊擇材能者用之。

[1]魚兒濼：又稱長濼、長泊，在長春州境内，位於今吉林省前郭爾羅斯蒙古族自治縣西北部。
[2]世選：氏族社會遺留下的選任首領和官員的制度，契丹立國初期汗位繼承在形式上仍實行世選。世選與世襲的區別在於：世襲之制即漢族封建時代盛行的嫡長子繼承制，在這種制度下，嫡長子是當然的繼承人。世襲制度下的繼承問題，是皇帝自己的事情，不容許他人介入；世選之制則不同，在這種制度下，有權勢、地位的貴族們介入確定汗位繼承人之事，由他們在可汗的兄弟子侄中量

才推選繼承人。這種“世選”制度不僅存在於契丹社會中，在這一發展階段上的各個民族，無不如此。

三月丁亥，如黑水濼。癸巳，遣使審決雙州囚。[1]壬寅，大雪。

[1]雙州：【劉注】遼代雙州州治爲今遼寧省瀋陽市新城子區石佛寺鄉石佛寺村古城址。

夏四月乙巳朔，皇太后不豫，[1]上馳往視疾。丙午，皇太后愈，復如黑水濼。丁卯，肆赦。

[1]不豫：泛稱尊長有疾。

六月戊申，清暑永安山。[1]丁巳，阻卜大王屯禿古斯來朝，[2]獻方物。戊午，詔士庶言事。

[1]永安山：遼帝夏捺鉢地。“原名緬山，聖宗時改稱。《聖宗紀》‘太平三年七月丁亥，賜緬山名曰永安’。後聖宗慶陵即營建其地。聖宗崩後，興宗即陵置州，是曰慶州，更稱慶陵曰慶雲山。”參傅樂煥《遼代四時捺鉢考》（《遼史叢考》第86頁）。
[2]阻卜：部族名。即達旦、韃靼。元人諱言達旦，而稱達旦爲阻卜。詳王國維《觀堂集林》卷一四《達旦考》。

秋七月辛卯，幸慶州。[1]自是月至於九月，日射獵于楚不溝、霞列、繋輪、石塔諸山。

[1]慶州：遼州名。州治在今內蒙古自治區巴林右旗索博日嘎鎮。

冬十月辛亥，幸中京，謁祖廟。丙辰，定公主行婦禮於舅姑儀。庚午，鐵驪仙門來朝，[1]以始入貢，加右監門衛大將軍。

[1]鐵驪：部族名。遼置鐵驪國王府，以統其衆。其地當今黑龍江省東部松花江流域。

十一月戊寅，祠木葉山。[1]己丑，幸中京，朝皇太后。壬辰，禁漏泄宮中事。

[1]祠：祭名。春祭。　木葉山：山名。契丹語稱“大”爲“木葉”。“木葉山”可以泛指任何“大山”，也可專指某一大山爲“木葉山”。此處專指永州境內一座山，契丹人視此山爲神山，其地在今內蒙古自治區翁牛特旗新蘇莫蘇木的西拉木倫河與老哈河匯合處一帶。“上建契丹始祖廟，奇首可汗在南廟，可敦（可汗之妻）在北廟，繪塑二聖并八子神像。”詳見本書卷三七《地理志一》永州條。

十二月辛丑朔，女直遣使來貢。[1]辛亥，謁太祖廟，觀太宗收晉圖。[2]癸丑，問安皇太后。乙卯，以太后癒，雜犯死罪減一等論，徒以下免。[3]庚申，南府宰相杜防、韓紹榮奏事有誤，[4]各以大杖決之。出防爲武定軍節度使。[5]壬戌，高麗遣使來貢。[6]

[1]女直：本作女真，因避遼興宗耶律宗真名諱，改稱女直。遼時居東北東部。在南者入遼籍，稱熟女真，或合蘇館女真；在北者不入遼籍，稱生女真。

[2]晉：朝代名，此指石敬瑭創立的後晉（936—946），五代第三個王朝。初，石敬瑭獲得契丹耶律德光支持，並向德光割地、稱臣、稱兒。少帝石重貴繼位後，與契丹交惡，爲契丹所滅。

[3]徒以下：即笞、杖及流罪。

[4]宰相：契丹部族官名。契丹可汗之下有北、南二府，各部族則分屬二府，分設宰相，故北宰相亦稱北府宰相，南宰相亦稱南府宰相。

[5]武定軍：遼代軍號。治奉聖州（今河北省涿鹿縣）。

[6]高麗：指王建創建的高麗王朝（918—1392）。統治地域在今朝鮮半島，首都在開京（今朝鮮開城市）。

十七年春正月丁亥，如春水。[1]

[1]春水：契丹制度名。即四時捺鉢中的春捺鉢，地點多在長春州魚兒濼，又稱長濼、長泊。因其活動多在水上，故稱“春水”。

閏月癸丑，射虎于候里吉。

二月辛巳，振瑤穩、嘲穩部。是月，詔士庶言國家利便不得及己事，奴婢所見許白其主，不得自陳。夏國王李元昊薨，[1]其子諒祚遣使來告，[2]即遣永興宮使耶律裹里、右護衛太保耶律興老、將作少監王全慰奠。[3]

[1]夏國（1038—1227）：以党項民族爲主體建立的政權。公元 1038 年，元昊叛宋稱帝，建立大夏王朝，傳十代，至 1227 年爲

蒙古所滅。元昊稱帝以前，作爲北宋境内的地方割據政權，已經具有獨立性。史稱西夏，先後與遼、北宋及金、南宋並立於中國境内。境土包括今寧夏回族自治區全部、甘肅省大部、陝西省北部以及青海省、内蒙古自治區的部分地區。 李元昊（1003—1048）：小字嵬理，李德明長子。1031年，李德明死後嗣位，宋授爲定難軍節度、夏銀綏宥靜等州觀察處置押蕃落使、西平王。遼封他爲夏國王。宋寶元元年（1038）十月，他更名曩霄，建國號大夏，年號天授禮法延祚，自稱皇帝。進表宋朝，要求承認建國稱帝的既成事實，雙方隨即發生戰爭。七年後，雙方重新媾和。西夏國主稱臣，宋朝同意每年給予銀、絹、茶、采共二十五萬五千兩、匹、斤。夏宋媾和，夏遼矛盾隨之激化。元昊與遼興平公主婚後失和，再加這時遼境内的党項部落多叛附西夏，糾紛益形擴大。遼興宗親征西夏，遭遇失敗。從此夏、宋、遼三方鼎峙的局勢形成。

[2]諒祚：即李諒祚。元昊之子，生母爲没藏氏。公元1048年至1067年在位。幼年繼位，國相没藏訛龐與其妹太后没藏氏盡攬朝政。1049年，遼興宗乘西夏景宗元昊新死，大舉親征，但爲夏軍所敗。1061年，訛龐父子陰謀殺害諒祚，諒祚在大將漫咩支援下，擒殺訛龐父子，盡誅其家族，廢皇后没藏氏（訛龐女），納梁氏爲后，以后弟梁乙埋爲國相。諒祚下令停止使用蕃禮，改行漢禮。死於1067年，廟號毅宗。

[3]永興宮：遼太宗所置宮衛。

三月癸卯，以同知南京留守事蕭塔烈葛爲左夷离畢，[1]知右夷离畢事唐古爲右夷离畢。丙午，夏國李諒祚遣使上其父元昊遺物。丁卯，鐵不得國使來，乞以本部軍助攻夏國，不許。

[1]夷离畢：契丹官名。爲執政官，相當於副宰相參知政事。

後來官分南、北，北面官有夷离畢院，主要掌刑政。

夏四月辛未，武定軍節度使杜防復爲南府宰相。丙子，高麗遣使來貢。甲申，蒲盧毛朶部大王蒲輦以造舟人來獻。[1]

[1]蒲盧毛朶部：部族名。女真族，遼屬部，爲遼國外十部之一。

六月庚辰，阻卜獻馬、駞二萬。辛卯，長白山太師柴葛、回跋部太師撒剌都來貢方物。[1]

[1]回跋部：遼朝時期女真部族名。當時東北地區有大量的女真人，分佈在南部者稱“熟女真”；中部地區則有回跋女真，隸屬咸州（今遼寧省開原市老城）兵馬司；其在北者則是“生女真”。

秋七月丁未，于越摩梅欲之子不葛一及婆离八部夷离菫虎魗等内附。[1]甲寅，録囚，减雜犯死罪。

[1]于越：契丹語官名的音譯。貴官，非有大功德不授。無具體執掌。位在北、南大王之上。　夷离菫：契丹部族官名。源於突厥語官名“俟斤”（Irkin）。突厥各部的最高元首稱“可汗”（Qaghan），其他各部酋長則稱爲俟斤。初，契丹“其君大賀氏，有勝兵四萬，臣於突厥，以爲俟斤”（《新唐書》卷二一九《契丹傳》）。後，契丹首領自立爲可汗，其下所屬各部酋長則稱爲“俟斤”，亦即夷离菫。契丹立國後，大部族之夷离菫稱王，小部族之夷离菫則稱爲節度使。舉凡一部之軍政、民政皆由其統掌。參韓儒

林《穹廬集》（上海人民出版社 1982 年版，第 314—316 頁）。

八月丙戌，復南京貧戶租税。戊子，以殿前都點檢耶律義先爲行軍都部署、忠順軍節度使夏行美副部署、東北面詳穩耶律尤者爲監軍，[1]伐蒲奴里酋陶得里。

[1]殿前都點檢：官名。五代後周世宗設置殿前司，以都點檢、副都點檢爲正副長官，位在都指揮使之上，爲禁軍統帥。宋初廢。遼設殿前都點檢，爲南面軍官，當係模倣周制。　耶律義先（1010—1052）：于越仁先之弟。重熙初補祗候郎君班詳穩。十六年（1047）爲殿前都點檢，討蒲奴里，多所招降，獲其酋長陶得里以歸，以功改南京統軍使，封武昌郡王。二十一年拜惕隱，進王富春。本書卷九〇有傳。　夏行美（？—1048）：渤海人。太平九年（1029）大延琳叛，時行美總渤海軍於保州，拒絕參與反遼。以功加同政事門下平章事。本書卷八七有傳。　東北面詳穩耶律尤者爲監軍：【劉校】據中華點校本校勘記，本書卷九一《蕭尤哲傳》："蒲奴里酋長陶得里叛，尤哲爲統軍都監，從都統耶律義先討之。"此耶律尤者應是蕭尤哲。

冬十月甲申，南院大王耶律韓八薨。[1]甲午，駐蹕獨盧金。[2]

[1]南院大王：契丹部族官名。遼朝析迭剌部爲五院部和六院部。五院部有知五院事，在朝曰北大王院；六院部有知六院事，在朝曰南大王院。北院大王和南院大王即是五院部和六院部的首領，握有兵權。

[2]獨盧金：地名。在遼西京大同府雲中縣境内。傅樂焕《春

水秋山考》："《遼史》云獨盧金，《長編》作云中甸，名雖有異，地實相同。文彥博《潞公集》卷七《贈國信畢少卿仲衍》詩有云：'朔風不度龍沙遠，只向雲中講信回。'仲衍使遼在元豐二年，當遼大康五年。檢是年《遼紀》道宗亦駐蹕獨盧金。知獨盧金與雲中甸確指同一地點。獨盧金《遼史》不詳所在，由前後相關地名準之，知在西京境內。今悉又稱雲中甸，雲中爲遼西京大同府倚郭縣，雲中甸即謂雲中縣境郊野之地。"（見《遼史叢考》第48頁）

十一月乙未朔，遣使括馬。丁巳，賜皇太弟重元金券，[1]封皇子和魯斡爲越王，[2]阿璉許王，[3]忠順軍節度使謝家奴陳王，西京留守貼不漢王，[4]惕隱旅墳遼西郡王，行宮都部署別古得柳城郡王，[5]奉陵軍節度使侯古饒樂郡王，[6]安定郡王涅魯古進封楚王。

[1]金券：鐵券的美稱。鐵券即鐵契。《續古今考》卷五："後世賜鐵券，謂不死。"《長編》卷七九宋真宗大中祥符五年（1012）冬十月己酉載：以主客郎中知制誥王曾爲契丹國主生辰使，宮苑使榮州刺史高繼勳副之。"契丹使邢祥接伴，祥詫其國中親賢賜鐵券，曾折之曰：'鐵券者，衰世以寵權臣，用安反側，豈所以待親賢耶。'祥媿不復語。"《宋朝事實類苑》卷九："祥符中王沂公奉使契丹，館伴邢祥頗肆談辨，深自衒鬻，且矜賜鐵券。公曰：'鐵券蓋勳臣有功高不賞之懼，賜之以安反側耳。何爲輒及？'邢祥大沮。"

[2]和魯斡（1041—1111）：即耶律弘本。興宗第二子，字阿輦。重熙十七年（1048），封越王。乾統初爲天下兵馬大元帥，加守太師，免拜，不名。三年（1103），冊爲皇太叔。【劉注】和魯斡，耶律弘本的契丹語小名音譯。天祚帝時，封義和仁壽皇太叔祖。其事蹟詳載漢字和契丹小字《義和仁壽皇太叔祖哀冊》。

[3]阿璉（？—1087）：即耶律弘世。興宗第三子，仁懿皇后

生。重熙十七年（1048）封許王。清寧初徙陳王、秦王，進封秦越國。清寧中出爲遼興軍節度使。咸雍間歷西京、上京留守。死於大安三年（1087），追封秦魏國王。

[4]貼不：聖宗弟隆祐之子。

[5]行宮都部署別古得：【劉校】據中華點校本校勘記，別古得，《皇子表》作“別古特”，“行宮都部署”前有“契丹”二字。

[6]侯古（1009—1072）：【劉注】耶律宗愿的契丹語小名的音譯。遼聖宗仲子，母耿氏。其事蹟詳載《耶律宗愿墓誌銘》。

十八年春正月甲午朔，日有食之。戊戌，留夏國賀正使不遣。己亥，遣北院樞密副使蕭惟信以伐夏告宋。[1]辛丑，錄囚。丙午，如鴛鴦濼。[2]丙辰，獵霸特山。耶律義先奏蒲奴里捷。

[1]蕭惟信：契丹楮特部人。歷南京留守、左右夷离畢，北院樞密副使。卒於大康中。本書卷九六有傳。

[2]鴛鴦濼：湖名。在今北京市延慶區境内。舊時周八十里。其水停積不流，自遼金以來，爲飛放之所。即今野鴨湖。

二月庚辰，幸燕趙國王洪基帳視疾。乙酉，耶律義先等執陶得里以獻。

三月乙巳，高昌國遣使來貢。[1]壬子，以洪基疾愈，赦雜犯死罪以下。[2]丁巳，烏古遣使送款。[3]

[1]高昌：即阿薩蘭回鶻。回鶻西遷、匯合後主要的一支。直到元代，它仍自認是回鶻的嫡系。其疆域東至今哈密烏納格什湖，西通天山西部，南接酒泉，北達天山北麓。首府設在喀拉和卓，陪

都設在天山北麓別失八里（即北庭）。其王早期稱阿薩蘭汗（意爲獅子王），較晚則稱亦都護。

[2]死罪以下：較死罪爲輕的罪刑，即笞、杖、徒、流之罪。

[3]烏古：部族名。又稱嫗厥律、于厥律，居契丹西北。據《新五代史》卷七三《四夷附録第二》："嫗厥律，其人長大，髡頭，酋長全其髮，盛以紫囊。地苦寒，水出大魚，契丹仰食。又多黑、白、黄貂鼠皮，北方諸國皆仰足。其人最勇，鄰國不敢侵。"

夏四月癸酉，以南府宰相耶律高十爲南京統軍使。

五月甲辰，五國酋長各率其部來附。庚戌，回跋部長兀迭臺縶等來朝。戊午，五國節度使耶律仙童以降烏古叛人，[1]授左監門衛上將軍。

[1]烏古叛人：【劉校】"烏"原本作"爲"，明抄本、南監本、北監本和殿本均作"烏"。中華點校本和修訂本徑改。今從改。

六月壬戌朔，以韓國王蕭惠爲河南道行軍都統，[1]趙王蕭孝友、漢王貼不副之。[2]乙丑，録囚。丙寅，行十二神纛禮。己巳，宋以遼師伐夏，遣錢逸致賻禮。[3]庚辰，阻卜來貢馬、駞、珍玩。辛巳，夏國使來貢，留之不遣。丁亥，行再生禮。[4]

[1]蕭惠（982—1056）：契丹外戚。淳欽皇后弟阿古只五世孫。字伯仁。初爲國舅詳穩。從伯父排押征高麗，以功授契丹行宮都部署。開泰二年（1013）改南京統軍使。後爲西北路招討使，封魏國公。興宗即位，知興中府，歷順義軍節度使、東京留守、西南面招討使。重熙十七年尚帝姊秦晉國長公主，拜駙馬都尉。本書卷

九三有傳。

[2]蕭孝友（990—1063）：契丹外戚蕭孝穆之弟，字撻不衍，小字陳留。開泰初以戚屬爲小將軍。太平元年（1021），以大册，加左武衛大將軍、檢校太保，賜名孝友。重熙元年（1032），累遷西北路招討使，封蘭陵郡王。八年進王陳。十年加政事令。清寧初加尚父。後坐子胡覩首與重元亂，伏誅，年七十三。本書卷八七有傳。

[3]遣錢逸致賻禮：【劉校】據中華點校本校勘記，錢逸，《長編》卷一六六作“錢明逸”，《宋史》卷三一七有傳。此避穆宗耶律明名諱改。

[4]再生禮：契丹傳統禮儀之一。據本書卷一一六《國語解》載，依契丹故俗，此種禮儀每隔十二年舉行一次，而且祇有皇帝、太后、太子及夷离堇得行此禮。這是與選汗儀式同時舉行的禮儀，禮儀十分煩瑣。先期，候選者入一帳中，“再生母后”入帳搜索，並與在場衆人反復問答。

秋七月戊戌，親征。
八月辛酉朔，[1]渡河。夏人遁，乃還。

[1]八月辛酉朔：【劉校】原本闕“朔”字，中華點校本據本書卷四四《曆象志下·朔考》補。今從。

九月丁未，蕭惠等爲夏人所敗。[1]

[1]蕭惠等爲夏人所敗：《長編》卷一六八宋仁宗皇祐二年（1050）三月庚子記此事：契丹遣殿前副點檢、忠正節度使耶律益，彰德節度使趙東之來告伐夏國還。益自言契丹三路進討，契丹主出中路，大捷。北路兵至西涼府，獲羊百萬、橐駝二十萬、牛五百，

俘老幼甚衆；惟南路小失利，恐夏人妄説軍勝誇南朝。然得邊奏，皆以謂遼主濟河不遇賊，無水草，馬多死。耶律貫寧大敗於師子口。惟劉五常獲陝西所陷屬户羌二十餘人因而來獻。其言多俘獲，蓋妄也。

冬十月，北道行軍都統耶律敵魯古率阻卜諸軍至賀蘭山，獲李元昊妻及其官僚家屬，遇夏人三千來戰，殪之；烏古敵烈部都詳穩蕭慈氏奴、南克耶律幹里死焉。

十二月戊寅，慶陵林木火。[1]己卯，録囚。有弟從兄爲強盜者，兄弟俱無子，特原其弟。

[1]慶陵：包括遼聖宗耶律隆緒和仁德皇后、欽愛皇后的永慶陵，遼興宗耶律宗真和仁懿皇后的永興陵，遼道宗耶律弘基和宣懿皇后的永福陵。位於今内蒙古自治區巴林右旗索博力嘎（白塔子）鎮西北約十餘公里的大興安嶺中。此指聖宗永慶陵，陵墓中保存有壁畫，繪有人物、山水，尤以象徵四時捺鉢的四季山水圖彌足珍貴。三陵出土遺物多已散失，今僅存部分石刻哀册。其中漢文哀册有聖宗、仁德皇后、欽愛皇后、道宗、宣懿皇后各一盒，仁懿皇后哀册僅存篆蓋。契丹小字哀册有道宗、宣懿皇后各一盒。1922年還從陵中抄寫出興宗和仁懿皇后的契丹小字哀册册文，原石仍埋陵中。

十九年春正月庚寅，僧惠鑑加檢校太尉。庚子，耶律敵魯古復封漆水郡王，[1]諸將校及阻卜等部酋長各進爵有差。贈蕭慈氏奴同中書門下平章事[2]辛丑，遣使問罪於夏國。壬寅，如魚兒濼。

[1]耶律敵魯古：【劉注】即本書卷八二有傳的韓滌魯。據漢字《耶律宗福墓誌銘》，其漢名爲宗福。

[2]同中書門下平章事：唐制，大臣中有此名義者即爲事實上的宰相。遼襲唐制，在分設北、南面官之後，以同中書門下平章事爲南面宰相。

二月丁亥，夏將洼普、猥貨、乙靈紀等來攻金肅城，[1]南面林牙耶律高家奴等破之。[2]洼普被創遁去，殺猥貨、乙靈紀。

[1]金肅城：據本書卷四一《地理志五》，金肅州，重熙十二年（1043）伐西夏置，割燕民三百户、防秋軍一千實之，屬西南面招討司。另據《陜西通志》卷五，金肅“在府谷縣北，河套中”。

[2]林牙：契丹官名。掌文翰，相當於翰林學士。

三月戊戌，殿前都點檢蕭迭里得與夏戰於三角川，敗之。癸卯，命西南招討使蕭蒲奴、北院大王宜新、林牙蕭撒抹等帥師伐夏，[1]以行宮都部署別古得監戰。甲辰，遣同知北院樞密使蕭革按軍邊城，[2]以爲聲援。己酉，駐蹕息雞淀。[3]丙辰，幸殿前都點檢蕭迭里得、駙馬都尉蕭胡覩帳視疾。[4]

[1]蕭蒲奴：奚王楚不寧之後。字留隱。開泰間選充護衛，稍進用。後遷奚六部大王。太平九年（1029），討平大延琳叛亂有功，加兼侍中。本書卷八七《蕭蒲奴傳》記載：重熙十五年（1046）“爲西南面招討使，西征夏國”，“明年，復西征，懸兵深入，大掠而還，復爲奚六部大王。致仕，卒”。年代與本紀相關記載不符。

[2]北院樞密使：即契丹樞密院之樞密使，爲北面官之最高官職，掌軍事、部族。詳本書卷四五《百官志一》。　蕭革（？—1063）：契丹外戚。國舅房林牙和尚之子。重熙十二年（1043）爲北院樞密副使。十三年，拜北府宰相。革怙寵專權，同僚以其奸佞，言用之將敗事，興宗不聽。拜南院樞密使，詔班諸王上。道宗即位後，與國舅蕭阿剌同掌朝政。清寧九年（1063）秋重元之亂，革參預其謀，凌遲處死。本書卷一一三有傳。

[3]息雞淀：地名。據乾隆《大清一統志》卷四〇七“息雞淀，五代史奚當唐末居陰涼山即此”。息雞淀源出陰涼河。今内蒙古赤峰市西南有錫伯河即陰涼河。

[4]蕭胡覩（？—1063）：遼外戚。字乙辛。重熙中尚秦國長公主，授駙馬都尉，以不諧離婚，尚齊國公主，爲北面林牙。清寧中歷北、南院樞密副使，清寧九年（1063）七月參與重元叛亂，失敗投水死。五子，同日誅之。本書卷一一四有傳。

夏四月丙寅，如魚兒濼。壬申，蒲盧毛朶部惕隱信篤來貢。甲申，高麗遣使來貢。

五月己丑，如涼陘。癸巳，蕭蒲奴等入夏境，不與敵遇，縱軍俘掠而還。丁酉，夏國注普來降。己亥，遠夷拔思母部遣使來貢。

六月丙辰朔，置倒塌嶺都監。丙寅，謁慶陵。庚午，幸慶州，謁大安殿。壬申，詔醫卜、屠販、奴隸及倍父母或犯事逃亡者，不得舉進士。回跋、曷蘇館、蒲盧毛朶部各遣使貢馬。甲戌，宋遣使來賀伐夏捷，高麗使俱至。辛巳，御金鑾殿試進士。

秋七月壬辰，駐蹕括里蒲碗。[1]癸巳，以燕趙國王洪基領北、南樞密院。乙未，阻卜長豁得剌弟斡得來朝，加太尉遣之。戊戌，録囚。戊申，以左夷离畢蕭唐古爲北院樞密副使。壬子，獵候里吉。

[1]括里蒲碗：【劉校】“里”原本作“皇”，明抄本、南監本、北監本和殿本均作“里”。中華點校本及修訂本徑改。

八月丁卯，阻卜酋長喘只葛拔里斯來朝。[1]

[1]喘只葛拔里斯：【劉校】“拔”原本作“放”，明抄本、南監本、北監本和殿本均作“拔”。中華點校本及修訂本徑改。

九月壬寅，夏人侵邊，敵魯古遣六院軍將海里擊敗之。[1]

[1]敵魯古：【劉校】原本作“敵魯疑”，中華修訂本據明抄本、南監本、北監本和殿本改。今從改。

冬十月庚午，還上京。辛未，夏國王李諒祚母遣使乞依舊稱藩。使還，詔諭別遣信臣詣闕，當徐思之。[1]壬申，釋臨潢府役徒。甲戌，如中會川。[2]

[1]當徐思之：【劉校】原本作“之徐思之”，中華修訂本據明抄本、南監本、北監本和殿本改。今從改。

[2]中會川：中會川即藕絲淀。則靴淀中會川亦爲廣平淀之別名。宋人王易《重編燕北録》謂，遼帝冬捺鉢在靴甸住坐。即以靴淀代廣平淀。見傅樂煥《遼史叢考》第70頁。

十一月甲午，阻卜酋長豁得剌遣使來貢。庚戌，録囚。壬子，出南府宰相韓知白爲武定軍節度使，樞密副使楊績長寧軍節度使，[1]翰林學士王綱澤州刺史，[2]張宥徽州刺史，[3]知制誥周白海北州刺史。[4]

[1]長寧軍：川州軍號。據《嘉慶重修一統志·承德府》："白川州故城在朝陽縣東北六十七里。遼置川州，會同中改爲白川州，治咸康縣。……今縣境東北之四角阪有廢城週二里餘，蒙古名卓索喀喇城。城内有遼開泰二年《佛頂尊勝陀羅尼石幢記》。爲白川州官吏所建，知即故白川州地。"

[2]澤州：遼太祖俘蔚州民，在松亭關以北立寨居之，採煉陷河銀冶。開泰中大延琳反叛被鎮壓之後，原東京海州下轄的刺史州澤州民被遷移至此，置澤州。《武經總要》前集卷一六《戎狄舊地》：澤州，松亭關北，遼澤之地。

[3]徽州：該州位置在宜州（今遼寧省義縣）之北二百里。

[4]海北州：據本書卷三八《地理志二》："廣化軍，中，刺史。世宗以所俘漢戶置。地在閭山之西，南海之北。初隸宣州，後屬乾州。"

閏月乙卯，以漢王貼不爲中京留守。辛未，以同知北院樞密使事蕭革爲南院樞密使，[1]南院大王耶律仁先知北院樞密使事，封宋王。[2]

[1]南院樞密使：即漢人樞密院之樞密使。

[2]耶律仁先（1012—1072）：契丹皇族。孟父房之後。字糺鄰，小字查剌。重熙三年（1034）補護衛。十一年升北院樞密副使。與劉六符使宋，定議增歲幣。既還，同知南京留守事。十八年

再舉伐夏，仁先與皇太弟重元爲前鋒。清寧初爲南院樞密使。九年（1063），重元謀逆，仁先受命討賊。事後，加尚父，進封宋王，爲北院樞密使。本書卷九六有傳。　南院大王耶律仁先知北院樞密使事，封宋王：【劉校】據中華點校本校勘記：“依本書卷九六本傳，仁先於重熙間由北院大王遷北院樞密使，封吳王，清寧末始進封宋王。”

十二月丁亥，北府宰相趙王蕭孝友出爲東京留守，東京留守蕭塔列葛爲北府宰相，[1] 南院樞密使潞王查葛爲南院大王。[2] 庚戌，韓國王蕭惠徙封魏王，致仕。壬子，[3] 夏國李諒祚遣使上表，乞依舊臣屬。

[1]蕭塔列葛：契丹五院部人。八世祖以功爲北府宰相，世預其選。塔列葛仕開泰間，累遷西南面招討使。重熙十二年（1043）改右夷离畢、同知南京留守，轉左夷离畢，俄授東京留守，以世選爲北府宰相，卒。本書卷八五有傳。

[2]查葛（1003—1062）：【劉注】漢名耶律宗政，耶律隆慶之子。聖宗在位時，隆慶薨後追贈爲皇太弟。

[3]壬子：【靳校】原本闕“壬”字，中華點校本據南監本、北監本和殿本改。今從。

二十年春正月戊戌，駐蹕混同江。

二月甲申，遣前北院都監蕭友括等使夏國，索黨項叛户。[1] 己丑，如蒼耳濼。甲辰，吐蕃遣使來貢。[2]

[1]黨項：中國古代族名。又稱黨項羌，唐以後主要活動於靈、慶、銀、夏等州，即今甘肅、寧夏、陝西和內蒙古等省區交界

地區。

[2]吐蕃：原爲中國古代藏族政權名。公元七至九世紀在青藏高原建立。吐蕃政權崩潰以後，宋元及明初史籍稱青藏高原上的土著族、部爲吐蕃。

三月壬子朔，幸黑水。[1]

[1]黑水：【劉注】即今內蒙古自治區巴林右旗境内的查干沐淪河。

夏五月癸丑，蕭友括等使夏還，李諒祚母表乞如党項權進馬、駞、牛、羊等物。[1]己巳，夏國遣使求唐隆鎮及乞罷所建城邑，以詔答之。[2]

[1]馬、駞、牛、羊等物：【劉校】原本作“之駞牛羊等物”，中華修訂本據明抄本、南監本、北監本和殿本改。今從改。
[2]以詔答之：【劉校】“詔”原本作“語”，明抄本、南監本、北監本和殿本均作“詔”。中華點校本及修訂本徑改。

六月丙戌，詔以所獲李元昊妻及前後所俘夏人，安置蘇州。[1]以伐夏所獲物遣使遺宋。
秋七月，如秋山。[2]

[1]蘇州：金人王寂《鴨江行部志》云：“自永康次順化營。中途望西南兩山，巍然浮於海上。訪諸野老云：‘此蘇州關也。’遼之蘇州，今改爲化成縣。關禁設自有遼，以其南來舟楫，非出此途，不能登岸。相傳隋、唐之伐高麗，兵糧戰艦亦自此來。南去百里有

山曰鐵山，常屯甲七千人，以防海路。每夕平安火報自此始焉。"
【劉注】蘇州，治所在今遼寧省大連市金州區金洲鎮舊城。

[2]秋山：所謂"秋山"亦即秋獮，屆時皇帝的居留地即是秋
捺鉢。聖宗以後，其主要地點是在慶州（今內蒙古自治區巴林右旗
西索博日嘎鎮）西部諸山。

九月，詔更定條制。駐蹕中會川。
冬十月己卯朔，括諸道軍籍。[1]

[1]軍籍：據本書卷三二《營衛志中》："奚六部以下，多因俘
降而置。勝兵甲者即著軍籍，分隸諸路詳穩、統軍、招討司。番居
內地者，歲時田牧平莽間。"此外，遼在南京（今北京市）、西京
（今山西省大同市）、奉聖州（今河北省涿鹿縣）和平州（今河北
省盧龍縣）以及中京、東京和上京設提轄司，提轄司所管轄的人户
也是有軍籍的。提轄司是軍事機構，遇有戰事，負責點集兵馬。

十一月庚申，以惕隱都監蕭謨魯爲左夷离畢。甲
子，命東京留守司總領户部、內省事。丁卯，罷中丞記
錄職官過犯，令承旨總之。
十二月乙酉，以皇太后行再生禮，肆赦。
二十一年春正月辛亥，如混同江。
二月，如魚兒濼。
夏四月癸未，以國舅詳穩蕭阿剌爲西北路招討
使，[1]封西平郡王。

[1]蕭阿剌（？—1061）：契丹外戚。北院樞密使孝穆之子。
字阿里懶。幼養宮中。重熙二十一年（1052）拜西北路招討使，封

西平郡王。尚秦晉國王公主，拜駙馬都尉。清寧二年（1056）任北院樞密使，徙王陳。後出任東京留守。七年入朝陳時政得失。蕭革以事中傷，道宗怒，縊殺阿剌。本書卷九〇有傳。

六月丙子，駐蹕永安山。

秋七月甲辰朔，召北府宰相蕭塔烈葛、南府宰相漢王貼不、南院樞密使蕭革、知北院樞密使事仁先等賜坐，論古今治道。戊申，祀天地。己酉，詔北、南樞密院，日再奏事。壬子，追尊太祖之祖爲簡獻皇帝，廟號玄祖，[1]祖妣爲簡獻皇后；太祖之考爲宣簡皇帝，廟號德祖，[2]妣爲宣簡皇后。追封太祖伯父夷离董巖木爲蜀國王，于越釋魯爲隋國王。以燕趙國王洪基爲天下兵馬大元帥、知惕隱事，[3]賜詔諭之。癸亥，近侍小底盧寶僞學御畫，[4]免死，配役終身。甲子，如秋山。戊辰，謁慶陵。以南院樞密使蕭革爲北院樞密使，封吳王。辛未，如慶州。壬申，追封太祖弟寅底石爲許國王。

[1]玄祖：阿保機祖父匀德實。
[2]德祖：阿保機之父撒剌的。
[3]天下兵馬大元帥：遼最高軍職。天贊元年（922）十一月，太祖以皇子堯骨（耶律德光）爲天下兵馬大元帥，後繼位。此後，遼朝歷代皇帝立皇儲繼承者，多加此號，成爲皇帝以下的最高尊稱。
[4]僞學御畫：據《長編》卷一八宋仁宗至和二年（1055）八月己丑，“宗真善畫，嘗以所畫鵝鴈來獻，上作飛白書答之”。

八月戊子，太尉烏者薨，詔配享聖宗廟。九月乙卯，平州進白兔。[1]己未，謁懷陵。[2]庚申，追上嗣聖皇帝、天順皇帝尊諡，[3]及更諡彰德皇后曰靖安。[4]癸亥，諡齊天皇后曰仁德皇后。[5]甲子，謁祖陵。[6]增太祖諡大聖大明神烈天皇帝，[7]更諡貞烈皇后曰淳欽，[8]恭順皇帝曰章肅，[9]后蕭氏諡曰和敬。

[1]平州：唐置，治所在今河北省盧龍縣。

[2]懷陵：遼太宗、穆宗之陵。位於懷州境内。大同元年（947）遼置懷州奉陵軍，治所在今内蒙古自治區巴林右旗幸福之路蘇木崗根嘎查古城址。州隸永興宫。

[3]嗣聖皇帝：即太宗耶律德光。　天順皇帝：即遼穆宗耶律璟。

[4]彰德皇后：即遼太宗皇后蕭氏。天顯十年（935）死，諡曰“彰德”。本書卷七一有傳。

[5]齊天皇后（982—1032）：聖宗皇后。姓蕭氏，小字菩薩哥，景宗睿智皇后蕭綽弟隗因之女。年十二，選入掖庭。統和十九年（1001），册爲齊天皇后。生皇子二，皆早卒。開泰五年（1016）宫人耨斤生興宗，后收其爲養子。興宗即位後，耨斤自立爲太后，殺齊天皇后，時年五十。追尊仁德皇后。與欽哀皇后並祔慶陵。本書卷七一有傳。

[6]祖陵：遼太祖耶律阿保機的葬所。位於祖州西南約五里，其地在今内蒙古自治區巴林左旗查干哈達蘇木石房子嘎查。

[7]大聖大明神烈天皇帝：阿保機諡號。詳本書卷二《太祖本紀》。

[8]淳欽：遼太祖阿保機皇后述律氏的諡號。遼興宗重熙二十一年（1052）九月追諡。本書卷七一有傳。

[9]恭順皇帝：阿保機第三子李胡（912—960），天顯五年（930）立爲皇太弟，兼天下兵馬大元帥。遼太宗死後，應天皇太后

反對世宗兀欲而欲立李胡，失敗，母子被囚。穆宗時因參與其子喜隱謀反事而下獄死。統和二十六年（1008）謚“恭順皇帝”。後因陳大任避金章宗父允恭諱，改“欽順”。

　　冬十月戊寅，駐蹕中會川。丁亥，夏國李諒祚遣使乞弛邊備，即遣蕭友括奉詔諭之。戊子，幸顯、懿二州。[1]甲午，遼興軍節度使蕭虛烈封鄭王，[2]南院大王、潞王查葛爲南院樞密使，進封越國王。[3]戊戌，射虎于南撒葛栢。辛丑，謁乾陵。[4]

　　[1]顯、懿二州：顯州和懿州。【劉注】遼代顯州州治在今遼寧省北鎮市駐地廣寧鎮古城址；懿州州治在今遼寧省阜新蒙古族自治縣塔營子鎮塔營子村古城址。

　　[2]遼興軍：平州軍號。治所在今河北省盧龍縣。

　　[3]進封越國王：【劉校】越國，按下文清寧二年（1056）十一月作“趙國”。

　　[4]乾陵：遼景宗陵。其址位於乾州。《武經總要》前集卷一六下《戎狄舊地》乾州在醫巫閭山之南，古遼澤之地，遼主景宗陵寢在焉。今置廣德軍節度，兼山陵都部署。【劉注】遼代乾州在今遼寧省北鎮市廣寧鎮小常屯遼城址。

　　十一月壬寅朔，增謚文獻皇帝爲文獻欽義皇帝，[1]及謚二后曰端順，曰柔貞。[2]復更謚世宗孝烈皇后爲懷節。[3]丁未，增孝成皇帝謚曰孝成康靖皇帝，[4]更謚聖神宣獻皇后爲睿智。[5]甲子，次中會川。回鶻阿薩蘭遣使貢名馬、文豹。丙寅，録囚。

[1]文獻皇帝（898—936）：遼太祖耶律阿保機長子。漢名倍，契丹名圖欲（突欲），生母爲淳欽皇后述律氏。遼天顯元年（926），遼滅渤海建東丹國，倍被册爲人皇王，主東丹國政。阿保機死後，其母述律氏立德光，倍被迫浮海投奔後唐。後唐明宗賜其姓名李贊華。後晉清泰三年（遼天顯十一年，936）石敬瑭率軍攻入洛陽，後唐末帝李從珂約倍與之同死，倍不從，遇害。世宗即位，謚讓國皇帝，陵曰顯陵。統和中，更謚文獻。重熙二十一年（1052），增謚文獻欽義皇帝，廟號義宗。

[2]柔貞：即柔貞皇后蕭氏。據本書卷七二《義宗倍傳》：倍有二后，曰端順，曰柔貞。柔貞后爲世宗生母，天禄五年（951）與世宗一同死於察割叛亂。

[3]謚世宗孝烈皇后爲懷節：【劉注】懷節皇后小字撒葛只，太祖淳欽皇后弟阿古只之女。世宗爲永康王時納之，生景宗，天禄末立爲皇后。本書卷七一有傳。

[4]孝成康靖皇帝：【劉注】指遼世宗耶律阮。

[5]聖神宣獻皇后：【劉注】指景宗皇后蕭綽（蕭燕燕）。本書卷七一有傳。

十二月戊戌，以北府宰相塔烈葛爲南京統軍使，鄭王虛烈北府宰相，契丹行宮都部署耶律義先惕隱。釋役徒限年者。

二十二年春正月乙巳，如混同江。

二月丙子，回鶻阿薩蘭爲鄰國所侵，遣使求援。庚辰，如春水。

三月癸亥，李諒祚以賜詔許降，遣使來謝。丙寅，如黑水濼。

夏四月戊子，獵鶴淀。

五月壬寅，詔内地州縣植果。[1]

[1]内地：契丹稱其原住地爲“内地”。

六月壬申，駐蹕胡吕山。癸未，高麗遣使來貢。

秋七月己酉，阻卜大王屯禿古斯率諸部長獻馬、
馳。庚申，如黑嶺。[1]

[1]黑嶺：即慶雲山。據本書卷三七《地理志一》，慶州有慶
雲山，“本黑嶺也，聖宗駐蹕，愛羨，曰：‘吾萬歲後，當葬此。’
興宗遵遺命，建永慶陵。有望仙殿、御容殿。置蕃、漢守陵三千
户，並隸大内都總管司”。

閏月庚午，烏古來貢。癸巳，長春州置錢帛司。[1]

[1]置錢帛司：錢帛司爲南面官中主管財富的機構。【劉校】
“置”原本作“直”，明抄本、南監本、北監本和殿本均作“置”。
中華點校本及修訂本徑改。今從改。

九月壬辰，夏國李諒祚遣使進降表。甲午，遣南面
林牙高家奴等奉詔撫諭。

冬十月丙申朔，日有食之。

十一月辛卯，詔諸職事官以禮受代及以罪去者置
籍，[1]歲申樞密院。

[1]職事官：執掌具體政務的官吏。《新唐書》卷一五七《陸

贊傳》：“按甲令，有職事官、有散官、有勳官、有爵號。其賦事受奉者，惟職事一官，以敘才能，以位勳德，所謂施實利而寓虛名也；勳、散、爵號，止於服色、資蔭，以馭崇貴，以甄功勞，所謂假虛名佐實利者也。”【劉校】“官”原本作“宮”，明抄本、南監本、北監本和殿本均作“官”。中華點校本及修訂本徑改。今從改。

十二月丙申朔，詔回鶻部副使以契丹人充。庚子，應聖節，[1]曲赦徒以下罪。壬子，詔大臣曰：“朕與宋主約爲兄弟，歡好歲久，欲見其繪像，可諭來使。”

[1]應聖節：興宗法天太后生辰。

二十三年春正月己巳，如混同江。癸酉，獵雙子淀。戊子，夏國遣使貢方物。壬辰，如春水。甲午，獵盤直坡。

三月丁亥，幸皇太弟重元帳。

夏四月癸卯，高麗遣使來貢。癸丑，獵合只忽里。

五月己巳，李諒祚乞進馬、駞，詔歲貢之。庚寅，駐蹕永安山。壬辰，夏國遣使來貢。

六月丙申，如慶州。己亥，謁慶陵。壬寅，高麗王徽請官其子，詔加檢校太尉。辛亥，吐蕃遣使來貢。

秋七月己巳，夏國李諒祚遣使來求婚。甲戌，如秋山。己卯，詔八房族巾幘。[1]

[1]八房族：耶律欲穩子孫在諸宮分稱爲“八房”。見本書卷七三《耶律欲穩傳》。【劉注】八房族，應爲九房族，即本書卷六

四《皇子表》中的夷离菫房、舍利房、孟父房、仲父房、季父房和本書卷六七《外戚表》中的大父房、少父房、大翁帳、小翁帳。

九月庚寅，獵，遇三虎，縱犬獲之。

冬十月丁酉，駐蹕中京。戊戌，幸新建秘書監。辛丑，有事于祖廟。癸丑，以開泰寺鑄銀佛像，[1] 曲赦在京囚。丙辰，李諒祚遣使進誓表。

[1] 開泰寺：燕京佛寺名。據《長編》卷七九宋真宗大中祥符五年（1012）冬十月己酉引王曾《上契丹事》："開泰寺，魏王耶律漢寧造。"

十一月乙丑，阻卜部長來貢。壬申，帝率群臣上皇太后尊號曰仁慈聖善欽孝廣德安靜貞純懿和寬厚崇覺儀天皇太后，大赦。内外官進級有差。癸未，録囚。甲申，群臣上皇帝尊號曰欽天奉道祐世興曆武定文成聖神仁孝皇帝，册皇后蕭氏曰貞懿慈和文惠孝敬廣愛崇聖皇后。

十二月丙申，如中會川。

二十四年春正月癸亥，如混同江。戊辰，朝皇太后。辛巳，宋遣使來賀，饋馴象。[1]

[1] 宋遣使來賀，饋馴象：《長編》卷一七七宋仁宗至和元年（1054）九月辛巳載此事：三司使、吏部侍郎王拱辰爲回謝契丹使，德州刺史李珣副之。拱辰見契丹主於混同江，其國每歲春漲，於水上置宴釣魚，惟貴族近臣得與，一歲盛禮在此。每得魚，必親酌勸

拱辰，又親鼓琵琶侑之。謂其相劉六符曰："南朝少年狀元入翰林十五年矣，吾故厚待之。"契丹國母愛其少子宗元，欲以爲嗣，問拱辰曰："南朝太祖、太宗何親屬也?"拱辰曰："兄弟也。"曰："善哉，何其義也。"契丹主曰："太宗、真宗何親屬也?"拱辰曰："父子也。"曰："善哉，何其禮也。"既而契丹主屏人謂拱辰曰："吾有頑弟，他日得國，恐南朝未得高枕也。"另據至和元年《王拱辰別録》，契丹主又云："更爲西界昨報休兵事，從初不稟朝命，邊上頭作過犯，遂行征討，緣元昊地界黃河屈曲，寡人先領兵直入，已奪得唐隆鎮。韓國大王捔糧船邀頭轉來，寡人本意待與除滅，卻爲韓國大王有失備禦，卻被西人伏兵邀截船糧，是致失利。今來既謝罪，遂且許和。"拱辰答云："元昊前來激惱南朝，續次不順北朝。始初，南朝亦欲窮兵討滅，卻陛下頻有書來解救，遂且許和。自聞皇帝失利，南朝甚不樂。"契丹主云："兄弟之國，可知不樂。"拱辰又云："南朝亦知北朝公主先聘與元昊，殊不禮待，憂幽而卒。"契丹主云："直是飲恨而卒，然只是皇族之女。"拱辰云："雖知只是宗女，亦須名爲陛下公主下嫁，豈可如此不禮。今或陛下更與通親，毋乃太自屈也。"契丹主云："更做甚與他爲親，只封册至今亦未曾與。"拱辰慮其再通姻好，即與中國不便，故因話而諷之。拱辰又云："今來陛下且與涵容，亦是好事。"壬午，送契丹國馴象。

二月己丑朔，召宋使釣魚、賦詩。癸巳，如長春河。甲寅，夏國遣使來賀。

三月癸亥，皇太弟重元生子，曲赦行在及長春、鎮北二州徒以下罪。[1]

[1]鎮北州：【劉注】遼代鎮北州州治在今吉林省大安市廣安鎮腰新荒村遼城址。

夏五月，駐蹕南崖。

秋七月壬午，如秋山。次南崖之北峪，不豫。

八月丁亥，疾大漸，召燕趙國王洪基，諭以治國之要。戊子，大赦，縱五坊鷹鶻，焚鈎魚之具。己丑，帝崩於行宮，[1]年四十。遺詔燕趙國王洪基嗣位。[2]清寧元年十月庚子上尊謚爲神聖孝章皇帝，廟號興宗。

[1]行宮：即捺鉢。興宗是死於秋捺鉢。

[2]遺詔：【劉校】"遺"原本作"遣"，明抄本、南監本、北監本和殿本均作"遣"。中華點校本及修訂本徑改。今從改。

贊曰：興宗即位年十有六矣，不能先尊母后而尊其母，以致臨朝專政，賊殺不辜，又不能以禮幾諫，使齊天死於弑逆，有虧王者之孝，[1]惜哉！若夫大行在殯，[2]飲酒博鞠疊見簡書，及其謁遺像而哀慟、受宋弔而衰絰，[3]所爲若出二人，何爲其然歟？至於感富弼之言而申南宋之好，許諒祚之盟而罷西夏之兵，邊鄙不聳、政治内修、親策進士、大修條制，下至士庶得陳便宜，則求治之志切矣。于時左右大臣，曾不聞一賢之進、一事之諫，欲庶幾古帝王之風，其可得乎！雖然，聖宗而下可謂賢君矣。

[1]有虧王者之孝：指興宗尊生母而未立母后爲太后，有違王者之孝。宋代程頤《代彭思永上英宗皇帝論濮王典禮疏》説："竊以濮王之生陛下，而仁宗皇帝以陛下爲嗣，承祖宗大統。則仁廟，陛下之皇考；陛下，仁廟之適子。濮王，陛下所生之父，於屬爲

伯；陛下，濮王出繼之子，於屬爲姪。此天地大義，生人大倫，如乾坤定位，不可得而變易者也。”“王者之孝在乎得四海之歡心，胡爲以不正無益之稱，使億兆之口指斥謗讟，致濮王之靈不安於上。”

[2]大行在殯：古代稱剛死而尚未定謚號的皇帝、皇后爲“大行皇帝”“大行皇后”。《後漢書》卷五《安帝紀》：“孝和皇帝懿德巍巍，光於四海；大行皇帝不永天年。”李賢注引韋昭曰：“大行者，不反之辭也。天子崩，未有謚，故稱大行也。”“在殯”，死者入殮後停柩以待葬。

[3]衰絰：穿喪服。《禮記·雜記下》：“三年之喪，如或遺之酒肉，則受之，必三辭，主人衰絰而受之。”

（李錫厚注　劉鳳翥校）

遼史　卷二一

本紀第二十一

道宗一

　　道宗孝文皇帝諱洪基，[1]字涅鄰，小字查剌。興宗皇帝長子，母曰仁懿皇后蕭氏。[2]六歲封梁王，重熙十一年進封燕國，總領中丞司事。明年，總北南院樞密使事，加尚書令，進封燕趙國王。二十一年爲天下兵馬大元帥，[3]知惕隱事，[4]預朝政。帝性沉靜、嚴毅，每朝，興宗爲之斂容。

　　[1]道宗孝文皇帝諱洪基：【劉注】據中華點校本校勘記，洪，《遼文匯》卷二《聖宗欽哀皇后哀冊》及《仁德皇后哀冊》均作"弘"。
　　[2]仁懿皇后蕭氏（？—1076）：聖宗欽愛皇后蕭耨斤弟孝穆之長女。小字撻里。重熙四年（1035）立爲皇后。道宗即位，尊爲皇太后。清寧九年（1063）秋重元與其子涅魯古反，太后親督衛士破逆黨。大康二年（1076）崩，謚仁懿皇后。本書卷七一有傳。
　　[3]天下兵馬大元帥：遼最高軍職。天贊元年（922）十一月，

太祖以皇子堯骨（耶律德光）爲天下兵馬大元帥，後繼位。此後，遼朝歷代皇帝立皇儲繼承者，多加此號，成爲皇帝以下的最高尊稱。

〔4〕惕隱：契丹官名。又稱梯里己，掌皇族政教。

二十四年八月己丑，興宗崩，即皇帝位於柩前，哀慟不聽政。辛卯，百僚上表固請，[1]許之。詔曰："朕以菲德託居士民之上，第恐智識有不及、群下有未信，賦斂妄興、賞罰不中，上恩不能及下，下情不能達上。凡爾士庶直言無諱，可則擇用，否則不以爲愆。卿等其體朕意。"壬辰，以皇太弟重元爲皇太叔，[2]免漢拜、不名。癸巳，遣使報哀於宋及夏、高麗。[3]甲午，遣重元安撫南京軍民。戊戌，以遺詔，命西北路招討使西平郡王蕭阿剌爲北府宰相，[4]仍權知南院樞密使事，北府宰相蕭虛烈爲武定軍節度使。[5]辛丑，改元清寧，大赦。

〔1〕百僚上表固請：【靳校】"請"原本作"疑"，中華點校本據南監本、北監本和殿本改。今從改。

〔2〕重元（1021—1063）：聖宗次子。原名宗元，因避興宗諱，改重元，小字孛吉只，亦作孛己只。太平三年（1023）封秦國王。聖宗死後，欽愛皇后稱制，曾密謀立重元。重元以所謀告於興宗，封爲皇太弟。賜以金券誓書。道宗即位，冊爲皇太叔，爲天下兵馬大元帥。清寧九年（1063）與其子涅魯古謀亂，失敗自殺。本書卷一一二有傳。

〔3〕夏：即夏國（1038—1227），以党項民族爲主體建立的政權。公元1038年，元昊叛宋稱帝，建立大夏王朝，傳十代，至1227年爲蒙古所滅。元昊稱帝以前，作爲北宋境內的地方割據政

權，已經具有獨立性。先後與遼、北宋及金、南宋並立於中國境
內。境土包括今寧夏回族自治區全部、甘肅省大部、陝西省北部以
及青海省、內蒙古自治區的部分地區。　高麗：指王建創建的高麗
王朝（918—1392）。統治地域在今朝鮮半島，首都在開京（今朝鮮
開城市）。

[4]蕭阿剌（？—1061）：契丹外戚，北院樞密使孝穆之子。
字阿里懶。幼養宮中。重熙二十一年（1052），拜西北路招討使，
封西平郡王。尚秦晉國王公主，拜駙馬都尉。清寧二年（1056）任
北院樞密使，徙王陳。後出任東京留守。七年入朝陳時政得失。蕭
革以事中傷，道宗怒，縊殺阿剌。本書卷九〇有傳。　宰相：契丹
部族官名。契丹可汗之下有北、南二府，各部族則分屬二府，分設
宰相，故北宰相亦稱北府宰相，南宰相亦稱南府宰相。

[5]武定軍：遼代軍號。治奉聖州（今河北省涿鹿縣）。

九月戊午，詔常所幸圍場外毋禁。庚申，詔除護衛
士，餘不得佩刃入宮；非勳戚後及夷离堇、副使、承應
諸職事人不得冠巾。[1]壬戌，詔夷离堇及副使之族並民
如賤，[2]不得服馳尼、水獺裘，刀柄、兔鶻、鞍勒，珮
子不許用犀玉、骨突犀；惟大將軍不禁。乙丑，賜內外
臣僚爵賞有差。庚午，尊皇太后爲太皇太后。辛未，遣
左夷离畢蕭謨魯、翰林學士韓運以先帝遺物遺宋。[3]癸
酉，遣使以即位報宋。丙子，尊皇后爲皇太后，宴菆塗
殿。以上京留守宿國王陳留爲南京留守。[4]壬午，遣使
賜高麗、夏國先帝遺物。

[1]夷离堇：契丹部族官名。源於突厥語官名"俟斤"（Irkin）。
突厥各部的最高元首稱"可汗"（Qaghan），其他各部酋長則稱爲

俟斤。初，契丹“其君大賀氏，有勝兵四萬，臣於突厥，以爲俟斤”（《新唐書》卷二一九《契丹傳》）。後，契丹首領自立爲可汗，其下所屬各部酋長則稱爲“俟斤”，亦即夷离菫。契丹立國後，大部族之夷离菫稱王，小部族之夷离菫則稱爲節度使。舉凡一部之軍政、民政皆由其統掌。參韓儒林《穹廬集》（第 314—316 頁）。

　　[2]並民如賤：【劉校】據中華點校本校勘記，疑“民如”二字倒舛，應作“並如民賤”。

　　[3]夷离畢：契丹官名。爲執政官，相當於副宰相參知政事。後來官分南、北，北面官有夷离畢院，主要掌刑政。　左夷离畢蕭謨魯、翰林學士韓運：【劉校】據中華點校本校勘記，《長編》作：“右宣徽使、左金吾衛上將軍蕭運，翰林學士、給事中、史館修撰史運。”

　　[4]以上京留守宿國王陳留爲南京留守：【劉校】據中華點校本校勘記：“按卷八七《蕭孝友傳》，孝友小字陳留，改上京留守，更王秦；頃之，復守東京。檢下文二年又以東京留守宿國王陳留爲北府宰相。則此南京應是東京之訛。”

　　冬十月丁亥，有司請以帝生日爲天安節，從之。以吳王仁先同知南京留守事，[1]陳王塗孛特爲南府宰相，進封吳王。壬寅，以順義軍節度使十神奴爲南院大王。[2]

　　[1]吳王仁先：即耶律仁先（1012—1072）。契丹皇族。孟父房之後。字糺鄰，小字查剌。重熙三年（1034）補護衛。十一年陞北院樞密副使。與劉六符使宋，定議增歲幣。既還，同知南京留守事。十八年再舉伐夏，仁先與皇太弟重元爲前鋒。清寧初爲南院樞密使。九年（1063），重元謀逆，仁先受命討賊。事後，加尚父，進封宋王，爲北院樞密使。本書卷九六有傳。

[2]順義軍：遼代軍號。治朔州（今山西省朔州市）。　南院
大王：契丹部族官。遼朝析迭剌部爲五院部和六院部。五院部有知
五院事，在朝曰北大王院；六院部有知六院事，在朝曰南大王院。
北院大王和南院大王即是五院部和六院部的首領，握有兵權。

十一月甲子，葬興宗皇帝於慶陵。[1]宋及高麗遣使
來會。名其山曰永興。丙寅，以南院大王侯古爲中京留
守，[2]北府宰相西平郡王蕭阿剌進封韓王。壬申，次懷
州。[3]有事於太宗、穆宗廟。甲戌，謁祖陵。[4]戊寅，冬
至，有事於太祖、景宗、興宗廟，不受群臣賀。

[1]慶陵：包括遼聖宗耶律隆緒和仁德皇后、欽愛皇后的永慶
陵，遼興宗耶律宗真和仁懿皇后的永興陵，遼道宗耶律弘基和宣懿
皇后的永福陵。位於今内蒙古自治區巴林右旗索博日嘎（白塔子）
鎮西北約十餘公里的瓦林茫哈地方。聖宗永慶陵中保存有壁畫，繪
有人物、山水，尤以象徵四時捺鉢的四季山水圖，彌足珍貴。三陵
出土遺物多已散失，今僅存部分石刻哀册。其中漢文哀册有聖宗、
仁德皇后、欽愛皇后、道宗、宣懿皇后的各一合，仁懿皇后哀册僅
存篆蓋。契丹小字哀册有道宗、宣懿皇后的各一合。1922年還從陵
中抄寫出興宗和仁懿皇后的契丹小字哀册册文，原石仍埋墓中。

[2]侯古（1009—1072）：【劉注】耶律宗愿契丹語小名的音
譯，聖宗仲子，母耿氏。其事蹟詳載《耶律宗愿墓誌銘》。

[3]懷州：懷州奉陵軍，治所在今内蒙古自治區巴林右旗幸福
之路苏木崗根嘎查古城址。

[4]祖陵：遼太祖耶律阿保機的葬所。位於祖州西五里，其地
在今内蒙古自治區巴林左旗查干哈達蘇木石房子嘎查。

　　十二月丙戌，詔左夷离畢曰："朕以眇沖獲嗣大位，[1]夙夜憂懼，恐弗克任，欲聞直言，以匡其失。今已數月，未見所以副朕委任股肱耳目之意。其令內外百官，比秩滿，各言一事。仍轉諭所部，無貴賤老幼，皆得直言無諱。"戊子，應聖節，[2]上太皇太后壽，宴群臣、命婦，冊妃蕭氏爲皇后。[3]進封皇弟越王和魯斡爲魯國王，[4]許王阿璉爲陳國王，[5]楚王涅魯古徙封吳王。辛卯，詔部署院：[6]事有機密即奏，其投謗訕書，輒受及讀者並棄市。[7]癸巳，皇族十公悖母，伏誅。甲午，以樞密副使姚景行爲參知政事，[8]翰林學士吳湛爲樞密副使，參知政事、同知樞密院事韓紹文爲上京留守。丙申，宋遣歐陽脩等來賀即位。[9]戊戌，詔設學養士，頒五經傳疏，置博士、助教各一員。癸卯，以知涿州楊績參知政事兼同知樞密院事，[10]庚戌，以聖宗在時生辰，赦上京囚。

　　[1]眇沖：幼小之人。帝王自稱之詞。

　　[2]應聖節：興宗法天后生辰。

　　[3]冊妃蕭氏爲皇后：【劉注】據本書卷七一《后妃傳》，"蕭觀音，姿容冠絕，工詩，善談論。重熙中帝王燕趙，納爲妃。清寧初立爲懿德皇后"。

　　[4]和魯斡（1041—1110）：【劉注】耶律弘本契丹語小名的音譯。興宗第二子，字阿輦。重熙十七年（1048），封越王。乾統初爲天下兵馬大元帥，加守太師，免拜，不名。三年，冊爲義和仁壽皇太叔祖叔。其事蹟詳載漢字和契丹小字《義和仁壽皇太叔祖叔哀冊》。

　　[5]阿璉（？—1087）：【劉注】耶律弘世，契丹語小名的音

譯。興宗第三子，仁懿皇后生。重熙十七年封許王。清寧初徙陳
王、秦王，進封秦越國。清寧中出爲遼興軍節度使。咸雍間歷西
京、上京留守。死於大安三年（1087），追封秦魏國王，欽正。其
事蹟詳載漢字《耶律弘世墓誌銘》。

［6］部署院：即行宮都部署院。爲管諸宮衛之最高權力機關。

［7］棄市：執行死刑。古代在鬧市上行刑，並暴屍於街頭，稱
爲棄市。

［8］姚景行（？—1075）：始名景禧。隸漢人宮分。既貴始出
宮籍，貫興中縣。重熙五年（1036）進士。不數年，至翰林學士，
樞密副使，參知政事。道宗即位，多被顧問，爲北府宰相。咸雍元
年（1065），出爲武定軍節度使。大康初徙鎮遼興。本書卷九六
有傳。

［9］宋遣歐陽脩等來賀即位：《長編》卷一八〇宋仁宗至和二
年（1055）八月辛丑記事，“翰林學士、吏部郎中、知制誥、史館
修撰歐陽脩爲契丹國母生辰使，四方館使、果州團練使向傳範副
之。右正言、知制誥劉敞爲契丹生辰使，文思副使竇舜卿副之。起
居舍人、直秘閣、知諫院範鎮爲契丹國母正旦使，內殿承制、閤門
祇候王光祖副之。權度支判官、刑部員外郎李復圭爲契丹正旦使，
內殿崇班、閤門祇候李克忠副之。時朝廷未知契丹主已卒，故生
辰、正旦遣使如例。既而御史趙抃言克忠多由內降得差遣，請改
命，乃以染院副使兼閤門通事舍人柴貽範代之（改命柴貽範在九月
癸酉今並書之）”。同月癸丑再記事：“改命歐陽脩、向傳範爲賀契
丹登寶位使。龍圖閣直學士、兵部郎中呂公弼爲契丹祭奠使，西上
閤門使、英州刺史郭諮副之。鹽鐵副使、工部郎中李參爲契丹弔慰
使，內苑使兼閤門通事舍人夏侁副之。甲寅，改命劉敞、竇舜卿爲
契丹國母生辰使。戶部副使、工部郎中張掞爲契丹生辰使，西染院
副使兼閤門通事舍人王道恭副之。”

［10］涿州：治所在今河北省涿州市。

是年，御清涼殿，放進士張孝傑等四十四人。[1]

[1]張孝傑：建州永霸縣（今遼寧省朝陽市）人。咸雍三年（1067），參知政事，同知樞密院事，加工部侍郎。八年封陳國公。大康元年（1075）賜國姓。是年夏，耶律乙辛譖皇太子，誣害忠良，孝傑之謀居多。而道宗竟以其爲忠，可比狄仁傑，賜名仁傑。大安中死於鄉。本書卷一一〇有傳。

二年春正月丙辰，詔州郡官及僚屬決囚，[1]如諸部族例。己巳，詔二女古部與世預宰相、節度使之選者免皮室軍。[2]是月，幸魚兒濼。[3]

[1]決囚：責打犯人。《新唐書》卷一二七《裴耀卿傳》裴耀卿上疏稱：“凡大暑決囚多死，秋冬乃有全者。請今貸死決杖會盛夏生長時並停，則有再生之實。”
[2]皮室軍：契丹軍名。皮室，意爲“金剛”。初爲阿保機所置，稱“腹心部”。後有南、北、左、右皮室及黃皮室等，皆掌精甲。
[3]魚兒濼：又稱長濼、長泊，在長春州境内，位於今吉林省前郭爾羅斯蒙古族自治縣西北部。

二月乙酉，以左夷离畢蕭謨魯知西南面招討都監事。[1]乙巳，以興宗在時生辰，宴群臣，命各賦詩。

[1]西南面招討都監：遼代官名。爲西南路都招討司官員。該機構主要任務是控制西夏。

三月丁巳，應聖節，曲赦百里內囚。[1]己卯，御製《放鷹賦》賜群臣，諭任臣之意。

[1]曲赦：猶特赦。《通鑑》卷八三晉惠帝元康元年（291）八月"曲赦洛陽"，胡三省注曰："不普赦天下而獨赦洛陽，故曰曲赦。"

閏月己亥，始行東京所鑄錢。[1]乙巳，南京獄空，進留守以下官。

[1]行東京所鑄錢：據本書卷四八《百官志四》，遼在長春路設有錢帛司，大公鼎爲長春州錢帛都提點。

夏四月甲子，詔曰："方夏，長養鳥獸孳育之時，不得縱火於郊。"

五月戊戌，謁慶陵。甲辰，有事於興宗廟。

六月丁巳，詔宰相舉才能之士。戊午，命有司籍軍補邊戍。辛酉，阻卜酋長來朝，[1]貢方物。丁卯，高麗遣使來貢。辛未，罷史官預聞朝議，俾問宰相而後書。乙亥，中京蝗蝻爲災。丙子，詔強盜得實者，聽諸路決之。丁丑，南院樞密使趙國王查葛爲上京留守，[2]同知南京留守事吳王仁先爲南院樞密使。乙酉，遣使分道平賦稅，繕戎器，勸農桑，禁盜賊。

[1]阻卜：即達旦、韃靼。元人諱言達旦，而稱達旦爲阻卜。詳王國維《觀堂集林》卷一四《達旦考》。

[2]南院樞密使：即漢人樞密院之樞密使。爲南面官最高官職。詳見本書卷四七《百官志三》。　查葛：【劉注】耶律宗正契丹語小名的音譯。耶律隆慶之子。聖宗在位時，隆慶死後追贈爲皇太弟。

八月辛未，如秋山。[1]

[1]秋山：所謂“秋山”亦即秋獵，屆時皇帝的居留地即是秋捺鉢。聖宗以後，其主要地點是慶州（今内蒙古自治區巴林右旗西北索博日嘎鎮）西部諸山。

九月庚子，幸中京，祭聖宗、興宗於會安殿。
冬十月丙子，如中會川。[1]

[1]中會川：即藕絲淀。則靴淀中會川亦爲廣平淀之別名。宋人王易《重編燕北録》謂，遼帝冬捺鉢在靴甸住坐。即以靴淀代廣平淀。見傅樂焕《遼史叢考》第70頁。

十一月戊戌，知左夷离畢事耶律劃里爲夷离畢，北院大王耶律仙童知黃龍府事。[1]甲辰，文武百僚上尊號曰天祐皇帝，后曰懿德皇后。大赦。乙巳，以皇太叔重元爲天下兵馬大元帥，徙封趙國王查葛爲魏國王、魯國王和魯斡爲宋國王、陳國王阿璉爲秦國王，吳王涅魯古進封楚國王，百官進遷有差。

[1]黃龍府：治所在今吉林省農安縣。

十二月戊申朔，以韓王蕭阿剌爲北院樞密使，[1]東京留守宿國王陳留北府宰相，宋國王和魯斡上京留守，秦國王阿璉知中丞司事。甲寅，上皇太后尊號曰慈懿仁和文惠孝敬廣愛宗天皇太后。

[1]北院樞密使：即契丹樞密院之樞密使，爲北面官之最高官職，掌軍事、部族。詳本書卷四五《百官志一》。

三年春正月庚辰，如鴨子河。[1]丙戌，置倒塌嶺節度使。[2]乙未，五國部長來貢方物。[3]

[1]鴨子河：即混同江，今稱松花江。
[2]倒塌嶺：地近阻卜，故遼在此駐軍守護西路群牧。
[3]五國部：遼東北部族名。越里篤、剖阿里、奧里米、蒲奴里和越里吉，統稱五國部。

二月己未，如大魚濼。[1]

[1]大魚濼：湖泊名。遼帝春水處，傅樂焕云："除魚兒濼，鴛鴦濼外，遼帝春獵地點尚多，如薩隈淀、山榆淀、大魚濼、黑水濼、延芳淀、長濼均是。唯其重要性逮非魚兒濼之比。此數地當今何所，太半無考，僅延芳淀與長濼，大略可指。"（見《遼史叢考》第 51 頁）

三月辛巳，以楚國王涅魯古爲武定軍節度使。
夏四月丙辰，清暑永安山。[1]

[1]永安山：遼帝夏捺鉢地。"原名緬山，聖宗時改稱。《聖宗紀》'太平三年七月丁亥，賜緬山名曰永安'。後聖宗慶陵即營建其地。聖宗崩後，興宗即陵置州，是曰慶州，更稱慶陵曰慶雲山。"參傅樂煥《遼代四時捺鉢考》（《遼史叢考》第86頁）。

五月己亥，如慶陵，獻酎於金殿、同天殿。

六月辛未，以魏國王查葛爲惕隱，同知樞密院事蕭唐古南府宰相，魏國王貼不東京留守。

秋七月甲申，南京地震，赦其境内。乙酉，如秋山。

八月辛亥，帝以《君臣同志華夷同風詩》進皇太后。

九月庚子，幸中會川。

冬十月己酉，謁祖陵。庚申，謁讓國皇帝及世宗廟。[1]辛酉，奠酎於玉殿。

[1]讓國皇帝：漢名耶律倍（898—936），契丹名圖欲（突欲），遼太祖耶律阿保機長子，生母爲淳欽皇后述律氏。天顯元年（926），遼滅渤海建東丹國，突欲被册爲人皇王，主東丹國政。阿保機死後，其母述律氏立德光，突欲被迫浮海投奔後唐。後唐明宗賜其姓名李贊華。清泰三年（遼天顯十一年，936）石敬瑭率軍攻入洛陽，後唐末帝李從珂約倍與之同死，倍不從，遇害。其子世宗兀欲即位後，天禄元年（947）追諡爲"讓國皇帝"。本書卷七二有傳。

十一月丙子，以左夷离畢蕭謨魯爲契丹行宫都部署。[1]庚子，高麗遣使來貢。

[1]契丹行宮都部署：遼北面行宮官。遼在北南面官系統中，分別設契丹行宮都部署和漢人行宮都部署，其上則有諸行宮都部署。行宮都部署完全是倣中原王朝官制設置的，它不同於專管斡魯朵事務的某宮都部署的宮官。宋朝皇帝巡幸亦有行宮，且亦有行宮都部署之設。後避英宗趙曙名諱，改稱行宮都總管。

十二月庚戌，禁職官於部內假貸貿易。戊辰，太皇太后不豫，曲赦行在五百里內囚。[1]己巳，太皇太后崩。

[1]行在：皇帝出行時所在之地。遼是行國，行在即爲其政治中心，契丹語稱捺鉢。

四年春正月壬申朔，遣使報哀於宋、夏。如鴨子河鉤魚。[1]癸酉，宋遣使奉宋主繪像來。[2]丁亥，知易州事耶律頗得秩滿，部民乞留，許之。

[1]鉤魚：鑿冰捕魚。

[2]宋遣使奉宋主繪像來：《長編》卷一八五宋仁宗嘉祐二年（1057）三月戊戌記事：“右諫議大夫、權御史中丞張昇爲回謝契丹使，單州防禦使劉永年副之。初，契丹主宗真送其畫像及隆緒畫像凡二軸，求易真宗皇帝及上御容。既許之，會宗真死，遂寢。至是遣使再求，故命昇等諭令更持洪基畫像來，即予之。翰林學士胡宿草國書，奏曰：‘陛下先已許之，今文成即世而不與，則傷信。且以尊行求卑屬，萬一不聽命，責先約，而遂與之，則愈屈矣。’不從。昇等至，契丹果欲先得聖容。昇折之曰：‘昔文成弟也，弟先面兄，於禮爲順。今南朝乃伯父，當先致恭。’契丹不能對。初以未如其請，夜載巨石塞其門，衆皆恐。永年擲去之，由是世傳永年

有神力。"《長編》卷一八六嘉祐二年九月庚子記事："契丹遣樞密使右金吾衛上將軍蕭扈、宣政殿學士、禮部尚書吳湛來，再求御容，且言當致洪基像。"冬十月己酉，"翰林學士、兼侍讀學士、工部郎中、知制誥、史館修撰胡宿回謝契丹使，禮賓使李綬副之。且許以御容，約因賀正使置衣篋中交致焉"。明人馮琦《經濟類編》卷六九："仁宗時契丹主宗真來求御容，會卒乃已。至是洪基復遣使來求，欲成先志。帝遣張昇報聘，且諭之曰：'昔文成弟也，弟先面兄，於禮爲順。今南方乃伯父之尊，當先致恭。'"於是復使其臣蕭扈來致其象。胡宿奉御容如契丹，契丹主具儀仗迎謁，及瞻視，驚蕭再拜。謂左右曰："我若生中國，不過與之執鞭持蓋，一都虞侯耳。"宋人歐陽脩《文忠集》卷一一一《論契丹求御容劄子》（嘉祐二年）："臣伏見契丹所遣泛使，專爲御容而來。中外之議，皆謂前歲既已許之，於理不可中止，失於不早踐言，至彼非時遣使，及朝夕以來傳聞頗異，或云大臣共議，欲遂拒而不與。若然則臣恐釁隙之端自此而始，禍患之起未易遽言。大凡爲國謀事者，必先明信義、重曲直、酌人情、量事勢，四者皆得，然後可以不疑。苟一有未然，尚恐敗事，況四者俱失，豈可不思。契丹與中國通盟久矣，而向來宗真特於信好，自表殷懃，別有家書，繼以畫像。聖朝納其來意，許以報之，而乃遷延至今，遂欲食言而中輟，是則彼以推誠結我，我以不信待之。失信傷義，甚非中國待遠人之術，而又其曲在我，使彼易以爲辭。自南北通和以來，信問往復之際，每於報答，常從優厚。假借既久，其心已驕。況此畫像之來，特表殷懃之意，是則於平常之禮厚報以驕之，殷懃之來則不報以沮之。沮之彼必怒，不報彼必恥。懷恥蓄怒，何所不爲，此人之常情也。許其父不許其子，厚薄之際，此亦人情之難處也。臣竊見契丹來書，初無寒溫候問之言，直以踐言孤約爲說，其意在於必得。若此時被沮，勢必更來。事既再三，豈能堅執。若待其失於遜順，已成釁隙，然後與之，則重爲中國之辱。又使契丹謂中國難以恩意交，惟可以勢力脅，因之引惹，別有他求，則爲後患何可涯哉。今北主雖弱，而中國邊備未完，廟謀未勝，未可生事，而欲執我曲彼直之議，以起戎而結禍，夫察彼事勢必不能中止。量我事勢又未能必沮之，臣故曰四者俱失也。臣又聞北使入境之日，地震星殞，變異非常，先事深防，猶恐不及，失計招禍，豈可自爲。臣願聖慈出於獨斷，勿沮其善意，無失我信言。臣今欲乞回諭彼中，告以如約，直候今冬，因遣常使時與之，則於事體稍便。伏乞速下兩府商議，上繫國家利害，臣不敢不言，今取進止。"

二月丙午，詔夷离畢：諸路鞫死罪，獄雖具，仍令別州縣覆按，無冤，然後決之；稱冤者，即具奏。庚戌，如魚兒濼。

三月戊寅，募天德、鎮武、東勝等處勇捷者，[1]籍爲軍。甲午，肆赦。

[1]天德：唐軍鎮名。即豐州。遼太祖阿保機於神册五年（920）平党項，仍以此地爲天德軍。治所在今内蒙古自治區呼和浩特市東白塔一帶。　鎮武：【劉校】據中華點校本校勘記，應作"振武"。《索隱》："唐朔州軍額本作振武，遼已改爲順義軍，此仍舊名。"　東勝：本書卷四一《地理志五》作"勝州"。治所在今内蒙古自治區托克托縣。

夏四月甲辰，謁慶陵。丁卯，宋遣使弔祭。

五月庚午朔，上大行太皇太后尊謚曰欽哀皇后。[1]癸酉，葬慶陵。夏國、高麗遣使來會。乙酉，如永安山清暑。

[1]欽哀皇后：【劉注】據其哀册篆蓋作"欽愛皇后"。

六月乙丑，以北院樞密使鄭王蕭革爲南院樞密使，[1]徙封楚王，南院樞密使吳王仁先爲北院樞密使。

[1]蕭革（？—1063）：契丹外戚。國舅房林牙和尚之子。重熙十二年（1043）爲北院樞密副使。十三年，拜北府宰相。革怙寵專權，同僚以其奸佞，言用之將敗事，興宗不聽。拜南院樞密使，詔班諸王上。道宗即位後，與國舅蕭阿剌同掌朝政。清寧九年（1063）秋重元之亂，革參預其謀，凌遲處死。本書卷一一三有傳。

秋七月辛巳，制諸掌內藏庫官盜兩貫以上者，許奴婢告。壬午，獵于黑嶺。[1]

[1]黑嶺：即慶雲山。據本書卷三七《地理志一》，慶州有慶雲山，“本黑嶺也，聖宗駐蹕，愛羨，曰：‘吾萬歲後，當葬此。’興宗遵遺命，建永慶陵。有望仙殿、御容殿。置蕃、漢守陵三千户，並隸大內都總管司”。

冬十月戊戌朔，以同知東京留守事侯古爲南院大王，保安軍節度使奚底爲奚六部大王。[1]

[1]奚六部大王：對奚部族首領的稱呼。據《五代會要》卷二八《奚》：“奚，本匈奴別種，即東胡之地，人物風俗與突厥同。族有五姓：一曰阿會部，管縣六；二曰啜米部，管縣四；三曰奧質部，管縣六；四曰奴皆部，管縣四；五曰黑訖支部，管縣三；每部有刺史，每縣有令，酋長號奚王。”此奚王是被契丹降伏以後的奚部族酋長。《新五代史》卷七四《四夷附錄第三》所記奚各部名稱與《五代會要》略有不同：奚“分爲五部：一曰阿薈部，二曰啜

米部，三曰粵質部，四曰奴皆部，五曰黑訖支部。後徙居琵琶川，在幽州東北數百里。地多黑羊，馬趫前蹄堅善走，其登山逐獸，下上如飛"。奚本來祇有五部，阿保機降伏五部奚之後設置墮瑰部，而成六部。詳本書卷三三《營衛志·部族下》。

十一月癸酉，行再生及柴冊禮，[1]宴群臣於八方陂。庚辰，御清風殿受大冊禮。大赦。以吳王仁先爲南京兵馬副元帥，徙封隋王。壬午，謁太祖及諸帝宮。丙戌，祠木葉山。[2]禁造玉器。

[1]再生及柴冊禮：柴冊禮和再生禮合併舉行的禮儀。柴冊禮源於中國傳統的"燔柴告天"，是古代天子祭天之禮。據《爾雅·釋天》："祭天曰燔柴。"行禮時，積薪於壇，取玉及牲置於柴上焚燒。此禮與契丹的再生禮合併舉行，是爲契丹部落聯盟選汗和遼建國後新皇帝即位舉行的禮儀。相傳遙輦氏阻午可汗始制此儀，遼朝建國後有所增飾。其儀或選九人扮作皇帝，與將要即位的皇帝本人分別進入十頂廬帳，由契丹大臣"捉認天子"，而後行冊禮，上尊號；或由八部耆老引皇帝拜日，由后族長者爲皇帝駕車，皇帝登高皁，諸部帥遙拜，皇帝謙辭，群臣表示"唯皇帝命是從"。而後皇帝登柴壇，行冊禮，上尊號。

[2]木葉山：山名。契丹語稱"大"爲"木葉"。"木葉山"可以泛指任何"大山"，也可專指某一大山爲"木葉山"。此處指永州境内一座山，契丹人視此山爲神山，其地在今内蒙古自治區翁牛特旗新蘇莫蘇木的西拉木倫河與老哈河匯合處一帶。"上建契丹始祖廟，奇首可汗在南廟，可敦（可汗之妻）在北廟，繪塑二聖并八子神像。"詳見本書卷三七《地理志一》永州條。

十二月辛丑，弛駞尼、水獺裘之禁。乙巳，許士庶畜鷹。辛亥，南院樞密使楚王蕭革復爲北院樞密使。

閏月己巳，賜皇太叔重元金券。[1]

是歲，皇子濬生。

[1]金券：鐵券的美稱。鐵券即鐵契。《續古今考》卷五："後世賜鐵券，謂不死。"《長編》卷七九宋真宗大中祥符五年（1012）冬十月己酉載：以主客郎中知制誥王曾爲契丹國主生辰使，宮苑使、榮州刺史高繼勳副之。"契丹使邢祥接伴，祥詫其國中親賢賜鐵券，曾折之曰：'鐵券者，衰世以寵權臣，用安反側，豈所以待親賢耶。'祥媿不復語。"《宋朝事實類苑》卷九："祥符中王沂公奉使契丹，館伴邢祥頗肆談辨，深自衒鬻，且矜賜鐵券。公曰：'鐵券蓋勳臣有功高不賞之懼，賜之以安反側耳。何爲輒及？'邢祥大沮。"

五年春，如春州。[1]

[1]春州：即長春州，治所在今吉林省前郭爾羅斯蒙古族自治縣西北部松花江畔的塔虎城。

夏六月甲子朔，駐蹕納葛濼。[1]己丑，以南院樞密使蕭阿速爲北府宰相，樞密副使耶律乙辛南院樞密使，[2]惕隱查葛遼興軍節度使，[3]魯王謝家奴武定軍節度使，東京留守吳王貼不西京留守。

[1]納葛濼：據傅樂煥考證"當即今熱河經棚縣（今内蒙古自治區克什克騰旗駐地經棚鎮）西之達里濼。在遼上京之南"（見《遼史叢考》第84頁）。

[2]耶律乙辛（？—1083）：五院部人。字胡覩袞。重熙中爲文班吏。清寧五年（1059），爲南院樞密使，改知北院，封趙王。九年重元亂平，拜北院樞密使，進封魏王。咸雍五年（1069），加守太師。詔四方有軍旅，許以便宜從事，勢震中外。大康元年（1075），誣皇后蕭觀音致死，三年又害死太子耶律濬。七年冬坐以禁物鬻入外國，幽於來州。九年謀奔宋及私藏兵甲事發，伏誅。本書卷一一〇有傳。

[3]遼興軍：平州軍號。治所在今河北省盧龍縣。

秋七月丁酉，以烏古敵烈詳穩蕭謨魯爲左夷离畢。[1]

[1]烏古敵烈：原爲二部。烏古又稱嫗厥律、于厥律，居契丹西北；敵烈又譯迪烈、敵烈德、迭烈德、達里底。遼時以遊牧、捕獵爲業，分佈於臚朐河（今克魯倫河）流域。有八部，稱爲八部敵烈或八石烈敵烈。與烏古部並稱爲北邊大部。遼聖宗以敵烈部降人置迭魯敵烈部和北敵烈部。開泰四年（1015），築河董城於臚朐河北，安置敵烈、烏古降人。壽昌二年（1096）徙敵烈、烏古於烏納水西。遼置烏古敵烈統軍司以應對阻卜諸部的反抗。金末元初，敵烈人逐漸與女真人、蒙古人等同化。

冬十月壬子朔，幸南京，祭興宗於嘉寧殿。

十一月，禁獵。

十二月壬戌，以北院林牙奚馬六爲右夷离畢，[1]參知政事吳湛以弟洵冒入仕籍，[2]削爵爲民。

[1]林牙：契丹官名。掌文翰，相當於翰林學士。

[2]仕籍：指記載官吏名籍的簿册。

是年，上御百福殿，放進士梁援等百一十五人。[1]

[1]梁援（1038—1101）：【劉注】字輔臣，其先著籍於定州。其事蹟詳載《梁援墓誌銘》，“四代祖諱文規，字德仁，官至吏部尚書，以太子太保致仕，寓居扵燕臺。王父諱延敬，内供奉班祗候，雅有德望。娶荆王女耶律氏，生子曰仲方，公之考也。母鄭氏。五歲誦《孝經》《論語》《爾雅》。十一通《五經大義》。十三作《牽馬嶺碑文》。人頗異之。清寧五年，梁援二十有六歲，乃登甲科。所作辭賦，世稱其能。初命儒林郎、守右拾遺、直史館，歷左補闕、起居郎，並充史館修撰。三奉命接送南朝國信副使。六充館伴副使。一充皇太后南朝正旦國信副使。提按刑獄者六次。銓讀考試典掌貢舉者十次。其他出使小國雜領繁務者率在其間。蓋以善禮容、長決斷、精藻鑒之故也。適值賊臣耶律英弼等畏東宮之英斷，肆巧言以構之。公欲冒死上奏。潛作二書，一以致父母，一以示子孫，用史館印識之。遂奏狀曰：‘皇太子年小，事理暗昧，不同凡庶。’及陳故事，用啓上心。英弼等大怒，請下吏，孝文皇帝不令致辨。至今家藏二書永以爲寶”。

六年春，如鴛鴦濼。[1]

[1]鴛鴦濼：湖名。在今北京市延慶區境内。舊時周八十里。其水停積不流，自遼金以來，爲飛放之所。即今野鴨湖。

夏五月戊子朔，監修國史耶律白請編次御制詩賦，仍命白爲序。己酉，駐蹕納葛濼。

六月戊午朔，以東北路女直詳穩高家奴爲惕隱。壬戌，遣使録囚。丙寅，中京置國子監，命以時祭先聖先師。[1]癸未，以隋王仁先爲北院大王，賜御制誥。

[1]先聖先師：《禮記·文王世子》：「凡始立學者，必釋奠於先聖先師。」鄭玄注：「先聖，周公若孔子。」漢以後，儒家思想成爲統治思想，歷代王朝均廟祀孔子。魏正始到隋大業年間，以孔子爲先聖，顏回爲先師。唐初改以周公爲先聖，孔子爲先師。尋復舊。故遼祭先聖先師，當是祭孔子和顏回。

冬十月甲子，駐蹕藕絲淀。[1]

[1]藕絲淀：即廣平淀。在永州（今內蒙古自治區翁牛特旗白音他拉古城）東南三十里，爲遼中期以後冬捺鉢所在地。詳本書卷三二《營衛志中》。

七年春三月庚戌，如春州。以耶律乙辛知北院樞密使事。

夏四月辛未，禁吏民畜海東青鶻。[1]

[1]海東青鶻：猛禽名。能擊殺天鵝。俄遠東地區以東大海盛産珍珠，天鵝食蚌，珍珠藏於蚌嗉內。契丹人放出海東青鶻擊殺天鵝，獲取珍珠。

五月丙戌，清暑永安山。丙午，謁慶陵。辛亥，殺東京留守陳王蕭阿剌。

六月壬子朔，日有食之。甲子，以蕭謨魯爲順義軍節度使。丁卯，幸弘義、永興、崇德三宮致祭。[1] 射柳，[2] 賜宴，賞賚有差。戊辰，行再生禮，復命群臣分朋射柳。丁丑，以楚國王涅魯古知南院樞密使事。

[1]弘義、永興、崇德三宮：分別爲太祖、太宗及承天太后宮分。

[2]射柳：遼朝的一種禮儀。《長編》卷一一○宋仁宗天聖九年（1031）六月丁丑載：契丹“每謁木葉山即射柳枝，誖子唱酱歌，前導彈胡琴和之，已事而罷”。此外，祈雨也射柳。金初接待宋使，亦以射柳作爲一種遊樂項目，元朝、明朝也有此類活動。

秋九月丁丑，駐蹕藕絲淀。

冬十二月壬午，[1]以知黃龍府事耶律阿里只爲南院大王。

[1]冬十二月壬午：【劉校】十二，原作“十一”。據中華點校本校勘記，“十一月庚戌朔，無壬午；十二月庚辰朔，初三日爲壬午”。據改。

（李錫厚注　劉鳳翥校）

遼史　卷二二

本紀第二十二

道宗二

八年春正月癸丑，如鴨子河。[1]

[1]鴨子河：即混同江，今稱松花江。

二月，駐蹕納葛濼。

三月戊申朔，楚王蕭革致仕，[1]進封鄭國王。

[1]蕭革（？—1063）：契丹外戚。國舅房林牙和尚之子。重熙十二年（1043）爲北院樞密副使。十三年，拜北府宰相。革怙寵專權，同僚以其奸佞，言用之將敗事，興宗不聽。拜南院樞密使，詔班諸王上。道宗即位後，與國舅蕭阿剌同掌朝政。清寧九年（1063）秋重元之亂，革參預其謀，凌遲處死。本書卷一一三有傳。

夏五月，吾獨婉惕隱屯禿葛等乞歲貢馬、駝，[1]

許之。

[1]吾獨婉：本書卷三一《營衛志上》有窩篤盌斡魯朵，"興宗置。是爲延慶宮。擎息曰'窩篤盌'"。

六月丙子朔，駐蹕拖古烈。[1]辛丑，以右夷离畢奚馬六爲奚六部大王。[2]是月，御清涼殿，放進士王鼎等九十三人。

[1]拖古烈：山名。又作犢山，在永安山附近。遼朝夏捺鉢即依此山而設。宋人沈括於熙寧八年（遼大康元年，1075）使遼，當年五月至遼廷——道宗的夏捺鉢。其《熙寧使虜圖抄》（《永樂大典》卷一〇八七七）載："西與北皆山也，其北山，庭之所依者曰'犢兒'。"

[2]夷离畢：契丹官名。爲執政官，相當於副宰相參知政事。後來官分南、北，北面官有夷离畢院，主要掌刑政。　奚六部大王：對奚部族首領的稱呼。據《五代會要》卷二八《奚》："奚，本匈奴別種，即東胡之地，人物風俗與突厥同。族有五姓：一曰阿會部，管縣六；二曰啜米部，管縣四；三曰奧質部，管縣六；四曰奴皆部，管縣四；五曰黑訖支部，管縣三；每部有刺史，每縣有令，酋長號奚王。"此奚王是被契丹降伏以後的奚部族酋長。《新五代史》卷七四《四夷附錄第三》所記奚各部名稱與《五代會要》略有不同：奚"分爲五部：一曰阿薈部，二曰啜米部，三曰粵質部，四曰奴皆部，五曰黑訖支部。後徙居琵琶川，在幽州東北數百里。地多黑羊，馬趫前蹄堅善走，其登山逐獸，下上如飛"。奚本來祇有五部，阿保機降伏五部奚之後設置墮瑰部，而成六部。詳本書卷三三《營衛志·部族下》。

秋七月甲子，射熊於外室剌。

冬十月甲戌朔，駐蹕獨盧金。[1]

[1]獨盧金：地名。在遼西京大同府雲中縣境内。傅樂焕《春
水秋山考》："《遼史》云獨盧金，《長編》作雲中甸，名雖有異，
地實相同。文彦博《潞公集》卷七《贈國信畢少卿仲衍》詩有云：
'朔風不度龍沙遠，只向雲中講信回。'仲衍使遼在元豐二年，當遼
大康五年。檢是年《遼紀》道宗亦駐蹕獨盧金。知獨盧金與雲中甸
確指同一地點。獨盧金《遼史》不詳所在，由前後相關地名準之，
知在西京境内。今悉又稱雲中甸，雲中爲遼西京大同府倚郭縣，雲
中甸即謂雲中縣境郊野之地。"參《遼史叢考》第48頁。

十二月庚辰，以知北院樞密使事蕭圖古辭爲北院樞
密使。[1]癸未，幸西京。戊子，以皇太后行再生禮，[2]曲
赦西京囚。[3]

[1]蕭圖古辭：契丹楮特部人。字何寧。仕重熙中，累遷左中
丞。清寧初歷北面林牙，改北院樞密副使。六年（1060）出知黃龍
府。八年拜南府宰相。頃之，爲北院樞密使，詔許便宜從事。爲人
奸佞，爲樞密數月，所薦引多爲重元黨與，由是免爲庶人。後没入興
聖宮。本書卷一一一有傳。　北院樞密使：即契丹樞密院之樞密使，
爲北面官之最高官職，掌軍事、部族。詳本書卷四五《百官志一》。
[2]再生禮：契丹傳統禮儀之一。據本書卷一一六《國語解》
載，依契丹故俗，此種禮儀每隔十二年舉行一次，而且衹有皇帝、
太后、太子及夷离堇得行此禮。這是與選汗儀式同時舉行的禮儀。
[3]曲赦：猶特赦。《通鑑》卷八三晉惠帝元康元年（291）八
月"曲赦洛陽"，胡三省注曰："不普赦天下而獨赦洛陽，故曰
曲赦。"

九年春正月辛亥，幸鴛鴦濼。[1]辛未，禁民鬻銅。

[1]鴛鴦濼：湖名。在今北京市延慶區境内。舊時周八十里。其水停積不流，自遼金以來，爲飛放之所。即今野鴨湖。

三月辛未，宋主禎殂，以姪曙爲子嗣位。

夏五月丙午，以隋王仁先爲南院樞密使，[1]徙封許王。是月，清暑曷里狨。

[1]仁先：即耶律仁先（1012—1072）。契丹皇族。孟父房之後。字糺鄰，小字查剌。重熙三年（1034）補護衛。十一年陞北院樞密副使。與劉六符使宋，定議增歲幣。既還，同知南京留守事。十八年再舉伐夏，仁先與皇太弟重元爲前鋒。清寧初爲南院樞密使。九年（1063），重元謀逆，仁先受命討賊。事後，加尚父，進封宋王，爲北院樞密使。本書卷九六有傳。　南院樞密使：即漢人樞密院之樞密使。爲南面官最高官職。詳見本書卷四七《百官志三》。

秋七月丙辰，如太子山。戊午，皇太叔重元與其子楚國王涅魯古及陳國王陳六、同知北院樞密使事蕭胡覩、衛王貼不、林牙涅剌溥古、統軍使蕭迭里得、駙馬都尉參及弟尢者、圖骨、旗鼓拽剌詳穩耶律郭九、文班太保奚叔、内藏提點烏骨、護衛左太保敵不古、按荅、副宮使韓家奴、寶神奴等凡四百人，[1]誘脅弩手軍犯行宮。[2]時南院樞密使許王仁先、知北樞密院事趙王耶律乙辛、南府宰相蕭唐古、北院宣徽使蕭韓家奴、北院樞密副使蕭惟信、敦睦宮使耶律良等率宿衛士卒數千人禦之。[3]涅魯古躍馬突出，將戰，爲近侍詳穩渤海阿厮、護衛蘇射殺之。[4]己未，族逆黨家。庚申，重元亡入大漠，自殺。辛酉，詔諭諸道。壬戌，以仁先爲北院樞密使，進封宋王，加尚父，耶律乙辛南院樞密使，蕭韓家奴殿前都點檢，[5]封荆王。蕭惟信、耶律馮家奴並加太子太傅。宿衛官蕭乙辛、回鶻海鄰、裹里、耶律撻不也、阿厮、宮分人急里哥、霞抹、乙辛、只魯並加上將軍。諸護衛及士卒、庖夫、弩手、傘子等三百餘人，各授官有差。耶律良密告重元變，命籍橫帳夷离堇房，[6]爲漢人行宮都部署。[7]癸亥，貼不訴爲重元等所脅，詔削爵爲民，流鎭州。[8]戊辰，以黑白羊祭天。[9]

　　[1]重元（1021—1063）：聖宗次子。原名宗元，因避興宗諱，改重元，小字孛吉只，亦作孛己只。太平三年（1023）封秦國王。聖宗死後，欽愛皇后稱制，曾密謀立重元。重元以所謀告於興宗，封爲皇太弟。賜以金券誓書。道宗即位，册爲皇太叔，爲天下兵馬大元帥。清寧九年（1063）與其子涅魯古謀亂，失敗自殺。本書卷一一二有傳。　蕭胡覩（？—1063）：遼外戚，字乙辛。重熙中，尚秦國長公主，授駙馬都尉，以不諧離婚，復尚齊國公主，爲北面林牙。清寧中歷北、南院樞密副使，清寧九年（1063）七月參與重元叛亂，失敗投水死。五子，同日誅之。本書卷一一四有傳。　貼不：聖宗弟隆祐之子。　林牙：契丹官名。掌文翰，相當於翰林學士。　蕭迭里得（？—1063）：國舅少父房之後，字胡覩董。太平中以外戚補祗候郎君，歷延昌宮使、殿前副點檢。重熙十九年以伐夏功命知漢人行宮都部署事，出爲西南面招討使。清寧中爲南京統軍使。後從重元子涅魯古等亂，敗走被擒，伏誅。本書卷一一四有傳。　挞剌：契丹語“走卒”謂之“挞剌”，後爲軍官名。有掌旗

鼓者，稱"旗鼓拽剌"；還有專司偵候、探報等職者。

[2]行宮：亦稱行帳、行在，契丹語稱捺鉢。是遼朝皇帝所居處，也是朝廷所在地。此次重元之亂即從攻打行宮開始。

[3]耶律乙辛（？—1083）：五院部人。字胡覩袞。重熙中爲文班史。道宗清寧五年（1059）爲南院樞密使，改知北院，封趙王。九年重元亂平，拜北院樞密使，進封魏王。咸雍五年（1069）加守太師。詔四方有軍旅，許以便宜從事，勢震中外。大康元年（1075）誣皇后蕭觀音致死，三年又害死太子耶律濬。七年冬，坐以禁物鬻入外國，幽於來州。九年謀奔宋及私藏兵甲事發，伏誅。本書卷一一〇有傳。　宰相：契丹部族官名。契丹可汗之下有北、南二府，各部族則分屬二府，分設宰相，故北宰相亦稱北府宰相，南宰相亦稱南府宰相。　蕭韓家奴（？—1078）：字括寧，奚長渤魯恩之後。太平中補祗候郎君，累遷敦睦宮使。改奚六部大王。清寧初封韓國公，歷南京統軍使、北院宣徽使，封蘭陵郡王。平定重元之亂有功，遷殿前都點檢，封荆王，賜資忠保義奉國竭貞平亂功臣。大康初皇太子被耶律乙辛誣構，韓家奴上書力言其冤。本書卷九六有傳。　蕭惟信：契丹楮特部人，歷南京留守、左右夷离畢、北院樞密副使。卒於大康中。本書卷九六有傳。　敦睦宮：孝文皇太弟宮分。　耶律良（？—1065）：著帳郎君之後，字習撚，小字蘇。重熙中補寢殿小底，尋爲燕趙國王近侍。清寧中爲敦睦宮使，兼權知皇太后宮諸局事。聞重元與子涅魯古謀亂，密言於皇太后。太后託疾，召帝白其事。亂平，以功遷漢人行宮都部署。咸雍初同知南院樞密使事，爲惕隱，出知中京留守事。未幾卒。

[4]近侍詳穩渤海阿厮：【劉校】據中華點校本校勘記，本書卷一一二《涅魯古傳》同。阿厮，卷九六本傳作"阿思"。"近侍詳穩渤海"，本傳作"渤海近侍詳穩"，檢本書卷四五《百官志一》有"渤海近侍詳穩司"，此處"渤海"與"近侍詳穩"互倒。

[5]蕭韓家奴：【靳校】原本無"蕭"字。中華點校本據南監本、北監本和殿本補。今從。　殿前都點檢：官名。五代後周世宗

設置殿前司，以都點檢、副都點檢爲正副長官，位在都指揮使之上，爲禁軍統帥。宋初廢。遼設殿前都點檢，爲南面軍官，當係模倣周制。

[6]橫帳：契丹以玄祖之後爲皇族，分爲三房：孟父房、仲父房和季父房。季父房一系太祖阿保機子孫爲“橫帳”。本書卷一六《聖宗本紀七》：開泰八年冬十月癸巳，詔“橫帳、三房不得與卑小帳族爲婚；凡嫁娶，必奏而後行”。本書卷四五《百官志一》：“玄祖伯子麻魯無後，次子巖木之後曰孟父房；叔子釋魯曰仲父房；季子爲德祖，德祖之元子是爲太祖天皇帝，謂之橫帳；次曰剌葛，曰迭剌，曰寅底石，曰安端，曰蘇，皆曰季父房。”【劉注】契丹小字中“橫帳”作才百火，本義是“兄弟的”，即與皇帝稱兄道弟者就是皇族。

[7]漢人行宫都部署：遼在北南面官系統中，分別設契丹行宫都部署和漢人行宫都部署，其上則有諸行宫都部署。行宫都部署完全是倣中原王朝官制設置的，它不同於專管斡魯朵事務的某宫都部署的宫官。宋朝皇帝巡幸亦有行宫，且亦有行宫都部署之設。後避英宗趙曙名諱，改稱行宫都總管。詳本書卷四七《百官志三》。

[8]鎮州：本古可敦城。統和二十二年（1004）置鎮州，建安軍。陳得芝《耶律大石北行史地雜考》（《歷史地理》第二輯）說：遼朝統治漠北屬部的最高軍政機構是西北路招討司（又稱西北路都招討司），遼聖宗統和十二年（994）因西北“阻卜”諸部作亂，以蕭撻凜爲西北路招討使，命隨皇太妃（齊王妃）出征，“屯西鄙臚朐兒河，西捍轄戛，盡降之”。蕭撻凜鑒於達旦諸部叛服不常，上表乞建三城以鎮之。統和二十二年三城完工，設置鎮、防、維三州。

[9]祭天：古代的重大祭祀。《儀禮·喪服》以爲天是“天子及其始祖之所自出”。契丹傳統是以青牛白馬祭天地。以黑白羊祭天，與契丹傳統祭天地的儀式不合，當是用漢禮。

八月庚午朔，遣使安撫南京吏民。癸酉，以永興宮使耶律塔不也有定亂功，[1]爲同知點檢司事。

[1]永興宮：太宗耶律德光宮分。

冬十月戊辰朔，幸興王寺。庚午，以六院部太保耶律合朮知南院大王事。[1]是月，駐蹕藕絲淀。[2]

[1]六院部：太祖析迭剌部爲五院部和六院部。太宗會同元年（938）改夷离堇爲大王。北院大王和南院大王即五院部和六院部的首領。

[2]藕絲淀：即廣平淀，在永州（今内蒙古自治區翁牛特旗白音他拉古城）東南三十里，遼中期以後冬捺鉢所在地。詳本書卷三二《營衛志中》。

十一月辛丑，以南院宣徽使蕭九哥爲北府宰相。[1]己未，追封故富春郡王耶律義先爲許王。[2]

是歲，封皇子濬爲梁王。

[1]蕭九哥：全書僅此一見，其事不詳。

[2]耶律義先（1010—1052）：于越仁先之弟。重熙初補祗候郎君班詳穩。十六年（1047）爲殿前都點檢，討蒲奴里，多所招降，獲其酋長陶得里以歸，以功改南京統軍使，封武昌郡王。二十一年拜惕隱，進王富春。本書卷九〇有傳。

十年春正月己亥，北幸。

二月，禁南京民决水種粳稻。

秋七月壬申，詔決諸路囚。辛巳，禁僧尼私詣行在，[1]妄述禍福取財物。

[1]行在：皇帝出行時所在之地。遼是"行國"，其行在稱"捺鉢"，是其朝廷所在。

九月壬寅，幸懷州，[1]謁太宗、穆宗廟。

[1]懷州：遺址在今內蒙古自治區巴林左旗林東鎮幸福之路蘇木崗根嘎查舊城。本唐歸誠州，以契丹降部置。武后萬歲通天初，歸誠州刺史孫萬榮與松漠都督李盡忠叛，寇營州。即此。後廢。太宗德光行帳牧放於此，後葬於西山，曰懷陵。因置懷州奉陵軍。《武經總要》前集卷一六下《戎狄舊地》："懷州，契丹號奉陵軍，州將兼山陵都部署，即遼主德光葬所也。東南至中京三百五十里，西至平地松林四十里，北至潢河十里，河北至上京百五十里，西北門至韃靼國三百里。"

冬十月壬辰朔，駐蹕中京。戊午，禁民私刊印文字。

十一月甲子，定吏民衣服之制。辛未，禁六齋日屠殺。[1]丁丑，詔求乾文閣所闕經籍，命儒臣校讎。庚辰，以彰國軍節度使韓謝十爲惕隱。[2]詔南京不得私造御用彩緞，私貨鐵，及非時飲酒。命南京三司，每歲春秋以官錢饗將士。

[1]六齋日：陰曆每月的八日、十四日、十五日、二十三日、二十九日、三十日。佛教認爲此六日是"惡日"，應持齋修福。見

《大智度論》卷六五。

[2]彰國軍：治應州，在今山西省應縣。

十二月癸巳，以北院大王蕭兀古匭爲契丹行宮都部署。[1]

是歲，南京、西京大熟。

[1]北院大王：契丹部族官。五院部的首領。

咸雍元年春正月辛酉朔，文武百僚加上尊號曰聖文神武全功大略廣智聰仁睿孝天祐皇帝。改元，大赦。册梁王濬爲皇太子，内外官賜級有差。甲子，如魚兒濼。[1]庚寅，詔諸遇正旦、重午、冬至，別表賀東宮。[2]

[1]魚兒濼：又稱長濼、長泊。在長春州境内，位於今吉林省前郭爾羅斯蒙古族自治縣西北部。

[2]詔諸遇正旦、重午、冬至，別表賀東宮：【劉校】據中華點校本校勘記，“諸”下疑脱“路”或“道”字。

三月丁亥，以知興中府事楊績知樞密院事。[1]

[1]興中府：治所在今遼寧省朝陽市。

夏四月辛卯，以知樞密院事張嗣復疾，改知興中府事。庚子，清暑拖古烈。

五月辛巳，夏國遣使來貢。[1]

[1]夏國（1038—1227）：以党項民族爲主體建立的政權。公元 1038 年，元昊叛宋稱帝，建立大夏王朝，傳十代，至 1227 年爲蒙古所滅。元昊稱帝以前，作爲北宋境内的地方割據政權，已經具有獨立性。史稱西夏，先後與遼、北宋及金、南宋並立於中國境内。境土包括今寧夏回族自治區全部、甘肅省大部、陝西省北部以及青海省、内蒙古自治區的部分地區。

秋七月丙子，以皇太后射獲熊，賞賚百官有差。

八月丙申，客星犯天廟，[1]詔諸路備盜賊，嚴火禁。

[1]天廟：星名。即營室。《國語·周語上》："日月底於天廟，土乃脈發。"韋昭注："天廟，營室也。"《晉書》卷一一《天文志》："北方南斗六星，天廟也，丞相、太宰之位，主褒賢進士、稟授爵禄，又主兵。"

九月乙亥，駐蹕藕絲淀。丁丑，左夷离畢愷古爲孟父敞穩。[1]

[1]孟父敞穩：契丹官名。即孟父房敞穩。契丹以玄祖之後爲皇族，分爲三房：孟父房、仲父房和季父房。本書卷四五《百官志一》："玄祖伯子麻魯無後，次子巖木之後曰孟父房。""敞穩"亦作"常衮"，是諸帳官員。

冬十月丁亥朔，幸醫巫閭山。[1]己亥，皇太后射獲虎，大宴群臣，令各賦詩。

[1]醫巫閭山：遼西地區的名山。

十一月壬戌，有星如斗，逆行，隱隱有聲。

十二月甲午，以遼王仁先爲南京留守，徙封晉王。辛亥，以南京留守蕭惟信爲左夷离畢。壬子，熒惑與月並行，自旦至午。

二年春正月丁巳，如鴨子河。宋賀正使王嚴卒，以禮送還。癸未，幸山榆淀。

二月甲午，詔武定軍節度使姚景行問以治道，[1]拜南院樞密使。

[1]姚景行（？—1075）：始名景禧。隸漢人宫分。既貴始出宫籍，貫興中縣。重熙五年（1036）進士。不數年至翰林學士、樞密副使，參知政事。道宗即位，多被顧問，爲北府宰相。咸雍元年（1065）出爲武定軍節度使。明年，驛召拜南院樞密使。大康初徙鎮遼興。本書卷九六有傳。

三月辛巳，以東北路詳穩耶律韓福奴爲北院大王。壬午，彗星見於西方。

夏四月，霖雨。

五月乙亥，駐蹕拖古烈。辛巳，以戶部使劉詵爲樞密副使。[1]

[1]以戶部使劉詵爲樞密副使：【劉校】據中華點校本校勘記，劉詵，即“劉伸”，字濟時，宛平人。本書卷九八有傳。

六月丙戌，回鶻來貢。甲辰，阻卜來貢。[1]

　　[1]阻卜：即達旦、韃靼。元人諱言達旦，而稱達旦爲阻卜。詳王國維《觀堂集林》卷一四《達旦考》。

　　秋七月癸丑朔，以西北路招討使蕭尢者爲北府宰相，左夷离畢蕭惟信南院樞密使，[1]同知南院樞密使事耶律白惕隱。丙辰，南院樞密使姚景行致仕。庚申，錄囚。辛酉，景行復前職。丁卯，如藕絲淀。以歲旱，遣使振山後貧民。[2]

　　[1]蕭惟信南院樞密使：【劉校】據中華點校本校勘記，本書卷九六本傳作“北院樞密副使”。
　　[2]山後：又稱山北。《通鑑》卷二八〇胡注：山北諸州謂雲、應、寰、朔等州。

　　九月壬子朔，日有食之。以參知政事韓孚爲樞密副使。
　　冬十二月壬午，以知樞密院事楊績爲南院樞密使，樞密副使劉詵參知政事。戊子，僧守志加守司徒。丁酉，以西京留守合尢爲南院大王。辛丑，以蕭尢者爲武定軍節度使。
　　是年，御永安殿放進士張臻等百一人。
　　三年春正月辛亥，[1]如鴨子河。甲子，御安流殿鈎魚。[2]

　　[1]三年春正月：【劉校】原本和北監本作“二年春正月”，據殿本改。中華點校本和修訂本徑改。

[2]鉤魚：鑿冰捕魚。

三月癸亥，宋主曙殂，子頊嗣位，遣使告哀。[1]即遣右護衛太保蕭撻不也、翰林學士陳覺等弔祭。[2]

[1]宋主曙殂，子頊嗣位，遣使告哀：宋英宗崩，神宗繼位。據《宋史》卷一四《神宗本紀》，治平四年（1067）正月丁巳，"英廟崩，帝即皇帝位。戊午，赦天下常赦所不原者，遣馮行己告哀於遼"。

[2]蕭撻不也：國舅郡王高九之孫。字幹里端。大康元年（1075）爲彰湣宮使，尚趙國公主，拜駙馬都尉。三年改同知漢人行宮都部署。與北院宣徽使耶律撻不也善，耶律乙辛嫉之，令人誣告謀廢立事。不勝搒掠，誣伏。遂見殺。本書卷九九有傳。

閏月丁亥，扈駕軍營火，賜錢、粟及馬有差。辛卯，駐蹕春州北淀。乙巳，以蕭兀古匿爲北府宰相。
夏五月壬辰，駐蹕納葛濼。壬寅，賜隨駕官諸工人馬。
六月戊申，有司奏新城縣民楊從謀反，[1]僞署官吏。上曰："小人無知，此兒戲爾。"獨流其首惡，餘釋之。庚戌，宋遣使饋其先帝遺物。[2]辛亥，宋以即位，遣陳襄來報，[3]即遣知黃龍府事蕭圖古辭、中書舍人馬鉉往賀。[4]壬戌，南府宰相韓王蕭唐古致仕。壬申，以廣德軍節度使耶律藥奴爲南府宰相，度支使趙徽參知政事。

[1]新城縣：治所在今河北省高碑店市。
[2]宋遣使饋其先帝遺物：宋遣史照、周孟陽、李評、李琦等

爲北朝遺留禮信使副。見傅樂焕《宋遼聘使表》（《遼史叢考》第212頁）。

［3］陳襄：福州侯官人。字述古。宋治平四年（1067）宋神宗即位，陳襄以諫議大夫使遼。有《使遼録》一卷，載《遼海叢書》者爲優。《宋史》卷三二一有傳。

［4］蕭圖古辭（1017—1068）：【劉注】據契丹小字《蕭奮勿膩·圖古辭墓誌銘》，契丹語小名（圖古辭），第二個名（奮勿膩）。他是國舅楊寧宰相的後人。祖父爲團寧大王，其父爲阿古真大王，其母爲横帳季父房秦王（指韓匡嗣）家的（普你·大漢）招討（指韓德威）之女。曾任國舅詳穩都監、工部尚書等職。後以黄龍府府尹的身份出使宋朝，慶賀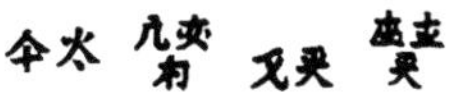（宋國的新可汗）即位。咸雍四年（1068）二月二十五日薨於黄龍府府衙，享年五十一歲。

秋七月辛丑，熒惑晝見，[1]凡三十五日。

［1］熒惑：星名，古指火星。因隱現不定，令人迷惑，故名。

九月戊戌，詔給諸路囚糧。癸卯，幸南京。

冬十一月壬辰，夏國遣使進回鶻僧《金佛梵覺經》。[1]

［1］回鶻僧《金佛梵覺經》：《遼史拾遺》卷一六作“回鶻僧撰《金佛梵覺經》”。

十二月丁未，以參知政事劉詵爲樞密副使，東北路詳穩高八南院大王，樞密直學士張孝傑參知政事。[1]己酉，以張孝傑同知樞密院事。丁巳，行再生禮，赦死罪以下。[2]是月，夏國王李諒祚薨。[3]

是歲，南京旱、蝗。

[1]張孝傑：建州永霸縣（今遼寧省朝陽市）人。重熙二十四年（1055）進士。咸雍三年（1067）參知政事，同知樞密院事，加工部侍郎。八年封陳國公。大康元年（1075）賜國姓。是年夏乙辛譖皇太子，誣害忠良，孝傑之謀居多。而道宗竟以其爲忠，可比狄仁傑，賜名仁傑。大安中死於鄉。本書卷一一〇有傳。

[2]死罪以下：較死罪爲輕的罪刑，即笞、杖、徒、流之罪。

[3]李諒祚：西夏國主。李元昊之子，生母爲没藏氏。公元1048年至1067年在位。幼年繼位，國相没藏訛龐與其妹太后没藏氏盡攬朝權。1049年，遼興宗乘西夏景宗元昊新死，大舉親征，但爲夏軍所敗。1061年，訛龐父子陰謀殺害諒祚，諒祚在大將漫咩支援下，擒殺訛龐父子，盡誅其家族，廢皇后没藏氏（訛龐女），納梁氏爲后，以后弟梁乙埋爲國相。諒祚下令停止使用蕃禮，改行漢禮。死於1067年，廟號毅宗。

四年春正月甲戌朔，日有食之。丙子，如鴛鴦濼。辛巳，改易州兵馬使爲安撫使。[1]丁亥，獵炭山。[2]辛卯，遣使振西京饑民。

[1]易州：治所在今河北省易縣。

[2]炭山：山名。據《新五代史》卷七二《四夷附録第一》："漢城在炭山東南灤河上，有鹽鐵之利，乃後魏滑鹽縣也。其地可植五穀，阿保機率漢人耕種，爲治城郭、邑屋、廛市如幽州制度，

漢人安之，不復思歸。"另據本書卷四一《地理志·西京道》，炭山在歸化州，即武州（今河北省張家口市宣化區）。

二月甲辰朔，詔元帥府募軍。壬子，夏國王李諒祚子秉常遣使告哀。[1]癸丑，頒行御制《華嚴經贊》。[2]丁卯，北行。

[1]秉常：即李秉常，西夏惠宗。公元1067年至1086年在位。七歲繼位，母梁太后攝政，梁乙埋任國相。改行蕃禮。1076年，親政，又下令以漢禮代替蕃禮。這項措施雖得到皇族的支持，但遭到朝中后黨的強烈反對，無法施行。梁太后並將秉常囚禁，後迫於擁帝勢力的強大，又讓其復位。死於1086年，廟號惠宗。

[2]華嚴經：《大方廣佛華嚴經》的簡稱。據説是釋迦牟尼成道之初在菩提樹下所説的大乘無上法門。因其高深，解悟者少。

三月丙子，遣使夏國弔祭。甲申，振應州饑民。[1]乙酉，詔南京除軍行地，餘皆得種稻。庚寅，振朔州饑民。[2]乙未，夏國李秉常遣使獻其父諒祚遺物。

[1]應州：治所在今山西省應縣。
[2]朔州：治所在今山西省朔州市。

夏四月戊午，阿薩蘭回鶻遣使來貢。

五月丙戌，駐蹕拖古烈。

六月壬子，西北路雨穀，[1]方三十里。丙寅，以北院林牙耶律趙三爲北院大王，右夷离畢蕭素颯中京留守。[2]

　　[1]雨穀：指布穀鳥。宋人盧祖皋《月城春·壽無爲趙秘書》詞："雨穀催耕，風簾戲鼓，家家歡笑。"【劉注】從"方三十里"來理解"雨穀"，不應是布穀鳥，而是天上掉穀粒之意。

　　[2]蕭素颯：字特免，契丹五院部人。重熙間始仕，累遷北院承旨、彰潛宮使。清寧初歷左皮室詳穩、右夷离畢。咸雍五年（1069）徙北院林牙，改南院副部署，卒。本書卷九五有傳。

　　秋七月壬申，置烏古敵烈部都統軍司。[1]丙子，獵黑嶺。[2]是月，南京霖雨，地震。

　　[1]烏古敵烈部：部族名。原爲二部。烏古又稱嫗厥律、于厥律，居契丹西北；敵烈又譯迪烈、敵烈德、迭烈德、達里底。遼時以遊牧、捕獵爲業，分佈於臚朐河（今克魯倫河）流域。有八部，稱爲八部敵烈或八石烈敵烈。與烏古部並稱爲北邊大部。遼聖宗以敵烈部降人置迭魯敵烈部和北敵烈部。開泰四年（1015），築河董城於臚朐河北，安置敵烈、烏古降人。壽昌二年（1096），徙敵烈、烏古於烏納水西。遼置烏古敵烈統軍司以應對阻卜諸部的反抗。金末元初，敵烈人逐漸與女真人、蒙古人等同化。

　　[2]黑嶺：即慶雲山。據本書卷三七《地理志一》，慶州有慶雲山，"本黑嶺也，聖宗駐蹕，愛羨，曰：'吾萬歲後，當葬此。'興宗遵遺命，建永慶陵。有望仙殿、御容殿。置蕃、漢守陵三千户，並隸大内都總管司"。

　　九月己亥，駐蹕藕絲淀。
　　冬十月辛亥，曲赦南京徒罪以下囚。永清、武清、安次、固安、新城、歸義、容城諸縣水，[1]復一歲租。戊辰，册李秉常爲夏國王。

十二月辛亥，夏國遣使來貢。

[1]永清：治所在今河北省永清縣。　武清：治所在今天津市武清區。　安次：治所在今河北省廊坊市。　固安：治所在今河北省固安縣。　歸義：治所在今河北省雄縣。　容城：後周以瓦橋關建雄州（今河北省雄縣），容城爲該州屬縣。

五年春三月，[1]阻卜叛，以晉王仁先爲西北路招討使，領禁軍討之。

[1]春三月：【劉校】中華點校本據北監本、殿本作“春正月”。今從修訂本仍作“春三月”。

夏六月己亥，駐蹕拖古烈。丙午，吐蕃遣使來貢。[1]壬戌，以南院樞密使蕭惟信知北院樞密使事。

[1]吐蕃：原爲中國古代藏族政權名。公元七至九世紀在青藏高原建立。吐蕃政權崩潰以後，宋元及明初史籍稱青藏高原上的土著族、部爲吐蕃。

秋七月乙丑朔，日有食之。戊辰，夏國遣使來謝封册。癸未，詔禁皇族恃勢侵漁細民。
八月，謁慶陵。[1]

[1]慶陵：包括遼聖宗耶律隆緒和仁德皇后、欽愛皇后的永慶陵，遼興宗耶律宗真和仁懿皇后的永興陵，遼道宗耶律弘基和宣懿皇后的永福陵。位於今内蒙古自治區巴林右旗索博日嘎（白塔子）

鎮西北約十餘公里的瓦林茫哈地方。聖宗永慶陵中保存有壁畫，繪有人物、山水，尤以象徵四時捺鉢的四季山水圖彌足珍貴。三陵出土遺物多已散失，今僅存部分石刻哀冊。其中漢文哀冊有聖宗、仁德皇后、欽愛皇后、道宗、宣懿皇后的各一合，仁懿皇后哀冊僅存篆蓋。契丹小字哀冊有道宗、宣懿皇后的各一合。1922年還從陵中抄寫出興宗和仁懿皇后的契丹小字哀冊冊文，原石仍埋墓中。

　　九月戊辰，仁先遣人奏阻卜捷。
　　冬十月己亥，駐蹕藕絲淀。
　　十一月丁卯，詔四方館副使止以契丹人充。[1]丁丑，五國部剖阿里部叛，[2]命蕭素颯討之。

　　[1]四方館：官署名。隋置四方館，對東西南北四方少數民族，各設使者一人，掌管往來及互相貿易等事，隸屬鴻臚寺。唐以通事舍人主管，隸屬中書省。宋置四方館使，掌管文武官朝見辭謝，國忌賜香及諸道元日、冬至、朔旦、慶賀章表、郊祀、朝蕃官、貢舉人、進奉使、京官、致仕官、道釋、父老陪位等事。其職務與隋唐不同。遼的四方館，當是倣宋制。
　　[2]五國部剖阿里部叛：【劉校】原本、北監本和殿本均脫“剖”字，中華點校本據南監本和本書卷三三《營衛志下》及卷六九《部族表》補。今從。

　　閏月戊申，夏國王李秉常遣使乞賜印綬。[1]己未，僧志福加守司徒。

　　[1]印綬：印信和繫印信的絲帶。古人印信上繫有絲帶，佩帶在身，用以表明身份。《舊唐書》卷一七〇《裴度傳》：“帶丞相之

印綬，所以尊其名；賜諸侯之斧鉞，所以重其命。"

十二月甲子，行皇太子再生禮，減諸路徒以下罪一等。乙丑，詔百官廷議國政。甲戌，五國來降，仍獻方物。

六年春正月甲午，如千鵝濼。

二月丙寅，阻卜來朝，貢方物。

夏四月癸未，西北路招討司以所降阻卜酋長至行在。

五月甲辰，清暑拖古烈。甲寅，設賢良科，[1]詔應是科者，先以所業十萬言進。

[1]賢良科：唐宋時期考試選拔人才的科目。宋人徐度《卻掃編》卷下："國朝制科初因唐制，有賢良方正，能直言極諫；經學優深，可爲師法；詳明吏理，達於教化。凡三科，應内外職官、前資見任、黃衣草澤人並許諸州及本司解送上吏部對御試策一道，限三千字以上。"宋人高承《事物紀原》卷三《學校舉貢部》："漢唐逮今，取士之制有賢良方正、茂才異等六科，謂之制舉，亦曰大科，通謂之賢良。其制蓋自漢文帝始。《史記·文紀》一年十二月日食，令舉賢良方正能直言極諫，以輔不逮。"遼朝策賢良，蓋承唐制。

六月辛巳，阻卜來朝。乙酉，以惕隱耶律白爲中京留守。是月，御永安殿放進士趙廷睦等百三十八人。

秋七月辛亥，獵於合魯聶特。

八月丙子，耶律白薨，追封遼西郡王。

九月庚戌，幸藕絲淀。甲寅，以馬希白詩才敏妙，十吏書不能給，召試之。

冬十月丁卯，五國部長來朝。[1]壬申，西北路招討司擒阻卜酋長來獻。

[1]五國部：遼東北部族名。越里篤、剖阿里、奧里米、蒲奴里和越里吉，統稱五國部。

十一月乙卯，禁鬻生熟鐵於回鶻、阻卜等界。

十二月戊午，加圓釋、法鈞二僧並守司空。己未，以坤寧節，[1]赦死罪以下。[2]辛酉，禁漢人捕獵。

[1]坤寧節：【劉校】“節”原本作“郎”，明抄本、南監本、北監本和殿本均作“節”。中華點校本及修訂本徑改。【靳注】坤寧節，遼興宗仁懿皇后蕭撻里生辰。

[2]赦死罪以下：【劉校】據中華修訂本校勘記，明抄本、南監本、北監本、殿本皆作“赦徒罪以下。”

七年春正月戊子，如鴨子河。

二月乙丑，女直進馬。[1]丙寅，以南院樞密使姚景行知興中府事。

[1]女直：本作女真，因避遼興宗耶律宗真名諱，改稱女直。遼時居東北東部。在南者入遼籍，稱熟女真，或合蘇館女真；在北者不入遼籍，稱生女真。

三月己酉，以討五國功，加知黃龍府事蒲延、懷化軍節度使高元紀、易州觀察使高正並千牛衛上將軍，五國節度使蕭陶蘇斡、寧江州防禦使大榮並靜江軍節度使。[1]幸黑水。

[1]蕭陶蘇斡：契丹突呂不部人。字乙辛隱。天慶四年（1114）爲漢人行宮副部署。當時金兵初起，攻陷寧江州。陶蘇斡主張大規模征發諸道兵，以威勢壓制女直。其計未被採用。本書卷一〇一有傳。　寧江州：治所在今吉林省松原市寧江區佰都鄉佰都村古城。　防禦使：原爲唐官名。在遼爲防禦州的長官，官階低於團練使而高於刺史。

夏四月癸酉，如納葛濼。乙亥，禁布帛短狹不中尺度者。

六月己卯，吐蕃來貢。癸未，南院大王高八致仕。

秋七月甲申朔，以東北路詳穩合里只爲南院大王，西南面招討使拾得奴爲奚六部大王。己丑，遣使按問五京囚。庚子，如藕絲淀。

八月辛巳，置佛骨於招仙浮圖，罷獵，禁屠殺。

冬十月己卯，如醫巫閭山。壬戌，以南府宰相耶律藥奴爲南京統軍使。戊辰，謁乾陵。

十一月戊子，免南京流民租。己丑，振饒州饑民。丙午，高麗遣使來貢。[1]

[1]高麗：指王建創建的高麗王朝（918—1392）。統治地域在今朝鮮半島，首都在開京（今朝鮮開城市）。

十二月壬子，以契丹行宮都部署耶律胡覩知北院樞密使事，知北院樞密使事蕭惟信爲南府宰相，兼契丹行宮都部署。丁巳，漢人行宮都部署李仲禧、北院宣徽使劉霂、樞密副使王觀、都承旨楊興工各賜國姓。[1]戊寅，回鶻來貢。

是歲，春州斗粟六錢。

[1]李仲禧：析津（今北京市）人。重熙中始仕。咸雍初遷漢人行宮都部署。七年（1071）賜國姓，八年封韓國公，九年爲南院樞密使。與耶律乙辛等誣陷皇太子。事蹟見本書卷九八其子耶律儼傳。

（李錫厚注　劉鳳翥校）

遼史　卷二三

本紀第二十三

道宗三

八年春正月癸未，烏古敵烈部詳穩耶律巢等奏克北邊捷。[1]以戰多殺人，飯僧南京、中京。[2]甲申，如魚兒濼。[3]壬寅，昏霧連日。

[1]烏古敵烈部：部族名。原爲二部。烏古又稱嫗厥律、于厥律，居契丹西北；敵烈又譯迪烈、敵烈德、迭烈德、達里底。遼時以遊牧、捕獵爲業，分佈於臚朐河（今克魯倫河）流域。有八部，稱爲八部敵烈或八石烈敵烈。與烏古部並稱爲北邊大部。遼聖宗以敵烈部降人置迭魯敵烈部和北敵烈部。開泰四年（1015）築河董城於臚朐河北，安置敵烈、烏古降人。壽昌二年（1096）徙敵烈、烏古於烏納水西。遼置烏古敵烈統軍司以應對阻卜諸部的反抗。金末元初，敵烈人逐漸與女真人、蒙古人等同化。

[2]飯僧：向僧人施飯，奉佛藉以祈福。《舊唐書》卷一一八《王縉傳》：“初，代宗喜祠祀，未甚重佛，而元載、杜鴻漸與［王］縉喜飯僧徒。代宗嘗問以福業報應事，載等因而啟奏，代宗由是奉

之過當，嘗令僧百餘人於宮中陳設佛像，經行念誦，謂之內道場。其飲膳之厚，窮極珍異，出入乘廄馬，度支具廩給。每西蕃入寇，必令群僧講誦《仁王經》，以攘虜寇。苟幸其退，則橫加錫賜。"

[3]魚兒濼：又稱長濼、長泊。在長春州境內，位於今吉林省前郭爾羅斯蒙古族自治縣西北部。

二月丙辰，北、南樞密院言無事可陳。[1]壬戌，以討北部功，烏古敵烈部詳穩耶律巢知北院大王事，都監蕭阿魯帶烏古敵烈部詳穩，加左監門衛上將軍。戊辰，歲饑，免武安州租稅，[2]振恩、蔚、順、惠等州民。[3]

[1]北、南樞密院：官署名。為遼朝的實際宰輔機構，分別為北、南面官的首腦機構。北樞密院又稱契丹樞密院，掌軍事、部族。南樞密院又稱漢人樞密院，掌漢人州縣之事。

[2]武安州：阿保機初俘漢民，置木葉山下，因建城於此以遷之，初名杏堝新城。復以遼西戶益之，更名新州。統和八年改曰武安州。在今內蒙古自治區敖漢旗東。

[3]恩、蔚、順、惠等州：【劉注】遼代恩州州治為今內蒙古自治區喀喇沁旗西橋鄉七家子村遼城址；蔚州州治為今河北省蔚縣；順州州治為今遼寧省阜新蒙古族自治縣大巴鎮五家子村遼城址；惠州州治為今遼寧省建平縣建平鎮八家子村（祁家灣屯）遼城址。

三月癸卯，有司奏春、泰、寧江三州三千餘人願為僧尼，[1]受具足戒，[2]許之。

[1]春州：即長春州。治所在今吉林省前郭爾羅斯蒙古族自治

縣西北部塔虎城。　　泰州：治所在今吉林省白城市東南。　　寧江州：治所在今吉林省松原市寧江區佰都鄉佰都村古城。

[2]受具足戒：佛家語。佛教信徒出家落髮爲僧尼之後，經若干時日，在一定的儀式下接受戒律，稱爲"受戒"。"不殺生"，"不偷盜"，"不邪淫"，"不妄語"，"不飲酒"，"不坐高大床上"，"不著香華瓔珞，不著香油塗身，不著香薰衣"，"不自歌舞作樂，亦不往觀聽"，統稱"八戒"。全部接受這"八戒"，即"具足受戒"。

夏四月壬子，振義、饒二州民。[1]丁巳，駐蹕塔里捨。[2]己卯，清暑拖古烈。[3]

[1]義州：【劉注】遼代州名。據劉鳳翥、王雲龍《契丹大字〈耶律昌允墓誌銘〉之研究》，遼代義州故址在今内蒙古自治區赤峰市元寶山區小五家子回族自治鄉大營子村。　　饒州：遼代州名。故城位於巴林左旗西南六十公里的西拉木倫河北岸臺地上，北靠群山。

[2]塔里捨：【劉校】據中華點校本校勘記，"《紀》大安八年三月作撻里捨"。

[3]拖古烈：山名。又作犢山，在永安山附近。遼朝夏捺鉢即依此山而設。宋代沈括於熙寧八年（遼大康元年，1075）使遼，當年五月至遼廷——道宗的夏捺鉢。其《熙寧使虜圖抄》（《永樂大典》卷一〇八七七）載："西與北皆山也，其北山，庭之所依者曰'犢兒'。"

五月壬午，晉王仁先薨。[1]

[1]仁先：即耶律仁先（1012—1072）。爲契丹皇族，孟父房之後。字糺鄰，小字查剌。重熙三年（1034）補護衛。十一年陞北院

樞密副使。與劉六符使宋，定議增歲幣。既還，同知南京留守事。十八年再舉伐夏，仁先與皇太弟重元爲前鋒。清寧初爲南院樞密使。九年（1063），重元謀逆，仁先受命討賊。事後，加尚父，進封宋王，爲北院樞密使。本書卷九六有傳。

六月甲寅，振易州貧民。[1]己未，振中京。甲子，振興中府。[2]甲戌，封北府宰相楊績爲趙王，[3]樞密副使耶律觀參知政事兼知南院樞密使事。丁丑，高麗遣使來貢。[4]

[1]易州：治所在今河北省易縣。

[2]興中府：治所在今遼寧省朝陽市。

[3]北府宰相：契丹部族官名。契丹可汗之下有北、南二府，各部族則分屬二府，分設宰相，故北宰相亦稱北府宰相，南宰相亦稱南府宰相。

[4]高麗：指王建創建的高麗王朝（918—1392）。統治地域在今朝鮮半島，首都在開京（今朝鮮開城市）。

秋七月己卯，慶州靳文高八世同居，[1]詔賜爵。丙申，振饒州饑民。丁酉，幸黑嶺。[2]丁未，以御書《華嚴經五頌》出示群臣。[3]

[1]慶州：遼代州名。州城遺址在今內蒙古自治區巴林右旗索博日嘎鎮。

[2]黑嶺：即慶雲山。據本書卷三七《地理志一》，慶州有慶雲山，“本黑嶺也，聖宗駐蹕，愛羨，曰：‘吾萬歲後，當葬此。’興宗遵遺命，建永慶陵。有望仙殿、御容殿。置蕃、漢守陵三千

戶，並隸大内都總管司"。

[3]華嚴經：《大方廣佛華嚴經》的簡稱。據説是釋迦牟尼成道之初在菩提樹下所説的大乘無上法門。因其高深，解悟者少。

閏月辛未，射熊於殺羊山。

八月庚辰，混同郡王侯古薨，[1]遣使致祭。

[1]侯古（1009—1072）：【劉注】耶律宗愿契丹語小名的音譯，其契丹語第二個名是訛里本。聖宗仲子，母耿氏。其事蹟詳載《耶律宗愿墓誌銘》。

九月甲子，駐蹕藕絲淀。[1]

[1]藕絲淀：即廣平淀。在永州（今内蒙古自治區翁牛特旗白音他拉古城）東南三十里，遼中期以後冬捺鉢所在地。詳本書卷三二《營衛志中》。契丹語寬大曰阿斯，即藕絲。

冬十月己丑，參知政事耶律觀矯制營私第，降爲庶人。癸巳，回鶻來貢。[1]

[1]回鶻：古代部族名。據本書卷三三《營衛志下》，爲遼朝外十部之一。即回紇。本突厥別部。北魏時稱袁紇，亦曰烏擴、烏紇，至隋稱韋紇。大業元年（605）因反抗突厥的壓迫，與僕固、同羅、拔野古等成立聯盟，總稱回紇。唐天寶三載（744）破東突厥，建政權於今鄂爾渾河流域，有今蒙古高原之地。唐時助平安史之亂，屢尚公主。唐貞元四年（788）自請改稱回鶻。開成五年（840）爲黠戛斯所破，部衆分三支西遷：一支遷吐魯番盆地，稱高

昌回鶻或西州回鶻；一支遷蔥嶺以西楚河一帶，即蔥嶺以西回鶻；一支遷河西走廊，稱河西回鶻。歷五代遼金，回鶻皆嘗入貢。元明時稱畏吾兒。其族在唐時奉摩尼教，宋元以來改奉伊斯蘭教。

十一月庚戌，免祖州税。[1]丙辰，大雪，許民樵採禁地。丁卯，賜延昌宮貧户錢。[2]

[1]祖州：遼代州名。治所在今内蒙古自治區巴林左旗林東鎮西南查干哈達蘇木石房子嘎查，因係阿保機祖先出生之地，故名。遼在此置祖州天成軍。

[2]延昌宮：穆宗宮分。

十二月戊辰，漢人行宮都部署耶律仲禧封韓國公，[1]樞密副使、參知政事趙徽出爲武定軍節度使，[2]樞密副使柴德滋參知政事，漢人行宮副部署耶律大悲奴陞都部署，[3]同知南院樞密使事蕭韓家奴知左夷离畢事。[4]丁丑，以坤寧節，大赦。庚寅，賜高麗佛經一藏。

[1]耶律仲禧：即李仲禧。析津（今北京市）人。重熙中始仕。清寧初同知南院宣徽使事。四年（1058）拜北院宣徽使。咸雍初遷漢人行宮都部署。七年（1071）賜國姓，八年封韓國公，九年爲南院樞密使。與耶律乙辛等誣陷皇太子。事蹟見本書卷九八其子耶律儼傳。

[2]武定軍：奉聖州（即新州）軍號。治所在今河北省涿鹿縣。

[3]都部署：即漢人行宮都部署。遼在北、南面官系統中，分別設契丹行宮都部署和漢人行宮都部署，其上則有諸行宮都部署。

行宫都部署完全是倣中原王朝官制設置的，它不同於專管斡魯朵事務的某宫都部署的宫官。宋朝皇帝巡幸亦有行宫，且亦有行宫都部署之設。後避英宗趙曙名諱，改稱行宫都總管。詳本書卷四七《百官志三》。

[4]夷离畢：契丹官名。爲執政官，相當於副宰相參知政事。後來官分南、北，北面官有夷离畢院，主要掌刑政。

九年春正月丁未，如雙溮。

夏四月壬辰，如旺國崖。

秋七月甲辰，獵大熊山。戊申，烏古敵烈統軍言，八石烈敵烈人殺其節度使以叛。[1]己酉，詔隗烏古部軍分道擊之。[2]丙寅，南京奏歸義、淶水兩縣蝗飛入宋境，[3]餘爲蜂所食。

[1]石烈：構成部族的小單位。《遼史·百官志》以之對應爲“縣”。

[2]烏古：部族名。又稱嫗厥律、于厥律，居契丹西北。據《新五代史》卷七三《四夷附録第二》：“嫗厥律，其人長大，髠頭，酋長全其髮，盛以紫囊。地苦寒，水出大魚，契丹仰食。又多黑、白、黄貂鼠皮，北方諸國皆仰足。其人最勇，鄰國不敢侵。”

[3]歸義：縣名。治所在今河北省雄縣。　淶水：縣名。治所在今河北省淶水縣。

八月丙申，以耶律仲禧爲南院樞密使。

九月癸卯，駐蹕獨盧金。[1]

冬十月，幸陰山，[2]遂如西京。

[1]獨盧金：地名。在遼西京大同府雲中縣境內。傅樂煥《春水秋山考》："《遼史》云獨盧金，《長編》作雲中甸，名雖有異，地實相同。文彦博《潞公集》卷七《贈國信畢少卿仲衍》詩有云："朔風不度龍沙遠，只向雲中講信回。'仲衍使遼在元豐二年，當遼大康五年。檢是年《遼紀》道宗亦駐蹕獨盧金。知獨盧金與雲中甸確指同一地點。獨盧金《遼史》不詳所在，由前後相關地名準之，知在西京境內。今悉又稱雲中甸，雲中爲遼西京大同府倚郭縣，雲中甸即謂雲中縣境郊野之地。"參《遼史叢考》第48頁。

[2]陰山：崑崙山北支。西起河套西北，向東綿亘於內蒙古、河北等省區，與內興安嶺相接，隨地易名。此處所謂"陰山"，可能指內蒙古境內的大青山。

十一月戊午，詔行幸之地免租一年。甲子，南院大王合理只致仕。[1]

[1]南院大王：契丹部族官。遼朝析迭剌部爲五院部和六院部。五院部有知五院事，在朝曰北大王院；六院部有知六院事，在朝曰南大王院。北院大王和南院大王即五院部和六院部的首領，握有兵權。

十二月辛未，以知北院樞密使事耶律宜新爲中京留守，[1]南院宣徽使耶律撒剌爲南院大王。[2]壬辰，高麗、夏國並遣使來貢。[3]

[1]北院樞密使：即契丹樞密院之樞密使，爲北面官之最高官職，掌軍事、部族。詳本書卷四五《百官志一》。

[2]宣徽使：遼朝官名。遼設北、南宣徽，分隸北南樞密院之

下。宣徽北院使常執行軍事使命。此外，宣徽使還掌領朝會、宴饗、禮儀、祭祀及御前祇應之事。

[3]夏國（1038—1227）：以党項民族爲主體建立的政權。公元1038年，元昊叛宋稱帝，建立大夏王朝，傳十代，至1227年爲蒙古所滅。元昊稱帝以前，作爲北宋境内的地方割據政權，已經具有獨立性。史稱西夏，先後與遼、北宋及金、南宋並立於中國境内。境土包括今寧夏回族自治區全部、甘肅省大部、陝西省北部以及青海省、内蒙古自治區的部分地區。

十年春正月乙卯，如鴛鴦濼。[1]

[1]鴛鴦濼：湖名。在今北京市延慶區境内。舊時周八十里。其水停積不流，自遼金以來，爲飛放之所。即今野鴨湖。

二月癸未，蠲平州復業民租賦。[1]戊子，阻卜來貢。[2]

[1]平州：唐置，治所在今河北省盧龍縣。
[2]阻卜：即達旦、韃靼。元人諱言達旦，而稱達旦爲阻卜。詳王國維《觀堂集林》卷一四《達旦考》。

三月甲子，如拖古烈。以耶律巢爲北院大王。
夏四月，旱。辛未，以奚人達魯三世同居，賜官旌之。
五月丙寅，録囚。
六月戊辰，親出題試進士。壬申，詔臣庶言得失。丙子，御永定殿，[1]策賢良。[2]

[1]永定殿：【靳校】原本作"永安殿"，中華點校本據南監本、北監本和殿本改。今從改。

[2]賢良：唐宋考試選拔人才的科目。宋人徐度《卻掃編》卷下："國朝制科初因唐制，有賢良方正，能直言極諫；經學優深，可爲師法；詳明吏理，達於教化。凡三科，應内外職官、前資見任、黄衣草澤人並許諸州及本司觧送上吏部對御試第一道，限三千字以上。"宋人高承《事物紀原》卷三《學校舉貢部》："漢唐逮今，取士之制有賢良方正、茂才異等六科，謂之制舉，亦曰大科，通謂之賢良。其制蓋自漢文帝始。史記文紀一年十二月日食，令舉賢良方正能直言極諫，以輔不逮。"遼朝策賢良，蓋承唐制。

秋七月丙辰，如秋山。[1]癸亥，謁慶陵。[2]

[1]秋山：契丹秋捺鉢的主要活動是行獵，因其多在山區進行，故稱秋山。

[2]慶陵：包括遼聖宗耶律隆緒和仁德皇后、欽愛皇后的永慶陵，遼興宗耶律宗真和仁懿皇后的永興陵，遼道宗耶律弘基和宣懿皇后的永福陵。位於今内蒙古自治區巴林右旗索博日嘎（白塔子）鎮西北約十公里的瓦林茫哈地方。聖宗永慶陵中保存有壁畫，繪有人物、山水，尤以象徵四時捺鉢的四季山水圖彌足珍貴。三陵出土遺物多已散失，今僅存部分石刻哀册。其中漢文哀册有聖宗、仁德皇后、欽愛皇后、道宗、宣懿皇后的各一合，仁懿皇后哀册僅存篆蓋。契丹小字哀册有道宗、宣懿皇后的各一合。1922年還從陵中抄寫出興宗和仁懿皇后的契丹小字哀册册文，原石仍埋墓中。

九月庚戌，幸東京。謁二儀、五鸞殿。[1]癸亥，祠木葉山。[2]

[1]謁二儀、五鸞殿：庚戌十三天后是癸亥，謁"二儀、五鸞殿"應是在離開東京十日之後。二儀、五鸞殿皆在上京地區，而非東京。【劉注】據本書卷三七《地理志一・祖州》"殿曰兩明，奉安祖考御容；曰二儀，以白金鑄太祖像"。從而知道遼代的二儀殿，不在上京，而在祖州。

[2]木葉山：山名。契丹語稱"大"爲"木葉"。"木葉山"可以泛指任何"大山"，也可專指某一大山爲"木葉山"。此處指永州境內一座山，契丹人視此山爲神山，其地在今内蒙古自治區翁牛特旗新蘇莫蘇木的西拉木倫河與老哈河匯合處一帶。"上建契丹始祖廟，奇首可汗在南廟，可敦（可汗之妻）在北廟，繪塑二聖并八子神像。"詳見本書卷三七《地理志一》永州條。

冬十月丁卯，駐蹕藕絲淀。丁丑，詔有司頒行《史記》、《漢書》。[1]

[1]史記：史書名。西漢司馬遷撰。紀傳體通史，記事從五帝時代直至西漢武帝時。　漢書：史書名。東漢班固撰，内容爲西漢一代歷史。

十一月戊午，高麗遣使來貢。
十二月辛巳，改明年爲大康，大赦。
大康元年春正月乙未，如混同江。[1]壬寅，振雲州饑。[2]

[1]混同江：即松花江。
[2]雲州：治所在今山西省大同市。

二月丁卯，祥州火，[1]遣使恤災。乙酉，駐蹕大魚濼。丁亥，以獲鵝，加鷹坊使耶律楊六爲工部尚書。[2]

[1]祥州：治所在今吉林省懷德縣。
[2]鷹坊使：遼朝北面官。本書卷四六《百官志二》在“北面坊場局冶牧廄等官”中有鷹坊。

三月乙巳，命皇太子寫佛書。
夏四月丙子，振平州饑。乙酉，如犢山。
閏月丙午，振平、濼二州饑。[1]庚戌，皇孫延禧生。[2]

[1]濼州：治所在今河北省濼州市。
[2]延禧：即遼朝末代皇帝天祚帝。

五月甲子，賜妃之親及東宮僚屬爵有差。
六月癸巳，以興聖宮使奚謝家奴知奚六部大王事。[1]戊戌，知三司使事韓操以錢谷增羨，[2]授三司使。癸卯，遣使按問諸路囚。以惕隱大悲奴爲始平軍節度使，[3]參知政事柴德滋武定軍節度使。乙卯，吐蕃來貢。[4]丙辰，詔皇太子總領朝政，仍戒諭之。以武定軍節度使趙徽爲南府宰相，樞密副使楊遵勗參知政事。

[1]奚六部大王：遼對歸附以後的奚族首領的稱呼。奚本來衹有五部，阿保機降伏五部奚之後設置墮瑰部，而成六部。詳本書卷三三《營衛志·部族下》。

[2]三司使：唐宋以鹽鐵、度支、戶部爲三司，主理財賦。其長官爲三司使。《通鑑》卷二六五唐昭宣帝天祐三年（906）三月戊寅："以朱全忠爲鹽鐵、度支、戶部三司都制置使。三司之名始於此。"遼代在南京設三司使司。此外，在上京設鹽鐵使司，東京設戶部使司，中京設度支使司，西京設計司。

[3]惕隱：契丹官名。又稱梯里己，掌皇族政教。 始平軍：遼州軍號。遼州隸屬東京道，原屬渤海。

[4]吐蕃：原爲中國古代藏族政權名。公元七至九世紀在青藏高原建立。吐蕃政權崩潰以後，宋元及明初史籍稱青藏高原上的土著族、部爲吐蕃。

秋七月辛酉朔，獵平地松林。[1]丙寅，振南京貧民。

[1]平地松林：西遼河上游中古時期生態良好，有茂密的松林，稱"平地松林"。《新五代史》卷七三《四夷附錄第二》引胡嶠《陷虜記》說："自上京東去四十里至真珠寨，始食菜。明日東行，地勢漸高，西望平地松林，鬱然數十里，遂入平川，多草木。"

八月庚寅朔，日有食之。

九月乙亥，駐蹕藕絲淀。己卯，以南京饑，免租稅一年，仍出錢粟振之。

冬十月，西北路酋長遐搭、雛搭、雙古等來降。

十一月辛酉，皇后被誣，賜死。[1]殺伶人趙惟一、高長命，並籍其家屬。

[1]皇后被誣，賜死：大康元年（1075）六月，道宗詔皇太子總領朝政。奸臣耶律乙辛發現皇太子年輕有爲，是他專權固寵的最

大障礙，於是決定通過誣陷皇后，進而達到動搖皇太子地位的目的。道宗在位日久，昏庸愈甚，飾非拒諫，無以復加，對知書達禮的宣懿皇后越來越疏遠。皇后嘗作《回心院詞》排解心中的苦悶，並被之管弦，與伶人趙惟一在宮中演唱。遼朝沒有類似中原王朝那樣嚴格的後宮制度，伶人出入宮禁，陪伴皇后消遣，本不足怪。然而皇后身邊有一宮女名單登，是漢人，見此情景甚爲驚異。不久，此事便被乙辛知道了，乙辛以爲可以大加利用，於是，指使單登與教坊朱頂鶴一同誣陷皇后私通趙惟一。其證據據説是皇后爲單登手書的《十香詞》及《懷古詩》。然而《十香詞》格調低下，淫俗不堪，與皇后的身份、教養及性格絕不相類，明眼人不問便可發現是故意栽贓陷害。至於《懷古詩》，乙辛一夥更是肆意曲解。詩云："宮中只數趙家妝，敗雨殘雲誤漢王；惟有知情一片月，曾窺飛燕入昭陽。"詩中寫的是漢成帝皇后趙飛燕，誣陷者以詩中有"趙惟一"三字，即硬説是皇后與之私通的證據。道宗並不認真分析和調查，而是把此案交給原本是幕後策劃者的耶律乙辛及張孝傑處理，於是一切都被"證實"了。大康元年（1075）十一月，道宗賜皇后自盡，無辜的伶官趙惟一亦遭族誅。宣懿皇后遭誣陷的《十香詞》冤案始末，在《遼史》中並無具體記載，而是詳載於王鼎《焚椒録》中。王鼎，字虛中，涿州（今屬河北省）人，清寧進士，官至翰林學士，壽昌間升任觀書殿學士，後因細故，被奪官，流放到遼朝境內西北部的鎮州。《焚椒録》是他流放期間所作，前有自敍，内稱冤案初起時，他正在宮禁中侍奉道宗。當時他家奶母有女名蒙哥，是乙辛家婢女，甚得寵，王鼎即通過這條渠道獲悉此事的詳細經過。除此之外，還有"蕭司徒"者亦向他講述過這件事的始末。這就是説，《焚椒録》所記《十香詞》冤案實有所本。清王士禎作《居易録》，以王鼎書所記與《契丹國志》不合，即懷疑其爲僞書，這是沒有根據的。《契丹國志》基本上雜抄宋人著作成書，其中失實、缺漏之處不一而足。《焚椒録》所記這一冤案雖不見《契丹國志》記載，但與《遼史》所記不但並無抵捂，而且恰好可以互爲補充，王鼎書基本可信。

十二月己丑朔，[1]以南京統軍使耶律榮奴爲惕隱，漢人行宮都部署耶律霖樞密副使，同知東京留守事蕭鐸剌夷离畢。庚寅，賜張孝傑國姓。[2]壬辰，以西京留守蕭燕六爲左夷离畢。

[1]十二月己丑朔：【劉校】原本闕"朔"字，中華點校本據本書卷四四《曆象志下·朔考》補。今從。

[2]張孝傑：建州永霸縣（今遼寧省朝陽市）人。重熙二十四年（1055）進士。咸雍三年（1067）參知政事，同知樞密院事，加工部侍郎。八年封陳國公。大康元年（1075）賜國姓。是年夏，耶律乙辛譖皇太子，誣害忠良，孝傑之謀居多。而道宗竟以其爲忠，可比狄仁傑，賜名仁傑。大安中死於鄉。本書卷一一〇有傳。

二年春正月己未，如春水。[1]庚辰，駐蹕雙濼。

[1]春水：統和二十二年（1004）遼宋議和之後，四時捺鉢的地點，始大體形成定制。春捺鉢的地點多在長春州魚兒濼（又稱長濼、長泊）。因其活動主要是在水上鑿冰鉤魚，故稱春水。春捺鉢的活動，帶有習武和祭祖的性質，在古人看來，這兩者正是國家生活中具有頭等重要意義的大事，因此由皇帝親自主持。

二月戊子，振黃龍府饑。[1]癸丑，南京路饑，免租稅一年。

[1]黃龍府：治所在今吉林省農安縣。

三月辛酉，皇太后崩。[1]壬戌，遣殿前副點檢耶律轄古報哀于宋。癸亥，遣使報哀于高麗、夏國。丁卯，大赦。戊寅，以皇太后遺物遣使遺宋、夏。

[1]皇太后：指興宗仁懿皇后蕭撻里（？—1076）。欽愛皇后蕭耨斤弟孝穆之長女。重熙四年（1035）立爲皇后。道宗即位，尊爲皇太后。清寧九年（1063）秋，重元與其子涅魯古反，太后親督衛士破逆黨。大康二年（1076）崩，謚仁懿皇后。本書卷七一有傳。

夏六月乙酉朔，上大行皇太后尊謚曰仁懿皇后。戊子，宋及高麗、夏國各遣使弔祭。甲午，葬仁懿皇后于慶陵。己亥，駐蹕拖古烈。壬寅，出北院樞密使魏王耶律乙辛爲中京留守。[1]丁未，册皇后蕭氏，[2]封其父祗候郎君鼈里剌爲趙王，叔西北路招討使餘里也遼西郡王，兄漢人行宮都部署、駙馬都尉霞抹柳城郡王，[3]參知政事楊遵勗知南院樞密使事，北院樞密副使蕭速撒知北院樞密使事，[4]漢人行宮副部署劉詵參知政事。己酉，南府宰相趙徽致仕。

[1]耶律乙辛（？—1083）：五院部人。字胡覩袞。重熙中爲文班吏。清寧五年（1059）爲南院樞密使，改知北院，封趙王。九年重元亂平，拜北院樞密使，進封魏王。咸雍五年（1069）加守太師。詔四方有軍旅，許以便宜從事，勢震中外。大康元年（1075）誣皇后蕭觀音枉致死，三年又害死太子耶律濬。七年冬坐以禁物鬻入外國，幽於來州。九年謀奔宋及私藏兵甲事發，伏誅。本書卷一一〇有傳。

[2]皇后蕭氏：【劉注】小字坦思。大康二年乙辛譖之，選入宮掖，立爲皇后。後降爲惠妃。本書卷七一有傳。

[3]兄漢人行宮都部署、駙馬都尉霞抹：【劉校】"兄"字原脱，中華點校本據本書卷七一《道宗惠妃蕭氏傳》及本句文義補。今從。

[4]蕭速撒（？—1077）：突呂不部人，字禿魯菫。清寧中歷北面林牙、彰國軍節度使，入爲北院樞密副使。大康二年乙辛銜之，誣構速撒首謀廢立，按之無驗，出爲上京留守。耶律乙辛復令蕭訛都斡以前事誣告，上怒，不復加訊，遣使殺之。本書卷九九有傳。

秋七月戊辰，如秋山。癸酉，柳城郡王霞抹薨。

八月庚寅，獵，遇麛失其母，憫之，不射。

九月戊午，以南京蝗，免明年租税。己卯，駐蹕藕絲淀。

冬十月戊戌，召中京留守魏王耶律乙辛復爲北院樞密使。

十一月甲戌，上欲觀《起居注》，[1]修注郎不攧及忽突菫等不進，各杖二百，罷之，流林牙蕭岩壽於烏隗部。[2]是月，南京地震，民舍多壞。

[1]起居注：【劉注】皇帝的言行録。兩漢時由宮内修撰，魏、晉以後設官專修。唐宋時凡朝廷命令赦宥、禮樂法度、賞罰除授、群臣進對、祭祀宴享、臨幸引見、四時氣候、户口增減、州縣廢置等事，皆按日記載。元明以後趨於簡單。《舊唐書·經籍志上》："乙部爲史，其類十有三……五曰起居注，以紀人君言動。"

[2]林牙：契丹官名。掌文翰，相當於翰林學士。

十二月己丑，以左夷离畢蕭撻不也爲南京統軍使。[1]

[1]蕭撻不也（？—1077）：國舅郡王高九之孫。字斡里端。大康元年（1075）爲彰滑宮使，尚趙國公主，拜駙馬都尉。三年改同知漢人行宮都部署。與北院宣徽使耶律撻不也善，乙辛嫉之，令人誣告謀廢立事。不勝搒掠，誣伏。遂見殺。本書卷九九有傳。

三年春正月癸丑，如混同江。乙卯，省諸道春貢金帛，及停周歲所輸尚方銀。[1]

[1]尚方：製造帝王所用器物的官署。

二月壬午朔，東北路統軍使蕭韓家奴加尚父，[1]封吳王。甲申，詔北院樞密使魏王耶律乙辛同母兄大奴、同母弟阿思世預北、南院樞密之選，其異母諸弟世預夷离堇之選。[2]己丑，如魚兒濼。辛卯，中京饑，罷巡幸。

[1]蕭韓家奴（？—1078）：奚長渤魯恩之後。字括寧。曾任奚六部大王，清寧初歷南京統軍使、北院宣徽使，封蘭陵郡王。九年（1063）重元亂，以功遷殿前都點檢，封荆王。咸雍二年（1066）遷西南面招討使。大康初皇太子爲耶律乙辛所誣構，幽於上京。韓家奴上書力言其冤，不報。四年（1078）復爲西南面招討使。本書卷九六有傳。

[2]世預夷离堇之選：即參預夷离堇世選。世選爲氏族社會遺留下的選任首領和官員的制度。契丹立國初期汗位繼承在形式上仍實行世選。世選與世襲的區別在於：世襲之制即中國古代盛行的嫡

長子繼承制，在這種制度下，嫡長子是當然的繼承人。世襲制度下的繼承問題，是皇帝自己的事情，不容許他人介入；世選之制則不同，在這種制度下，有權勢、地位的貴族們介入確定汗位繼承人之事，由他們在可汗的兄弟子侄中量纔推選繼承人。這種"世選"制度不僅存在於契丹社會中，在這一發展階段的各個民族，無不如此。

夏四月乙酉，泛舟黑龍江。[1]

[1]黑龍江：此黑龍江即混同江。《金史·世紀》："生女直地有混同江、長白山，混同江亦號黑龍江，所謂'白山、黑水'是也。"

五月丙辰，玉田、安次蝝傷稼。[1]癸亥，日中有黑子。己巳，駐蹕犢山。乙亥，北院樞密使耶律乙辛奏，右護衛太保查剌等告知北院樞密使事蕭速撒等八人謀立皇太子，[2]上以無狀，不治，出速撒等三人補外，護衛撒撥等六人各鞭百餘，徙於邊。丙子，以西北路招討使遼西郡王蕭余里也爲北府宰相，[3]兼知契丹行宮都部署事。戊寅，詔告謀逆事者，重加官賞。

[1]玉田：治所在今河北省玉田縣。　安次：治所在今河北省廊坊市。

[2]知北院樞密使事蕭速撒：【劉校】據中華點校本校勘記，"知""事"二字原脱。"按上下文任北院樞密使者爲耶律乙辛，蕭速撒時爲知北院樞密使事，見上文二年六月。據補"。

[3]蕭余里也：外戚蕭孝穆之子，字訛都碗。清寧初補祇候郎君，尚鄭國公主，拜駙馬都尉，累遷南面林牙。咸雍中有人告余里

也與族人尤哲謀害耶律乙辛，經按問雖無此事，仍出爲寧遠軍節度使。自後余里也揣乙辛意，傾心事之。大康初封遼西郡王。乙辛謀構皇太子，余里也多助成之。本書卷一一一有傳。

六月己卯朔，耶律乙辛權杖印郎君蕭訛都斡誣首嘗預速撒等謀，籍其姓名以告。即命乙辛及耶律仲禧、蕭余里也、耶律孝傑、楊遵勗、燕哥、抄只、蕭十三等鞫治，[1]杖皇太子，囚之宮中。辛巳，殺宿直官敵里剌等三人。壬午，殺宣徽使撻不也等二人。癸未，殺始平軍節度使撒剌等十人，又遣使殺上京留守速撒，及已徙護衛撒撥等六人。乙酉，殺耶律撻不也及其弟陳留。[2]丙戌，廢皇太子爲庶人，囚之上京。己丑，回鶻來貢。殺東京留守同知耶律回里不。辛卯，殺速撒等諸子，籍其家。戊申，遣使按五京諸道獄。

[1]鞫治：審理處治。

[2]“壬午，殺宣徽使撻不也等二人”至“乙酉，殺耶律撻不也及其弟陳留”：【劉校】據中華點校本校勘記，“按蕭撻不也未嘗爲宣徽使，而耶律撻不也則以宣徽使見殺，見卷九九《蕭撻不也傳》及《耶律撻不也傳》。是死於壬午者爲耶律撻不也，乙酉被殺者爲蕭撻不也，紀文所記互倒”。　耶律撻不也（？—1077）：字撒班，其世系出於季父房。清寧年間補牌印郎君，累經遷爲永興宮使。大康三年（1077）授北院宣徽使。耶律乙辛謀害太子，撻不也知乙辛奸惡，想要殺乙辛及蕭特里得、蕭十三等人。乙辛知道這一消息後，令其同黨誣構撻不也參與廢立事，於是撻不也被殺。本書卷九九有傳。

秋七月辛亥，護衛太保查剌加鎮國大將軍預突呂不部節度使之選，[1]室韋查剌及蕭寶神奴、謀魯古並加左衛大將軍，[2]牌印郎君訛都斡尚皇女趙國公主授駙馬都尉、始平軍節度使，祗候郎君耶律撻不也及蕭圖古辭並加監門衛上將軍。[3]壬子，知北院樞密副使蕭韓家奴爲漢人行宮都部署。乙丑，如秋山。丁丑，謁慶陵。

[1]護衛太保查剌：【劉校】"剌"原本作"刺"，明抄本、南監本、北監本和殿本均作"剌"。中華點校本及修訂本徑改。　突呂不部：契丹部族名。據本書卷三三《營衛志下》，該部爲太祖二十部之一，創建於阻午可汗之時，隸北府，節度使屬西北路招討司，司徒居長春州西。

[2]室韋：部族名。北魏始見於記載，分佈於今黑龍江、嫩江流域，唐時分爲許多部。契丹多爲其役屬。

[3]蕭圖古辭：契丹楮特部人。字何寧。仕重熙中，累遷左中丞。清寧初歷北面林牙，改北院樞密副使。六年（1060）出知黃龍府。八年拜南府宰相。頃之爲北院樞密使，詔許便宜從事。爲人奸佞，爲樞密數月，所薦引多爲重元黨與，由是免爲庶人。後没入興聖宮。本書卷一一一有傳。

八月庚寅，漢人行宮都部署蕭韓家奴薨。辛丑，謁慶陵。

九月癸亥，玉田貢嘉禾。壬申，修乾陵廟。[1]

[1]乾陵：遼景宗陵。其址位於乾州。《武經總要》前集卷一六下《戎狄舊地》乾州在醫巫閭山之南，古遼澤之地，遼主景宗陵寢在焉。今置廣德軍節度，兼山陵都部署。【劉注】遼代乾州州治

爲今遼寧省北鎮市廣寧鎮小常屯遼城址。

冬十月辛丑，駐蹕藕絲淀。

十一月，北院樞密使耶律乙辛遣其私人盜殺庶人濬於上京。

閏十二月戊午，以北府宰相遼西郡王蕭余里也知北院樞密使事，左夷离畢耶律燕哥爲契丹行宫都部署。[1]丙寅，預行正旦禮。

是歲，南京大熟。

[1]耶律燕哥（？—1095）：季父房之後，字善寧。祖先鐸穩，是太祖異母弟。清寧間燕哥爲左護衛太保。大康初樞密使耶律乙辛以燕哥爲耳目，拜左夷离畢。乙辛殺害忠良，多燕哥之謀。本書卷一一〇有傳。

四年春正月庚辰，如春水。甲午，振東京饑。

二月乙丑，駐蹕掃獲野。戊辰，以東路統軍使耶律王九爲惕隱。

夏四月辛亥，高麗遣使乞賜鴨渌江以東地，[1]不許。

[1]鴨渌江以東地：指遼屬江東女真地區。《滿洲源流考》卷一〇：“鴨緑江之‘緑’，《北史》《新唐書》《遼史》俱作‘渌’。”遼東京轄區包括鴨緑江以東女真地區。

五月丙戌，駐蹕散水原。

六月甲寅，阻卜諸酋長進良馬。

秋七月甲戌，諸路奏飯僧尼三十六萬。

八月癸卯，詔有司決滯獄。

九月乙未，駐蹕藕絲淀。庚子，五國部長來貢。[1]

[1]五國部：遼東北部族名。越里篤、剖阿里、奧里米、蒲奴里和越里吉，統稱五國部。

冬十月癸卯，以參知政事劉伸爲保靜軍節度使。[1]

[1]保靜軍：【劉注】建州軍號。遼代建州，前期治所爲今遼寧省朝陽縣木頭城子鄉駐地木頭城子村古城址；後期治所爲今朝陽縣太平房鄉黃花灘村古城址。

十一月丁亥，禁士庶服用錦綺、日月、山龍之文。己丑，回鶻遣使來貢。庚寅，南院樞密使耶律仲禧爲廣德軍節度使。[1]辛卯，錦州民張寶四世同居，[2]命諸子三班院祗候。

[1]廣德軍：遼代軍號。治乾州。
[2]錦州：臨海軍。本漢遼東無慮縣，故城即今遼寧省北鎮市。

十二月丁卯，以北院樞密副使耶律霖知北院樞密使事。

（李錫厚注　劉鳳翥校）

遼史　卷二四

本紀第二十四

道宗四

　　五年春正月壬申，如混同江。[1]癸酉，賜宰相耶律
孝傑名仁傑。[2]乙亥，如山榆淀。

[1]混同江：即松花江。
[2]耶律孝傑：即張孝傑。建州永霸縣（今遼寧省朝陽市）
人。重熙二十四年（1055）進士。咸雍三年（1067）參知政事，同
知樞密院事，加工部侍郎。八年封陳國公。大康元年（1075）賜國
姓。是年夏，耶律乙辛譖皇太子，誣害忠良，孝傑之謀居多。而道
宗竟以其爲忠，可比狄仁傑，賜名仁傑。大安中死於鄉。本書卷一
一〇有傳。

　　三月辛未，以宰相仁傑獲頭鵝，加侍中。壬辰，以
北院樞密使魏王耶律乙辛知南院大王事，[1]加于越，[2]知
北院樞密使事耶律霖爲北院樞密使，北院樞密副使耶律

特里底知北院樞密使事，左夷离畢耶律世遷同知北院樞密使事。[3]

[1]北院樞密使：即契丹樞密院之樞密使，爲北面官之最高官職，掌軍事、部族。詳本書卷四五《百官志一》。 耶律乙辛（？—1083）：五院部人。字胡覩衮。重熙中爲文班吏。道宗清寧五年（1059）爲南院樞密使，改知北院，封趙王。九年重元亂平拜北院樞密使，進封魏王。咸雍五年（1069）加守太師。詔四方有軍旅，許以便宜從事，勢震中外。大康元年（1075）誣皇后蕭觀音致死，三年又害死太子耶律濬。七年冬坐以禁物鬻入外國，幽於來州。九年謀奔宋及私藏兵甲事發，伏誅。本書卷一一〇有傳。 南院大王：契丹部族官。遼朝析迭剌部爲五院部和六院部。五院部有知五院事，在朝曰北大王院；六院部有知六院事，在朝曰南大王院。北院大王和南院大王即五院部和六院部的首領，握有兵權。

[2]于越：契丹語官名的音譯。貴官，非有大功德不授。無具體執掌。位在北、南大王之上。

[3]夷离畢：契丹官名。爲執政官，相當於副宰相參知政事。後來官分南、北，北面官有夷离畢院，主要掌刑政。

夏四月己未，如納葛濼。

五月丁亥，謁慶陵。[1]以契丹行宮都部署耶律燕哥爲南府宰相，[2]北面林牙耶律永寧爲夷离畢，[3]同知南院樞密使事蕭撻不也及殿前副點檢、駙馬都尉蕭酬斡並封蘭陵郡王。[4]

[1]慶陵：包括遼聖宗耶律隆緒和仁德皇后、欽愛皇后的永慶陵，遼興宗耶律宗真和仁懿皇后的永興陵，遼道宗耶律弘基和宣懿

皇后的永福陵。位於今内蒙古自治區巴林右旗索博日嘎（白塔子）鎮西北約十餘公里的瓦林茫哈地方。聖宗永慶陵中保存有壁畫，繪有人物、山水，尤以象徵四時捺鉢的四季山水圖彌足珍貴。三陵出土遺物多已散失，今僅存部分石刻哀册。其中漢文哀册有聖宗、仁德皇后、欽愛皇后、道宗、宣懿皇后的各一合，仁懿皇后哀册僅存篆蓋。契丹小字哀册有道宗、宣懿皇后的各一合。1922 年還從陵中抄寫出興宗和仁懿皇后的契丹小字哀册册文，原石仍埋墓中。

[2]耶律燕哥（？—1095）：字善寧，季父房之後。祖先鐸穩，是太祖異母弟。清寧間燕哥爲左護衛太保。大康初樞密使耶律乙辛以燕哥爲耳目，拜左夷离畢。乙辛殺害忠良，多燕哥之謀。本書卷一一〇有傳。

[3]林牙：契丹官名。掌文翰，相當於翰林學士。

[4]蕭撻不也：與被殺於大康三年（1077）的蕭撻不也同姓名。　蕭酬斡（？—1116）：字訛里本，國舅少父房之後。年十四，尚越國公主，拜駙馬都尉。後因皇后蕭坦思（酬斡妹）失寵，詔酬斡與公主離婚，籍興聖宫，流烏古敵烈部。天慶中以妹復尊爲太皇太妃，召酬斡爲南女直詳穩，遷征東副統軍。天慶六年（1116）東京高永昌叛，酬斡力戰，歿於陣。本書卷一〇〇有傳。

六月辛亥，阻卜來貢。[1]丁巳，以北府宰相、遼西郡王蕭余里也爲西北路招討使。[2]已未，遣使録囚。是月，放進士劉瓘等百一十三人。

[1]阻卜：即達旦、韃靼。元人諱言達旦，而稱達旦爲阻卜。詳王國維《觀堂集林》卷一四《達旦考》。

[2]蕭余里也：字訛都碗，外戚蕭孝穆之子。清寧初補祇候郎君，尚鄭國公主，拜駙馬都尉，累遷南面林牙。咸雍中有人告余里也與族人尤哲謀害耶律乙辛，經按問雖無此事，仍出爲寧遠軍節度

使。自後余里也揣乙辛意，傾心事之。大康初封遼西郡王。乙辛謀構陷皇太子，余里也多助成之。本書卷一一一有傳。

秋七月己卯，獵夾山。[1]

[1]夾山：即今內蒙古土默特左旗東北、武川縣西南之大青山。據陳得芝《耶律大石北行史地雜考》（《歷史地理》第二輯），夾山應在天德軍附近之漁陽嶺以北。據《長春真人西遊記》漁陽嶺在豐州之西五十里，當即呼和浩特西北之吳公壩。是夾山應指吳公壩北武川縣附近地區。

八月庚申，命有司撰《太宗神功碑》，立於南京。

九月己卯，詔諸路毋禁僧徒開壇。[1]壬午，禁扈從擾民。

[1]開壇：僧道開展宗教生活或舉行祈禱法事的場所。

冬十月戊戌，夏國遣使來貢。[1]己亥，駐蹕獨盧金。[2]壬子，詔惟皇子仍一字王，餘並削降。丁巳，振平州貧民。[3]己未，以趙王楊績爲遼西郡王，魏王耶律乙辛降封混同郡王，吳王蕭韓家奴蘭陵郡王，[4]致仕。

[1]夏國（1038—1227）：以党項民族爲主體建立的政權。公元1038年，元昊叛宋稱帝，建立大夏王朝，傳十代，至1227年爲蒙古所滅。元昊稱帝以前，作爲北宋境內的地方割據政權，已經具有獨立性。史稱西夏，先後與遼、北宋及金、南宋並立於中國境內。境土包括今寧夏回族自治區全部、甘肅省大部、陝西省北部以

及青海省、内蒙古自治區的部分地區。

[2]獨盧金：地名。在遼西京大同府雲中縣境内。傅樂煥《春水秋山考》："《遼史》雲獨盧金，《長編》作雲中甸，名雖有異，地實相同。文彦博《潞公集》卷七《贈國信畢少卿仲衍》詩有云：'朔風不度龍沙遠，只向雲中講信回。'仲衍使遼在元豐二年，當遼大康五年。檢是年《遼紀》道宗亦駐蹕獨盧金。知獨盧金與雲中甸確指同一地點。獨盧金《遼史》不詳所在，由前後相關地名準之，知在西京境内。今悉又稱雲中甸，雲中爲遼西京大同府倚郭縣，雲中甸即謂雲中縣境郊野之地。"（見《遼史叢考》第48頁）

[3]平州：唐置，治所在今河北省盧龍縣。

[4]蕭韓家奴（？—1078）：奚長渤魯恩之後。曾任奚六部大王。清寧初歷南京統軍使、北院宣徽使，封蘭陵郡王。九年（1063）重元亂平，以功遷殿前都點檢，封荆王。咸雍二年（1066）遷西南面招討使。大康初皇太子爲耶律乙辛所誣構，幽於上京。韓家奴上書力言其冤，不報。四年復爲西南面招討使。本書卷九六有傳。

十一月丁丑，召沙門守道開壇於内殿。癸未，復南京流民差役三年，被火之家免租税一年。

十二月丙午，彗星犯尾。乙卯，幸西京。[1]戊午，行再生禮，[2]赦雜犯死罪以下。[3]

[1]西京：即今山西省大同市。

[2]再生禮：契丹傳統禮儀之一。據本書卷一一六《國語解》載，依契丹故俗，此種禮儀每隔十二年舉行一次，而且祇有皇帝、太后、太子及夷离堇得行此禮。這是與選汗儀式同時舉行的禮儀，十分煩瑣。

[3]死罪以下：較死罪爲輕的罪刑，即笞、杖、徒、流之罪。

六年春正月癸酉，如鴛鴦濼。[1]辛卯，耶律乙辛出知興中府事。[2]

[1]鴛鴦濼：湖名。在今北京市延慶區境内。舊時周八十里。其水停積不流，自遼金以來，爲飛放之所。即今野鴨湖。
[2]興中府：治所在今遼寧省朝陽市。

三月庚寅，封皇孫延禧爲梁王，[1]忠順軍節度使耶律頗德南院大王，耶律仲禧南院樞密使，[2]户部使陳毅參知政事。

[1]梁王：遼皇位繼承人的封號。
[2]南院樞密使：即漢人樞密院之樞密使。爲南面官最高官職。詳見本書卷四七《百官志三》。　耶律仲禧南院樞密使：【劉校】中華點校本校勘記載："此事已見咸雍九年八月。既非再任，當是重出。"

夏四月乙卯，獵炭山。[1]

[1]炭山：山名。據《新五代史》卷七二《四夷附録第一》："漢城在炭山東南灤河上，有鹽鐵之利，乃後魏滑鹽縣也。其地可植五谷，阿保機率漢人耕種，爲治城郭、邑屋、廛市如幽州制度，漢人安之，不復思歸。"另據本書卷四一《地理志·西京道》，炭山在歸化州，即武州（今河北省張家口市宣化區）。

五月壬申，免平州復業民租賦一年。[1]庚寅，以旱，禱雨，命左右以水相沃，俄而雨降。

[1]復業民：逃亡歸來之民。

六月戊戌，駐蹕納葛濼。戊申，以度支使王績參知政事。庚戌，女直遣使來貢。[1]

[1]女直：本作女真，因避遼興宗耶律宗真名諱，改稱女直。遼時居東北東部。在南者入遼籍，稱熟女真，或合蘇館女真；在北者不入遼籍，稱生女真。

秋七月戊辰，觀市。癸未，爲皇孫梁王延禧設旗鼓挩剌六人衛護之。[1]甲申，獵沙嶺。

[1]挩剌：契丹語“走卒”謂之“挩剌”，後爲軍官名。有掌旗鼓者，稱“旗鼓挩剌”，還有專司偵候、探報等職者。

閏九月壬寅，[1]祠木葉山。[2]己酉，駐蹕藕絲淀。[3]

[1]閏九月壬寅：【劉校】據中華點校本校勘記，“閏”字原脫。依本書卷四四《曆象志下·朔考》，九月庚申朔，無壬寅、己酉；閏九月庚寅朔，壬寅十三日，己酉二十日。據補。

[2]木葉山：山名。契丹語稱“大”爲“木葉”。“木葉山”可以泛指任何“大山”，也可專指某一大山爲“木葉山”。此處指永州境內一座山，契丹人視此山爲神山，其地在今內蒙古自治區翁牛特旗新蘇莫蘇木的西拉木倫河與老哈河匯合處一帶。“上建契丹始祖廟，奇首可汗在南廟，可敦（可汗之妻）在北廟，繪塑二聖并八子神像。”詳見本書卷三七《地理志一》“永州”條。

[3]藕絲淀：即廣平淀，藕絲是阿斯的異譯。契丹語寬大曰阿

斯。在永州東南三十里，爲遼中期以後冬捺鉢所在地。詳本書卷三二《營衛志中》。

冬十月己未朔，省同知廣德軍節度使事，[1]命奉先軍節度使兼巡警乾、顯二州。[2]丁卯，耶律仁傑出爲武定軍節度使。庚午，參知政事劉詵致仕。癸酉，以陳毅爲漢人行宮都部署，[3]王績同知樞密院事。辛巳，回鶻遣使來貢。[4]

[1]廣德軍：乾州軍號。乾州州治爲今遼寧省北鎮市廣寧鎮小常屯遼城址。

[2]奉先軍：顯州軍號。顯州州治在今遼寧省北鎮市。

[3]漢人行宮都部署：遼在北、南面官系統中，分別設契丹行宮都部署和漢人行宮都部署，其上則有諸行宮都部署。行宮都部署完全是做中原王朝官制設置的，它不同於專管斡魯朵事務的某宮都部署的宮官。宋朝皇帝巡幸亦有行宮，且亦有行宮都部署之設。後避英宗趙曙名諱，改稱行宮都總管。詳本書卷四七《百官志三》。

[4]回鶻：中國北方與西北古代民族名。又名回紇。原爲鐵勒，公元8世紀40年代，骨咄祿毗伽可汗曾建立了回鶻汗國。公元840年左右，回鶻汗國崩潰。除一部分人南下附屬唐朝外，其餘分三支向西北遷徙，和西域原住的同族人匯合，而先後建成高昌回鶻、河西回鶻（甘州回鶻）和喀喇汗王朝（黑汗王朝）三個政權。回鶻西遷後，和中原諸王朝仍然保持着密切關係。甘州回鶻對五代、北宋朝貢不絕；高昌回鶻曾同時爲遼朝及北宋的屬國。

十一月己丑朔，日有食之。癸卯，召群臣議政。

十二月甲子，以耶律特里底爲孟父敞穩。[1]乙丑，以蕭撻不也爲北府宰相，耶律世遷知北院樞密使事，耶律慎思同知北院樞密使事。庚午，免西京流民租賦一年。甲戌，減民賦。丁亥，豫行正旦禮。戊子，如混同江。

[1]孟父：契丹以玄祖之後爲皇族，分爲三房：孟父房、仲父房和季父房。

七年春正月戊申，五國部長來貢。[1]甲寅，女直貢良馬。

[1]五國部：遼東北部族名。越里篤、剖阿里、奧里米、蒲奴里和越里吉，統稱五國部。

二月甲子，如魚兒濼。

夏五月壬子，駐蹕嶺西。癸丑，有司奏永清、武清、固安三縣蝗。[1]甲寅，以蕭撻不也兼殿前都點檢，[2]蕭酬斡爲漢人行宮都部署兼知樞密院事。

[1]永清：治所在今河北省永清縣。　武清：治所在今天津市武清區。　固安：治所在今河北省固安縣。
[2]殿前都點檢：官名。五代後周世宗設置殿前司，以都點檢、副都點檢爲正副長官，位在都指揮使之上，爲禁軍統帥。宋初廢。遼設殿前都點檢，爲南面軍官，當係模倣周制。

六月甲子，詔月祭觀德殿，歲寒食，諸帝在時生辰及忌日，詣景宗御容殿致奠。丙寅，阻卜余古報來貢。丁卯，以翰林學士王言敷參知政事，封北院宣徽使石篤漆水郡王。[1]

[1]宣徽使：遼朝官名。遼設北、南宣徽，分隸北、南樞密院之下。宣徽北院使常執行軍事使命。此外，宣徽使還掌領朝會、宴饗、禮儀、祭祀及於前祗應之事。

秋七月戊子，如秋山。丙申，謁慶陵。

八月丁卯，射鹿赤山，加圍場使涅葛爲靜江軍節度使。[1]

[1]靜江軍：治桂州，在今廣西壯族自治區桂林市。因其不在遼朝境內，爲遙授。

九月戊子，次懷州，命皇后謁懷陵。[1]辛卯，次祖州，[2]命皇后謁祖陵。[3]乙巳，駐蹕藕絲淀。

[1]懷陵：遼太宗、穆宗之陵。其址位於懷州境內。大同元年（947）遼置懷州奉陵軍，治所在今內蒙古自治區巴林右旗幸福之路蘇木崗根嘎查古城址。州隸永興宮。

[2]祖州：遼代地名。治所在今內蒙古自治區巴林左旗林東鎮西南查干哈達蘇木石房子嘎查，因係阿保機祖先出生之地，故名。遼在此置祖州天成軍。

[3]祖陵：遼太祖耶律阿保機的葬所。遼官名。位於祖州西五里，其地在今內蒙古自治區巴林左旗查干哈達蘇木石房子嘎查。

冬十月戊辰，以惕隱王九爲南院大王，[1]夷离畢奚抄只爲彰國軍節度使。[2]

[1]惕隱：契丹官名。又稱梯里己，掌皇族政教。

[2]彰國軍：應州軍號。在今山西省應縣。

十一月乙酉，詔歲出官錢，振諸宮分及邊戍貧戶。[1]丁亥，幸駙馬都尉蕭酬斡第，方飲，宰相梁穎諫曰：“天子不可飲人臣家。”上即還宮。己亥，高麗遣使來貢。[2]辛亥，除絹帛尺度狹短之令。[3]

[1]宮分：亦稱宮戶、宮分戶。他們是隸屬宮分而不隸州縣的人戶。宮分人戶有宮籍，多是統治者的私奴。宮籍是世襲的，未經統治者宣佈廢除，子孫則世代爲宮分人戶。遼亡之後，諸宮衛機構雖已不存，但那些宮戶、宮分人的身份並未改變，他們仍隸宮籍。於是，金朝始有宮籍監之設，用以管理這些宮戶，並依照新機構的名稱，稱他們爲“宮籍監戶”或“監戶”。

[2]高麗：指王建創建的高麗王朝（918—1392）。統治地域在今朝鮮半島，首都在開京（今朝鮮開城市）。

[3]除絹帛尺度狹短之令：咸雍七年（1071）四月有令：“禁布帛短狹不中尺度者。”現廢除，可入市交易。

十二月丁卯，武定軍節度使耶律仁傑以罪削爵爲民。辛未，知興中府事耶律乙辛以罪囚於來州。[1]

[1]來州：遼聖宗時置，治所在來賓縣（今遼寧省綏中縣西南前衛鎮）。轄境相當於今遼寧省綏中縣西南一帶。《武經總要》前

集卷一六下《戎狄舊地》：來州，號歸德軍。女真國五部落相率來降，胡中因建州以居之。【劉校】"來"原作"萊"。據本書卷三九《地理志三》改。參中華點校本卷一六校勘記。

　　八年春正月甲申，如混同江。丁酉，鐵驪、五國諸長各貢方物。[1]

　　[1]鐵驪：族名。遼置鐵驪國王府，以統其衆。其地當今黑龍江省東部松花江流域。

　　二月戊午，如山榆淀。辛酉，詔北、南院官，凡給驛者必先奏聞。貢新及奏獄訟方許馳驛，[1]餘並禁之。己巳，夏國獲宋將張天一，[2]遣使來獻。壬申，以耶律頗德爲南府宰相兼知北院樞密使，[3]燕哥爲惕隱，蕭撻不也兼知契丹行宮都部署事。

　　[1]貢新：進貢新熟農産品，如新茶、新米等。
　　[2]宋將張天一：【劉校】據中華點校本校勘記，本書卷一一五《西夏外記》作"張天益"。
　　[3]耶律頗德：【劉注】即耶律頗的，字撒版，季父房奴瓜之孫。本書卷八六有傳。

　　三月庚戌，黃龍府女直部長朮乃率部民內附，[1]予官，賜印綬。[2]是月，詔行秬黍所定升斗。[3]

　　[1]黃龍府：治所在今吉林省農安縣。
　　[2]印綬：印信和繫印信的絲帶。古人印信上系有絲帶，佩帶

在身，是其身份的標誌。《舊唐書》卷一七〇《裴度傳》：“帶丞相之印綬，所以尊其名；賜諸侯之斧鉞，所以重其命。”

[3]行秬黍所定升斗：黍是古時度量衡定制的基本依據。長度即取黍的中等子粒，以一個縱黍爲一分，百黍即一尺；容量千有二百黍爲一合，十合爲一升；重量千有二百黍重十二銖，二十四銖爲一兩。參《漢書·律曆志上》。

夏四月壬戌，以耶律世遷爲上京留守。

六月辛亥朔，駐蹕納葛濼。[1]丙辰，夏國遣使來貢。丁巳，以耶律頗德爲北院樞密使，耶律巢哥南府宰相，劉筠南院樞密使，蕭撻不也兼知北院樞密使事，王績漢人行宮都部署，蕭酬斡國舅詳穩。乙丑，阻卜長來貢。丙子，以耶律慎思知右夷离畢事。

秋七月甲午，如秋山。南京霖雨，沙河溢永清、歸義、新城、安次、武清、香河六縣，[2]傷稼。

[1]納葛濼：據傅樂煥考證“當即今熱河經棚縣（今内蒙古自治區克什克騰旗駐地經棚鎮）西之達里濼。在遼上京之南”（參《遼史叢考》第84頁）。

[2]歸義：縣名。治所在今河北省雄縣。　新城：縣名。治所在今河北省高碑店市。　安次：縣名。治所在今河北省廊坊市。武清：縣名。治所在今天津市武清區。　香河：縣名。治所在今河北省香河縣。

九月庚寅，謁慶陵。丁未，駐蹕藕絲淀。大風雪，牛馬多死，賜扈從官以下衣、馬有差。

冬十月乙卯，詔化哥傅導梁王延禧，[1]加金吾衛大

[1]化哥：即耶律化哥。字弘隱，孟父楚國王之後。乾亨初爲北院林牙。統和四年（986）拜上京留守，遷北院大王。十六年侵宋，爲先鋒，以功遷南院大王，不久改任北院樞密使。開泰元年（1012）伐阻卜，以功封豳王。伐阻卜過程中掠阿薩蘭回鶻，諸蕃由此不附。聖宗遣使按問，削其王爵。本書卷九四有傳。

十一月壬午，以乙室大王蕭何葛爲南院宣徽使、權知奚六部大王事，[1]圖趕爲本部大王。

[1]乙室：契丹部族名。遙輦氏阻午可汗時始置爲部。隸南府，駐守西南境。

十二月癸丑，烏古敵烈統軍使耶律馬五爲北院大王。庚申，降皇后爲惠妃，出居乾陵。

九年春正月辛巳，如春水。

夏四月丙午朔，大雪，平地丈餘，馬死者十六七。

五月，如黑嶺。[1]

[1]黑嶺：即慶雲山。據本書卷三七《地理志一》，慶州有慶雲山，"本黑嶺也，聖宗駐蹕，愛羨，曰：'吾萬歲後，當葬此。'興宗遵遺命，建永慶陵。有望仙殿、御容殿。置蕃、漢守陵三千户，並隸大内都總管司"。

六月己未，駐蹕散水原。甲子，以耶律阿思爲契丹行宮都部署，耶律慎思北院樞密副使。庚午，詔諸路檢括脱户,[1]罪至死者原之。

[1]脱户：《唐律疏議》卷一二《户婚律》："諸脱户者，家長徒三年。無課役者減二等，女户又減一二等。"疏義曰："率土黔庶皆有籍書，若一户之内盡脱漏不附籍者，所由家長合徒三年。身及户内並無課役者減二等，徒二年。若户内並無男夫，直以女人爲户而脱者，又減一二等，合杖一百。"依據唐律，脱户如係家長之責，最高刑罰徒三年而已。因脱户而罪至死，當是遼代法律。

閏月丁丑，以漢人行宫副部署可汗奴爲南院大王。戊寅，追謚庶人濬爲昭懷太子。丁亥，阻卜來貢。己丑，以知興中府事邢熙年爲漢人行宫都部署，漢人行宫都部署王績爲南院樞密副使。

秋七月乙巳，獵馬尾山。丁巳，謁慶陵。癸亥，禁外官部内貸錢取息及使者館于民家。

八月，高麗王徽薨。[1]

[1]八月，高麗王徽薨：據《高麗史》卷九《世家卷第九·文宗三》載，徽壽六十五，在位三十七年，薨於是年（遼大康九年，1083）七月辛酉。

九月癸卯朔，日有食之。己酉，射熊于白石山，加圍場使涅葛左金吾衛大將軍。己巳，以高麗王徽子三韓國公勳權知國事。辛未，五國部長來貢。壬申，召北、南樞密院官議政事。

冬十月丁丑，謁觀德殿。己卯，南院樞密使劉筠薨。壬辰，混同郡王耶律乙辛謀亡入宋，伏誅。[1]

[1]耶律乙辛謀亡入宋，伏誅：據本書卷一一〇本傳：大康七年（1081）冬，"坐以禁物鬻入外國，下有司議，法當死。乙辛黨耶律燕哥獨奏當入八議，得減死論，擊以鐵骨朵，幽於來州。後謀奔宋及私藏兵甲事覺，縊殺之"。

十一月丙午，進封梁王延禧爲燕國王，大赦。以南院宣徽使蕭何葛爲南府宰相，三司使王經參知政事兼知樞密事。[1]甲寅，詔僧善知讎校高麗所進佛經，頒行之。己未，定諸令史、譯史遷敘等級。

[1]三司使：唐宋以鹽鐵、度支、户部爲三司，主理財賦。其長官爲三司使。《通鑑》卷二六五唐昭宣帝天祐三年（906）三月戊寅："以朱全忠爲鹽鐵、度支、户部三司都制置使。三司之名始於此。"遼代在南京設三司使司。此外，在上京設鹽鐵使司，東京設户部使司，中京設度支使司，西京設計司。

十二月丁亥，以邢熙年知南院樞密使事。辛卯，以王言敷漢人行宮都部署。高麗三韓國公王勳薨。
是年，御前放進士李君裕等五十一人。[1]

[1]放進士李君裕等五十一人：【劉注】《時立愛墓誌銘》"大康九年，登進士第"。《金史》卷七八《時立愛傳》"遼大康九年，中進士第"。可知，五十一人中包括時立愛。

十年春正月辛丑朔，如春水。丙午，復建南京奉福寺浮圖。[1]戊辰，如山楡淀。

[1]奉福寺：《日下舊聞考》卷三七載："今城外白雲觀西南有廣恩寺，即遼金奉福寺。" 浮圖：此指佛塔。《吳都文粹》卷九陸絳《新建佛殿記》："姑蘇走百里有邑常熟，邑西偏有佛宇曰寶嚴，即梁天監中所建也。倚山面湖，秀若屏障。嘗有希辯師者心悟大乘，是焉棲處。錢氏伯國時以名聞，召歸餘杭，錢氏獻土，隨詔請見，賜紫方袍，號曰惠明大師。既而厭居京國，歸隱舊刹，錢氏以師人境俱勝，復施金五百兩造七級浮圖。"

二月庚午朔，萌古國遣使來聘。[1]

[1]萌古：即蒙古。

三月戊申，遠萌古國遣使來聘。丁巳，命知制誥王師儒、牌印郎君耶律固傅導燕國王延禧。[1]

[1]王師儒（1040—1101）：范陽人。父諱祁，重熙七年（1038）二十一歲舉進士狀元第。師儒"年二十有六舉進士，屈於丙科"（《全遼文》第291頁）。蘇轍元祐四年（遼大安五年，1089）使遼，"彼以其侍讀學士王師儒館伴。師儒稍讀書，能道先君及子瞻所爲文，曰'恨未見公全集'。然亦既誦《服伏苓賦》等"（《欒城後集》卷一二《潁濱遺老傳》）。他主張維持與宋和好。據《長編》卷五〇三載，宋哲宗元符元年（遼壽昌四年，1098）冬十月乙亥朔，"雄州奏契丹新置魏州，欲徙上等户二千以實之。宰相王師儒以爲不可，力諫不從，退而自刺其腹。賴左右救止，微傷而已。遼主遽從其言，仍賜壓驚錢三千緡，加三官"。

夏四月丁丑，女直貢良馬。

五月壬戌，駐蹕散水原。乙丑，阻卜來貢。丙寅，降國舅詳穩班位在敞穩之下。

六月壬辰，禁毀銅錢爲器。

秋七月甲辰，如黑嶺。

九月癸亥，駐蹕藕絲淀。

冬十二月乙未，改慶州大安軍曰興平。是月，改明年爲大安，赦雜犯死罪以下。

大安元年春正月丁酉，如混同江。癸卯，王績知南院樞密使事，邢熙年爲中京留守。戊申，以樞密直學士杜公謂參知政事。[1]庚戌，五國酋長來貢良馬。

[1]杜公謂：【劉校】原本作“杜公疑”，中華修訂本稱據明抄本、南監本、北監本和殿本改。今從。

二月辛未，如山榆淀。

夏四月乙酉，宋主頊殂，子煦嗣位，[1]使來告哀。辛卯，西幸。

[1]宋主頊殂，子煦嗣位：據《宋史》卷一七《哲宗本紀》元豐八年（遼大安元年，1085）三月戊戌，“神宗崩，太子即皇帝位”。

六月戊辰，駐蹕拖古烈。[1]壬申，以王績爲南府宰相，蕭撻不也兼知南院樞密使事。丁丑，遣使弔祭于宋。戊寅，宋遣王真、甄祐等饋其先帝遺物。[2]

[1]拖古烈：山名，又作犢山，在永安山附近。遼朝夏捺鉢即依此山而設。宋代沈括於熙寧八年（遼大康元年，1075）使遼，當年五月至遼廷——道宗的夏捺鉢。其《熙寧使虜圖抄》（《永樂大典》卷一〇八七七）載："西與北皆山也，其北山，庭之所依者曰'犢兒'。"

[2]王真：【劉校】據中華點校本校勘記，《長編》作"王震"，《宋史》卷三二〇有傳。

秋七月乙巳，遣使賀宋主即位。戊午，獵於赤山。

八月丁卯，幸慶州。戊辰，謁慶陵。

冬十月癸亥，駐蹕好草淀。戊辰，夏國王李秉常遣使報其母梁氏哀。[1]甲申，以蕭撻不也爲南院樞密使。

[1]夏國王：【靳注】原本作"夏國主"，據上下文意改。　李秉常：夏國王。公元1067年至1086年在位。七歲繼位，母梁太后攝政，梁乙埋任國相。改行蕃禮。1076年親政，又下令以漢禮代替蕃禮。這項措施雖得到皇族的支持，但遭到朝中后黨的強烈反對，無法施行。梁太后並將秉常囚禁，後迫於擁帝勢力的強大，又讓其復位。死於公元1086年，廟號惠宗。

十一月乙未，詔："比者外官因譽進秩，[1]久而不調，民被其害。今後皆以資給遷轉。"丁酉，以南女直詳穩蕭袍里爲北府宰相。辛亥，史臣進太祖以下七帝《實錄》。丙辰，遣使冊三韓國公王勳弟運爲高麗國王。[2]己未，詔僧尼無故不得赴闕。

[1]進秩：增加廩給。

　　[2]冊三韓國公王勳弟運：【劉校】據中華點校本校勘記，
"弟"原誤"子"，依《高麗史》卷七改。今從。　王勳、王運：
【靳注】王勳，高麗順宗。文宗王徽子。在位僅數月即卒。王運，
高麗宣宗。文宗第二子，順宗母弟。

　　十二月甲戌，宋遣蔡卞來謝弔祭。
　　二年春正月辛卯，如混同江。己酉，五國諸部長來
貢。癸丑，召權翰林學士趙孝嚴、知制誥王師儒等講
《五經》大義。[1]

　　[1]《五經》：五部儒家經典，即《詩》《書》《易》《禮》《春
秋》。

　　二月癸酉，駐蹕山榆淀。是月，太白犯歲星。[1]

　　[1]太白犯歲星：太白即金星。又名啟明、長庚。歲星爲木星。
古代星象家以爲太白星主殺伐，故多以喻兵戎。"太白犯歲星"表
明將要發生戰爭。

　　三月乙酉，女直貢良馬。
　　夏四月戊戌，北幸。癸丑，遣使加統軍使蕭訛都斡
太子太保，[1]裨將老古金吾衛大將軍，蕭雅哥靜江軍節
度使，耶律燕奴右監門衛大將軍，仍賜賚諸軍士。

　　[1]蕭訛都斡：國舅少父房之後。咸雍中補牌印郎君。大康三
年（1077）樞密使耶律乙辛令護衛太保耶律查剌誣告耶律撒剌等謀
廢立。訛都斡迎合乙辛旨意，坐實其事。後與乙辛議論不合，被

誅。本書卷一一一有傳。

五月丁巳朔，以牧馬蕃息多至百萬，賞群牧官，[1]以次進階。乙亥，駐蹕納葛濼。戊寅，宰相梁穎出知興中府事。[2]是月，放進士張轂等二十六人。[3]

[1]群牧：契丹專門管理畜群的機構。諸路設群牧使司，下設某群太保、某群侍中、某群敞史，朝廷設總典群牧使司，有總典群牧部籍使、群牧都林牙。以“群”爲單位設某群牧司，設群牧使、群牧副使。此外，還有衹管理馬及牛群的機構。遼亡之後，金稱契丹群牧爲“烏魯古”。

[2]梁穎（1025—1088）：【劉注】涿州范陽（今河北省涿州市）人。字秀卿。“曾祖諱琬，不仕。曾祖母劉氏。祖諱謙，贈昭義軍節度使、同中書門下平章事。祖母齊氏，贈鄭國太夫人。父諱世雄，贈安國軍節度使兼侍中。以能刑名、善決訟有名於時，辨疑獄、雪冤枉不可勝數。母陳氏，贈魯國太夫人。梁穎年二十餘，與諸生切磋相學問，號能辭賦。重熙二十四年（1055）興廟御清涼殿，以三題考群進士，其所作合格入選，中得進士第，試職於外，以幹濟聞。經十四年十三遷而爲副都承旨，由昭文館直學士提點大理寺，遂爲樞密直學士，又四遷爲樞密副使。是時，張孝傑與樞密使耶律英弼，姦橫相表里，招權利顧，金錢爭納，四方遺賂，引置邪佞，譴逐賢士大夫。上稍聞知，欲退之，事無所發。梁穎性剛嫉惡，日與孝傑爭曲直，以氣乘之不少假。上知公勁直可大用，大康六年冬出孝傑爲武定軍節度使，遂拜公門下侍郎、同中書門下平章事、知樞密院事、監修國史。”其事蹟詳載《梁穎墓誌銘》。

[3]張轂：【劉注】據《張懿墓誌銘》，張轂爲張懿之弟，“其先燕都淅津人也。曾翁庭美，不仕。祖翁利涉，進士登第，寓居白霫，因通權於昇平縣，客官案上貫其戶籍。未歷職而不禄。張轂頗

好聽讀，進士。妻劉氏。子女三：女二。長曰松哥，適楊才，蚤逝；次曰師姑，適進士李天羽。男一，諱角，進仕，妻王氏"。

六月丁亥朔，以左夷离畢耶律坦爲惕隱，知樞密院事耶律斡特剌兼知左夷离畢事。[1]丙申，阻卜來朝。癸卯，遣使按諸路獄。甲辰，以同知南京留守事耶律那也知右夷离畢事。乙巳，阻卜酋長余古赧及愛的來朝，詔燕國王延禧相結爲友。[2]戊申，以契丹行宮都部署耶律阿思兼知北院大王事。[3]壬子，高墩以下、縣令、録事兄弟及子，[4]悉許敘用。

[1]耶律斡特剌（1036—1105）：許國王寅底石六世孫。字乙辛隱。大安四年遷知北院樞密使事，賜翼聖佐義功臣。兩度出任西北路招討使，討伐耶睹刮部，因功加守太保，賜奉國匡化功臣。本書卷九七有傳。據契丹小字《許王墓誌》，封爵爲許王，死於乾統五年，享年七十歲。

[2]友：即蒙古人所説的"那可兒""伴當"，也就是首領的親兵。【劉注】這裏的"友"應理解爲朋友。

[3]耶律阿思（1033—1108）：【劉注】據漢字《耶律祺墓誌銘》殘石和契丹大字《耶律祺墓誌銘》，阿思爲契丹大字小名正来的音譯，確切的譯法應爲"阿思里"，第二個名爲𠀤丙（撒班），漢名爲祺。其最後身份是于越守太師尚父齊王。卒於乾統八年（1108）正月二十三日，享年七十五歲。本書卷七六有傳。

[4]高墩以下：言契丹官員級別。本書卷一一六《國語解》："遼《排班圖》，有高墩、矮墩、方墩之列。自大丞相至阿紮割只，皆墩官也。"朝會時，臣僚有坐有立，所謂墩官，即在朝會時可就座者，因此，宋人陸游《老學庵筆記》卷八徑稱高墩官爲高座官；

"契丹僭號有高坐官。"地位顯然比侍立者高。宋使路振於大中祥符元年（遼統和二十六年，1008）使遼，遼聖宗在中京大内武功殿上接見。他在《乘軺録》（《宋朝事實類苑》卷七七）中記載聖宗見宋使的儀式説聖宗"左右侍立凡數人，皆胡豎。黄金飾抔案，四面懸金紡絳絲結網而爲案帳。漢官凡八人，分東西偏而坐，坐皆繡墩"。

　　秋七月丁巳，惠妃母燕國夫人削古以厭魅梁王事覺，[1]伏誅，子蘭陵郡王蕭酬斡除名，置邊郡，仍隸興聖宮。[2]戊午，獵沙嶺。甲子，賜興聖、積慶二宮貧民錢。[3]乙酉，出粟振遼州貧民。[4]

　　[1]厭魅：亦作"厭媚"。用迷信方法祈禱鬼神以迷惑或傷害別人。本書卷一〇七《耶律奴妻蕭氏傳》："嘗與娣姒會，爭言厭魅以取夫寵。"
　　[2]興聖宮：聖宗宮分。
　　[3]積慶宮：世宗宮分。
　　[4]遼州：治所在今山西省左權縣。

　　八月戊子，以雪罷獵。
　　九月庚午，還上京。壬申，發粟振上京、中京貧民。丙子，謁二儀、五鸞二殿。己卯，出太祖、太宗所御鎧仗示燕國王延禧，諭以創業征伐之難。辛巳，召南府宰相議國政。
　　冬十月乙酉朔，以樞密副使竇景庸知樞密院事。丙戌，五國部長來貢。丁亥，以夏國王李秉常薨，遣使詔其子乾順知國事。[1]

[1]乾順：即夏崇宗李乾順（1083—1139）。西夏第四代皇帝。三歲即位。母梁氏，與弟乙逋擅政。永安元年（1099），梁太后死，乾順親政，年十七，謹事遼朝，但與宋交惡。遼以宗室女封公主下嫁。遼亡前夕，他曾出兵援遼，後臣於金。

十一月甲戌，爲燕國王延禧行再生禮，曲赦上京囚。[1]戊寅，高麗遣使謝封册。癸未，出粟振乾、顯、成、懿四州貧民。[2]

[1]曲赦：猶特赦。《通鑑》卷八三晉惠帝元康元年（291）八月“曲赦洛陽”，胡三省注曰：“不普赦天下而獨赦洛陽，故曰曲赦。”

[2]成州：【劉注】今遼寧省阜新蒙古族自治縣紅帽子鄉駐地紅帽子村古城址爲遼代成州。　懿州：【劉注】治所在今遼寧省阜新蒙古族自治縣塔營子鎮塔營子村古城址爲遼代懿州。

十二月辛卯，以蘭陵郡王蕭撻不也爲南院樞密使。[1]己亥，夏國王李乾順遣使上其父遺物。

[1]以蘭陵郡王蕭撻不也爲南院樞密使：【劉校】據中華點校本校勘記，此與大安元年（1085）十月所記重出。

（李錫厚注　劉鳳翥校）

遼史　卷二五

本紀第二十五

道宗五

　　三年春正月乙卯，如魚兒濼。[1]甲戌，出錢粟振南京貧民，仍復其租賦。己卯，大雪。

　　[1]魚兒濼：又稱長濼、長泊。在長春州境内，位於今吉林省前郭爾羅斯蒙古族自治縣西北部。

　　二月丙戌，發粟振中京饑。甲辰，以民多流散，除安泊逃户徵償法。

　　三月乙卯，高麗遣使來貢。[1]己未，免錦州貧民租一年。[2]甲戌，免上京貧民租如錦州。庚辰，女直貢良馬。[3]

　　[1]高麗：指王建創建的高麗王朝（918—1392）。統治地域在今朝鮮半島，首都在開京（今朝鮮開城市）。

　　[2]錦州：州城故址在今遼寧省北鎮市。本書卷三九《地理志三》載：“錦州，臨海軍，中，節度。本漢遼東無慮縣。”

　　[3]女直：本作女真，因避遼興宗耶律宗真名諱改稱女直。遼時居東北東部。在南者入遼籍，稱熟女真，或合蘇館女真；在北者不入遼籍，稱生女真。

　　夏四月戊子，賜中京貧民帛及免諸路貢輸之半。丙申，賜隈烏古部貧民帛。[1]庚子，如涼陘。甲辰，南府宰相王績薨。[2]乙巳，詔出户部司粟，振諸路流民及義州之饑。[3]

　　[1]隈烏古部：【劉校】中華點校本校勘記作“隈烏古部。按《紀》清寧九年七月及《營衛志》下並作隗烏古部”。這條校勘記有誤。首先《紀》清寧九年七月和《營衛志下》並沒有“隗烏古部”，其次“隗烏古部……並作隗烏古部”等於没有校勘。故修訂本删去這條校勘記。

　　[2]宰相：契丹部族官名。契丹可汗之下有北、南二府，各部族則分屬二府，分設宰相，故北宰相亦稱北府宰相，南宰相亦稱南府宰相。

　　[3]義州：【劉注】據劉鳳翥、王雲龍《契丹大字〈耶律昌允墓誌銘〉之研究》，遼代義州州城故址在今内蒙古自治區赤峰市元寶山區小五家子回族自治鄉大營子村。

　　五月庚申，海雲寺進濟民錢千萬。

　　秋七月丙辰，獵黑嶺。[1]丁巳，出雜帛賜興聖宮貧民。[2]庚午，大雨，罷獵。丁丑，秦越國王阿璉薨。[3]

[1]黑嶺：即慶雲山。據本書卷三七《地理志一》，慶州有慶雲山，"本黑嶺也，聖宗駐蹕，愛羨，曰：'吾萬歲後，當葬此。'興宗遵遺命，建永慶陵。有望仙殿、御容殿。置蕃、漢守陵三千户，並隸大内都總管司"。

[2]興聖宮：聖宗宮分。

[3]阿璉：即耶律弘世（？—1087）。興宗第三子。仁懿皇后生。重熙十七年（1048）封許王。清寧初徙陳王、秦王，進封秦越國王。清寧中出爲遼興軍節度使。咸雍間歷西京、上京留守。死於大安三年（1087），追封秦魏國王。

九月乙亥，駐蹕匣魯金。

冬十月庚辰，以參知政事王經爲三司使。[1]壬辰，罷節度使已下官進珍玩。癸卯，追封秦越國王阿璉爲秦魏國王。

[1]三司使：唐宋以鹽鐵、度支、户部爲三司，主理財賦。其長官爲三司使。《通鑑》卷二六五唐昭宣帝天祐三年（906）三月戊寅："以朱全忠爲鹽鐵、度支、户部三司都制置使。三司之名始於此。"遼代在南京設三司使司。此外，在上京設鹽鐵使司，東京設户部使司，中京設度支使司，西京設計司。

十一月甲寅，以惕隱耶律坦同知南京留守事，[1]遼興軍節度使耶律王九爲南府宰相。[2]

十二月己卯朔，以樞密直學士呂嗣立參知政事。

[1]惕隱：契丹官名。又稱梯里己，掌皇族政教。

[2]遼興軍：平州軍號。治所在今河北省盧龍縣。

四年春正月庚戌，如混同江。[1]甲寅，太白晝見。[2]
甲子，五國部長來貢。[3]庚午，免上京逋逃及貧户税賦。
甲戌，以上京、南京饑，許良人自鬻。丁丑，曲赦西京
役徒。[4]

[1]混同江：即松花江。
[2]太白：即金星，星名。又名啟明、長庚。古星象家以爲太
白星主殺伐，故多以喻兵戎。
[3]五國部：遼東北部族名。越里篤、剖阿里、奧里米、蒲奴
里和越里吉，統稱五國部。
[4]曲赦：猶特赦。《通鑑》卷八三晉惠帝元康元年（291）八
月"曲赦洛陽"，胡三省注曰："不普赦天下而獨赦洛陽，故曰
曲赦。"

二月己丑，如魚兒濼。甲午，曲赦春州役徒，終身
者皆五歲免。己亥，如春州。赦泰州役徒。[1]

[1]泰州：治所在今吉林省白城市東南。

三月乙丑，免高麗歲貢。己巳，振上京及平、錦、
來三州饑。[1]

[1]來州：【劉注】遼代來州州治在今遼寧省綏中縣前衛鎮駐
地前衛村古城址。

夏四月己卯，振蘇、吉、復、渌、鐵五州貧民，[1]
並免其租税。甲申，振慶州貧民。[2]乙酉，減諸路常貢

服御物。丁酉，立入粟補官法。癸卯，西幸。召樞密直學士耶律儼講《尚書・洪範》。[3]

[1]蘇州：【劉注】治所在今遼寧省大連市金州區金洲鎮舊城。

吉州：【劉注】治所在今遼寧省東港市北部某地。確址待考。

復州：【劉注】治所在今遼寧省瓦房店市西北部之復州鎮舊城區。

淥州：【劉注】治所在今遼寧省營口市老邊區二道溝鄉二道溝村東十里的原土城子村遼城址。　鐵州：【劉注】治所在今遼寧省大石橋市湯池鎮北湯池村古城址。

[2]慶州：治所在今內蒙古自治區巴林右旗索博日嘎鎮。

[3]耶律儼（？—1113）：析津（今北京市）人。字若思，本姓李氏。咸雍進士。壽昌初授樞密直學士，拜參知政事。修《皇朝實錄》七十卷。本書卷九八有傳。

五月辛亥，命燕國王延禧寫《尚書・五子之歌》。[1]乙卯，振祖州貧民。[2]丁巳，詔免役徒，終身者五歲免之。己未，振春州貧民。丙寅，禁挾私引水犯田。

[1]《尚書・五子之歌》：古文《尚書・夏書》中的一篇。夏太康失道，畋遊十旬不返，其弟五人待於洛河之濱，述大禹之誡，作《五子之歌》。

[2]祖州：遼代地名。治所在今內蒙古自治區巴林左旗林東鎮西南查干哈達蘇木石房子嘎查，因係阿保機祖先出生之地，故名。遼在此置祖州天成軍。

六月庚辰，駐蹕散水原。丁亥，命燕國王延禧知中丞司事，以同知南院樞密使事耶律聶里知右夷離畢，[1]

知右夷离畢事耶律那也同知南院樞密使事。[2]庚寅，北院樞密使耶律頗德致仕。

[1]夷离畢：契丹官名。爲執政官，相當於副宰相參知政事。後來官分南、北，北面官有夷离畢院，主要掌刑政。

[2]南院樞密使：即漢人樞密院之樞密使。爲南面官最高官職。詳見本書卷四七《百官志三》。

　　秋七月戊申，曲赦奉聖州役徒。[1]丙辰，遣使册李乾順爲夏國王。[2]庚申，如秋山。[3]己巳，禁錢出境。

[1]奉聖州：治所在今河北省涿鹿縣。

[2]夏國（1038—1227）：以党項民族爲主體建立的政權。公元 1038 年，元昊叛宋稱帝，建立大夏王朝，傳十代，至 1227 年爲蒙古所滅。元昊稱帝以前，作爲北宋境内的地方割據政權，已經具有獨立性。史稱西夏，先後與遼、北宋及金、南宋並立於中國境内。境土包括今寧夏回族自治區全部、甘肅省大部、陝西省北部以及青海省、内蒙古自治區的部分地區。

[3]秋山：即秋捺鉢。主要活動是狩獵，聖宗以後，其主要地點是慶州（今内蒙古自治區巴林右旗索博日嘎鎮）西部諸山。

　　八月庚辰，有司奏宛平、永清蝗爲飛鳥所食。[1]庚寅，謁慶陵。[2]

[1]宛平：遼南京析津府（今北京市）的附郭縣。　永清：治所在今河北省永清縣。

[2]慶陵：包括遼聖宗耶律隆緒和仁德皇后、欽愛皇后的永慶

陵，遼興宗耶律宗真和仁懿皇后的永興陵，遼道宗耶律弘基和宣懿皇后的永福陵。位於今內蒙古自治區巴林右旗索博日嘎（白塔子）鎮西北約十餘公里的瓦林茫哈地方。聖宗永慶陵中保存有壁畫，繪有人物、山水，尤以象徵四時捺鉢的四季山水圖彌足珍貴。三陵出土遺物多已散佚，今僅存部分石刻哀冊。其中漢文哀冊有聖宗、仁德皇后、欽愛皇后、道宗、宣懿皇后的各一合，仁懿皇后哀冊僅存篆蓋。契丹小字哀冊有道宗、宣懿皇后的各一合。現均存遼寧省博物館。1922 年還從陵中抄寫出興宗和仁懿皇后的契丹小字哀冊冊文，原石仍埋墓中。

　　冬十月丁丑，獵遼水之濱。己卯，駐蹕藕絲淀。[1]癸未，免百姓所貸官粟。己丑，知北院樞密使事耶律阿思封漆水郡王。[2] 癸巳，以乙室大王耶律敵烈知西北路招討使事，[3] 權知西北路招討使事蕭朽哥知乙室大王事。壬寅，詔諸部長官親鞫獄訟。

　　[1] 藕絲淀：即廣平淀。在永州（今内蒙古自治區翁牛特旗白音他拉古城）東南三十里，遼中期以後冬捺鉢所在地。詳本書卷三二《營衛志中》。契丹語寬大曰阿斯。"藕絲"爲"阿斯"的異譯。

　　[2] 耶律阿思（1033—1108）：字撒班。清寧初補祗候郎君。重元之亂，與護衛蘇射殺涅魯古，賜號靖亂功臣，從契丹行宮都部署。壽昌元年（1095）爲北院樞密使，監修國史。道宗崩，受顧命，加于越。受賂，包庇乙辛黨人。本書卷九六有傳。【劉注】耶律阿思，據漢字《耶律祺墓誌銘》殘石和契丹大字《耶律祺墓誌銘》，阿思爲契丹大字小名**正来**的音譯，確切的譯法應爲"阿思里"，第二個名爲**爿禹**（撒班），漢名爲祺。其最後身份是于越守太師尚父齊王。卒於乾統八年正月二十三日，享年七十五歲。

　　[3] 乙室：契丹部族名。遙輦氏阻午可汗時始置爲部。隸南府，

駐守西南境。 西北路招討使：職官名。西北路招討司的軍政長官。西北路招討司又稱西北路都招討司，是遼朝統治漠北屬部的最高軍政機構。

十一月庚申，興中府民張化法以父兄犯盜當死，[1]請代，皆免。

[1]興中府：治所在今遼寧省朝陽市。

十二月戊寅，南府宰相耶律王九致仕。癸未，以孟父敞穩耶律慎思爲中京留守。[1]

[1]孟父敞穩：契丹官名。即孟父房敞穩。契丹以玄祖之後爲皇族，分爲三房：孟父房、仲父房和季父房。本書卷四五《百官志一》：“玄祖伯子麻魯無後，次子巖木之後曰孟父房。”“敞穩”亦作“常袞”，是諸帳官員。

閏十二月癸卯朔，預行正旦禮。丙午，如混同江。

五年春正月癸未，如魚兒濼。甲午，高麗遣使來貢。

三月癸酉，詔析津、大定二府精選舉人以聞，[1]仍詔諭學者當窮經明道。[2]

[1]析津府：即遼南京。在今北京市。 大定府：即中京。在今內蒙古自治區寧城縣大明鎮。
[2]當窮經明道：【劉校】“當”原本作“常”，明抄本、南監本、北監本和殿本均作“當”。中華點校本及修訂本徑改。

夏四月甲辰，以知奚六部大王事涅葛爲本部大王。[1]壬子，獵北山。甲子，霖雨，罷獵。

[1]奚六部大王：遼對歸附以後的奚族首領的稱呼。奚本來衹有五部，阿保機降伏五部奚之後設置墮瑰部，而成六部。詳本書卷三三《營衛志·部族下》。

五月丁亥，駐蹕赤勒嶺。己丑，以阻卜磨古斯爲部長。[1]癸巳，回鶻遣使貢良馬。[2]己亥，以同知南院樞密使事耶律那也知右夷离畢事，左祗候郎君班詳穩耶律涅里知北院大王事。

[1]阻卜：即達旦、韃靼。元人諱言達旦，而稱達旦爲阻卜。詳王國維《觀堂集林》卷一四《達旦考》。

[2]回鶻：中國北方與西北古代民族名。又作回紇。原爲鐵勒，公元8世紀40年代，骨咄祿毗伽可汗曾建立了回鶻汗國。公元840年左右，回鶻汗國崩潰。除一部分人南下附屬唐朝外，其餘分三支向西北遷徙，和西域原住的同族人匯合，而先後建成高昌回鶻、河西回鶻（甘州回鶻）和喀喇汗王朝（黑汗王朝）三個政權。回鶻西遷後，和中原諸王朝仍然保持着密切關係。甘州回鶻對五代、北宋朝貢不絕；高昌回鶻曾同時爲遼朝及北宋的屬國。

六月甲寅，夏國遣使來謝封册。壬戌，以參知政事王言敷爲樞密副使，前樞密副使賈士勳參知政事，兼同知樞密院事。[1]

[1]賈士勳參知政事，兼同知樞密院事：【劉注】據中華點校

本校勘記，賈士勳，有墓誌出土，作"賈師訓"。見《遼文匯》
卷七。

秋七月庚午，獵沙嶺。

九月辛卯，遣使遺宋鹿脯。壬辰，駐蹕藕絲淀。

冬十月乙巳，以新定法令太煩，[1]復行舊法。庚申，
以遼興軍節度使何葛爲乙室大王。

[1]新定法令：咸雍六年（1070），道宗認爲契丹、漢人風俗
雖然各不相同，但國法不可以有不同的實施辦法，於是命惕隱耶律
蘇、樞密使耶律乙辛等修定條制。關於新定法令及其存廢，詳見本
書卷六二《刑法志下》。

十一月丁卯朔，燕國王延禧生子，大赦，妃之族屬
進爵有差。

六年春正月，如混同江。

二月辛丑，駐蹕雙山。

三月辛未，女直遣使來貢。

夏四月丁酉，東北路統軍司設掌法官。[1]庚子，以
同知南院樞密使事耶律吐朵知左夷离畢事。

[1]東北路統軍司：遼末防禦女真的軍事機構。原來，對女真
的防禦在遼朝的軍事部署中並不占有重要地位，故一直由東京的軍
事機構兼管。當生女真完顏部發動叛亂時，遼朝主持戰事始有東北
路統軍司。該機構設在寧江州（今吉林省松原市寧江區佰都鄉佰都
村古城）。

五月壬辰，駐蹕散水原。

六月甲寅，遣使決五京囚。

秋七月丙子，如黑嶺。

冬十月丁酉，駐蹕藕絲淀。

十一月壬戌，高麗遣使來貢。己巳，以南府宰相竇景庸爲武定軍節度使。[1]

是年，放進士文充等七十二人。

[1]竇景庸（？—1093）：【劉注】中京人，中書令振之子。清寧初第進士，授秘書省校書郎。大安初遷南院樞密副使，監修國史。授武定軍節度使，審決冤滯，輕重得宜以獄空聞。七年拜中京留守。死後葬今河北省平泉市柳溪鄉。本書卷九七有傳。　武定軍：遼代軍號。治奉聖州（今河北省涿鹿縣）。

七年春正月壬戌，如混同江。

二月己亥，駐蹕魚兒濼。壬寅，詔給渭州貧民耕牛、布絹。[1]

[1]渭州：【劉注】遼代渭州州治爲今遼寧法庫縣葉茂臺鎮二臺子村古城址。

三月丙戌，駐蹕黑龍江。[1]

[1]黑龍江：此黑龍江即混同江。《金史·世紀》：“生女直地有混同江、長白山，混同江亦號黑龍江，所謂‘白山、黑水’是也。”

夏四月丙辰，以漢人行宮副部署耶律谷欲知乙室大王事。

五月己未朔，日有食之。

六月甲午，駐蹕赤勒嶺。己亥，倒塌嶺人進古鼎，[1]有文曰"萬歲永爲寶用"。辛丑，回鶻遣使貢方物。癸卯，以權知東京留守蕭陶隗爲契丹行宮都部署。[2]丁未，端拱殿門災。[3]

[1]倒塌嶺：遼西北地名。地近阻卜，故遼在此駐軍守護西路群牧。

[2]契丹行宮都部署：遼北面行宮官。遼在北、南面官系統中，分別設契丹行宮都部署和漢人行宮都部署，其上則有諸行宮都部署。行宮都部署完全是做中原王朝官制設置的，它不同於專管斡魯朵事務的某宮都部署的宮官。宋朝皇帝巡幸亦有行宮，且亦有行宮都部署之設。後避英宗趙曙名諱，改稱行宮都總管。

[3]端拱殿：【劉注】本書卷五二《禮志五》謂"冊皇后儀：至日，北南臣僚、内外命婦詣端拱殿幕次"。既然冊皇后的儀式在端拱殿舉行，則端拱殿應當在上京。

秋七月戊午朔，回鶻遣使來貢異物，不納，厚賜遣之。

八月庚寅，以霖雨，罷獵。壬寅，幸慶州，謁慶陵。

九月丙申，還上京。己亥，日本國遣鄭元、鄭心及僧應範等二十八人來貢。[1]

[1]日本國遣鄭元、鄭心及僧應範等二十八人來貢：【劉校】

應範，據中華點校本校勘記，在日本古籍如《百練抄》等書中俱作"明範"。此似避穆宗名諱明改。

冬十月辛巳，命燕國王延禧爲天下兵馬大元帥，[1]總北南院樞密使事。

　[1]天下兵馬大元帥：遼最高軍職。天贊元年（922）十一月，太祖以皇子堯骨（耶律德光）爲天下兵馬大元帥，後繼位。此後，遼朝歷代皇帝立皇儲繼承者，多加此號，成爲皇帝以下的最高尊稱。

十一月庚子，如藕絲淀。甲子，望祀木葉山。[1]

　[1]木葉山：山名。契丹語稱"大"爲"木葉"。"木葉山"可以泛指任何"大山"，也可專指某一大山爲"木葉山"。此處指永州境内一座山，契丹人視此山爲神山，其地在今内蒙古自治區翁牛特旗新蘇莫蘇木的西拉木倫河與老哈河匯合處一帶。"上建契丹始祖廟，奇首可汗在南廟，可敦（可汗之妻）在北廟，繪塑二聖并八子神像。"詳見本書卷三七《地理志一》永州條。

八年春正月乙酉，如山榆淀。乙未，阻卜諸長來降。

三月己亥，駐蹕撻里捨淀。丁未，曲赦中京、蔚州役徒。

夏四月乙卯，阻卜長來貢。丁丑，獵西山。惕德酋長胡里只來附。

五月甲辰，駐蹕赤勒嶺。

六月乙丑，夏國爲宋侵，遣使乞援。

秋七月丁亥，獵沙嶺。

九月乙巳，駐蹕藕絲淀。丁未，日本國遣使來貢。

冬十月庚戌朔，遣使遺宋鹿脯。丙辰，振西北路饑。辛酉，阻卜磨古斯殺金吾吐古斯以叛，遣奚六部禿里耶律郭三發諸蕃部兵討之。壬申，南府宰相王經薨。戊寅，以左夷离畢耶律涅里爲彰聖軍節度使。[1]

[1]彰聖軍：【劉注】郢州軍號。故址在今遼寧省昌圖縣境內。

十一月戊子，以樞密副使王是敦兼知樞密院事，權參知政事韓資讓參知政事，[1]漢人行宮都部署奚回離保知奚六部大王事。[2]丁酉，以通州潦水害稼，遣使振之。戊申，北院大王合魯薨。[3]

[1]韓資讓：遼初著名漢臣韓延徽後代。韓紹芳之孫。壽昌初年拜中書侍郎、平章事。後任遼興軍節度使。本書卷七四有傳。

[2]奚回離保（？—1123）：奚王忒鄰的後代。一名翰，字捘懶。大安年間補護衛，稍陞遷爲鐵鷂軍詳穩。保大二年（1122）金兵來攻，天祚逃亡，回離保率官吏、民衆擁立秦晉國王耶律淳爲帝。同年，金兵由居庸關進入燕京，回離保知北樞密院。三年，其於箭笱山自立，號稱奚國皇帝，改元天復。後爲郭藥師的常勝軍所敗，於是一軍離心離德，回離保爲其同黨所殺。本書卷一一四有傳。

[3]北院大王：契丹部族官。遼朝析迭剌部爲五院部和六院部。五院部有知五院事，在朝曰北大王院；六院部有知六院事，在朝曰南大王院。北院大王和南院大王即五院部和六院部的首領，握有

兵權。

是年，放進士冠尊文等五十三人。[1]

[1]冠尊文：【劉校】據中華點校本校勘記，"冠"疑當作"寇"。

九年春正月庚辰，如混同江。
二月，磨古斯來侵。
三月，西北路招討使耶律阿魯掃古追磨古斯還，都監蕭張九遇賊，與戰不利。二室韋、拽剌、北王府、特滿、群牧、宮分等軍多陷没。[1]

[1]二室韋、拽剌、北王府、特滿、群牧、宮分等：皆西北駐軍名。本書卷四六《百官志二》有大室韋軍詳穩司、小室韋軍詳穩司、北王府軍詳穩司、特滿軍詳穩司、群牧軍詳穩司、宮分軍詳穩司，皆隸屬西北路招討使司。"拽剌軍詳穩司"在同卷隸屬東北路統軍司。西北路招討司也應有"拽剌軍詳穩司"，應是失載。

乙卯，興中府甘露降，遣使祠佛飯僧。[1]癸酉，獵西山。

[1]飯僧：向僧人施飯，奉佛藉以祈福。《舊唐書》卷一一八《王縉傳》："初，代宗喜祠祀，未甚重佛，而元載、杜鴻漸與［王］縉喜飯僧徒。代宗嘗問以福業報應事，載等因而啟奏，代宗由是奉之過當，嘗令僧百餘人於宮中陳設佛像，經行念誦，謂之内道場。其飲膳之厚，窮極珍異，出入乘廄馬，度支具廩給。每西蕃入寇，

必令群僧講誦《仁王經》，以攘虜寇。苟幸其退，則橫加錫賜。"

六月丁未朔，駐蹕散水原。庚申，以遼興軍節度使榮哥爲南院大王，知左夷离畢事耶律吐朵爲左夷离畢。

秋七月辛卯，如黑嶺。壬寅，遣使賜高麗羊。

九月癸卯，振西北路貧民。

冬十月庚戌，有司奏磨古斯詣西北路招討使耶律撻不也僞降，[1]既而乘虛來襲，撻不也死之。阻卜烏古札叛，[2]達里底、拔思母並寇倒塌嶺。壬子，遣使籍諸路兵。癸丑，以南院大王特末同知南京留守事，命鄭家奴率兵往援倒塌嶺。甲寅，駐蹕藕絲淀，以左夷离畢耶律秃朵、圍場都管撒八並爲西北路行軍都監。乙卯，詔以馬三千給烏古部。丙辰，有司奏阻卜長轄底掠西路群牧。[3]丁巳，振西北路貧民。己未，燕國王延禧生子，肆赦，妃之族屬並進級。壬戌，以樞密直學士趙廷睦參知政事兼同知南院樞密使事。癸亥，烏古敵烈統軍使蕭朽哥奏討阻卜等部捷。甲子，宋遣使告其母后曹氏哀，[4]即遣使弔祭。己巳，詔廣積貯，以備水旱。

[1]耶律撻不也：【劉注】與被殺於大康三年的耶律撻不也（？—1077）同姓名。

[2]烏古札：【劉校】按下文十年正月及本書卷七〇《屬國表》並作"烏古扎"。

[3]群牧：此指專門管理契丹國家畜群的機構。諸路設群牧使司，下設某群太保、某群侍中、某群敞史；朝廷設總典群牧使司，有總典群牧部籍使、群牧都林牙。以"群"爲單位設某群牧司，設

群牧使、群牧副使。此外，還有祇管理馬及牛群的機構。遼亡之後，金稱契丹群牧爲"烏魯古"。

[4]宋遣使告其母后曹氏哀：【劉注】清人錢大昕《廿二史考異》載，是歲宋元祐八年（1093），太皇太后高氏崩，非曹氏。

十一月辛巳，特抹等奏討阻卜捷。

十二月丙辰，宋遣使以母后遺留物來饋。

十年春正月，如春水。癸未，惕德來貢。戊子，烏古扎等來降，達里底、拔思母二部來侵，四捷軍都監特抹死之。[1]

[1]四捷軍：遼以宋降者分立二部：一曰四捷軍，一曰歸聖軍。

二月甲辰，以破阻卜，賞有功者。丙午，西南面招討司奏討拔思母捷。[1]癸丑，排雅、僕里、同葛、虎骨、僕果等來降。達里底來侵。

[1]西南面招討司：契丹軍事機構名。設招討使一人，駐西京大同，負責對西夏的防務。

三月壬申朔，日有食之。山北路副部署蕭阿魯帶奏討達里底捷。[1]

[1]山北路：【劉校】中華點校本校勘記引《羅校》，"山"當作"西"。 蕭阿魯帶：字乙辛隱，烏隗部人。少習騎射，曉兵法。大安七年（1091）遷山北副部署。九年達理得、拔思母二部來侵，率兵擊卻之，並多有斬獲。壽昌元年（1095）以功加同中書門下平

章事，進爵郡公，改西北路招討使。本書卷九四有傳。

夏四月壬寅朔，惕德萌得斯、老古得等各率所部來附，詔復舊地。甲辰，駐蹕春州北平淀。丙午，烏古部節度使耶律陳家奴奏討茶扎剌捷。[1]庚戌，以知北院樞密使事耶律斡特剌爲都統，[2]夷离畢耶律禿朵爲副統，龍虎衛上將軍耶律胡呂都監討磨古斯，遣積慶宮使蕭糺里監戰。辛亥，朽哥奏頗里八部來侵。擊破之。己巳，除玉田、密雲流民租賦一年。[3]

[1]茶扎剌：西北部族之一。據本書卷三〇《天祚本紀》附大石傳，耶律大石西行，“駐北庭都護府，會威武、崇德、會蕃、新、大林、紫河、駝等七州及大黃室韋、敵剌、王紀剌、茶赤剌……”茶赤剌即茶扎剌。【劉注】本書卷四六《百官志二》有“茶扎剌部”。

[2]耶律斡特剌：許國王寅底石六世孫。字乙辛隱。大安四年（1078）遷知北院樞密使事，賜翼聖佐義功臣。兩度出任西北路招討使，討伐耶覩刮部，因功加守太保，賜奉國匡化功臣。死於乾統初。本書卷九七有傳。

[3]玉田：縣名。治所在今河北省玉田縣。　密雲：縣名。治所在今北京市密雲區。

閏月庚子，賜西北路貧民錢。達里底、拔思母二部來降。

五月甲辰，駐蹕赤勒嶺。甲寅，括馬。戊午，西北路招討司奏敵烈等部來侵，統軍司出兵與戰，不利，招討司以兵擊破之，敦睦宮太師耶律愛奴及其子死之。[1]

辛酉，以知國舅詳穩事蕭阿烈同領西北路行軍事。

[1]敦睦宮：孝文皇太弟宮分。

六月辛未，宋遣使來謝弔祭。乙酉，烏古敵烈統軍使朽哥有罪，除名。丙戌，和烈葛等部來聘。癸巳，惕德來貢。己亥，禁邊民與蕃部爲婚。

是夏，高麗國王運薨，子昱遣使來告，即遣使賻贈。[1]

[1]賻（fù）贈：贈送財物給辦喪事的人家。

秋七月庚子朔，獵赤山。是月，阻卜等寇倒塌嶺，盡掠西路群牧馬去，東北路統軍使耶律石柳以兵追及，[1]盡獲所掠而還。

[1]東北路統軍使耶律石柳：應是"西北路統軍使"之誤。石柳大康初爲夷离畢郎君。太子既廢，以石柳附太子，流鎮州。大安間耶律石柳獲平反，出任西北路統軍使，本書卷九九本傳不載。

九月己未，以南院大王特末爲南院樞密使。甲子，敵烈諸酋來降，釋其罪。是月，斡特剌破磨古斯。

冬十月丙子，駐蹕藕絲淀。壬午，山北路副部署蕭阿魯帶以討達里底功，加左金吾衛上將軍。癸巳，西北路統軍司獲阻卜長拍撒葛、蒲魯等來獻。

十一月乙巳，惕德銅刮、阻卜的烈等來降。達里底及拔思母等復來侵，山北副部署阿魯帶擊敗之。

十二月癸酉，三河縣民孫賓及其妻皆百歲，[1]復其家。甲戌，以參知政事趙廷睦兼同知樞密院事，樞密副使王師儒參知政事兼同知樞密院事。己卯，詔録西北路有功將士及戰殁者，贈官。乙酉，詔改明年元，減雜犯死罪以下，[2]仍除貧民租賦。戊子，西北路統軍司奏討磨古斯捷。

[1]三河：縣名。治所在今河北省三河縣。
[2]死罪以下：較死罪爲輕的罪刑，即笞、杖、徒、流之罪。

（李錫厚注　劉鳳翥校）

遼史　卷二六

本紀第二十六

道宗六

壽隆元年春正月己亥，[1]如混同江。[2]庚戌，西南面招討司奏拔思母來侵，[3]蕭阿魯帶等擊破之。[4]乙卯，振奉聖州貧民。[5]

[1]壽隆：遼道宗年號（1095—1102）。據遼代碑刻和錢幣，此年號當爲"壽昌"之誤。【劉注】據中華修訂本校勘記，此係陳大任《遼史》避金欽慈皇后"壽昌"諱而改。後爲元修《遼史》所承襲。

[2]混同江：即松花江。

[3]西南面招討司：契丹軍事機構名。設招討使一人，駐西京大同，負責對西夏的防務。

[4]蕭阿魯帶：烏隗部人。字乙辛隱。少習騎射，曉兵法。大安九年（1093），達理得、拔思母二部來侵，率兵擊卻之，並多有斬獲。壽昌元年（1095）以功加同中書門下平章事，進爵郡公，改西北路招討使。本書卷九四有傳。

〔5〕奉聖州：治所在今河北省涿鹿縣。

二月戊辰，賜左、右二皮室貧民錢。[1]癸酉，高麗遣使來貢。[2]乙亥，駐蹕魚兒濼。[3]

〔1〕皮室：契丹軍名。意爲"金剛"。初爲阿保機所置，稱"腹心部"。後有南、北、左、右皮室及黄皮室等，皆掌精甲。

〔2〕高麗：指王建創建的高麗王朝（918—1392）。統治地域在今朝鮮半島，首都在開京（今朝鮮開城市）。

〔3〕魚兒濼：又稱長濼、長泊。在長春州境内，位於今吉林省前郭爾羅斯蒙古族自治縣西北部。

三月丙午，賜東北路貧民絹。

夏四月丁卯，斡特剌奏討耶睹刮捷。乙亥，[1]女直遣使來貢。[2]庚寅，録西北路有功將士。

〔1〕乙亥：【劉校】中華點校本校勘記謂"乙亥，原誤己亥。按《朔考》，四月丙寅朔，無己亥，初十日乙亥，據改"。今從。

〔2〕女直：本作女真，因避遼興宗耶律宗真名諱，改稱女直。遼時居東北東部。在南者入遼籍，稱熟女真，或合蘇館女真；在北者不入遼籍，稱生女真。

五月乙未朔，左夷离畢耶律吐朶爲惕隱，[1]南京宣徽使耶律特末爲北院大王。[2]癸卯，贈陣亡者官。丁巳，駐蹕特禮嶺。

〔1〕夷离畢：契丹官名。爲執政官，相當於副宰相參知政事。

後來官分南、北，北面官有夷离畢院，主要掌刑政。　惕隱：契丹官名。又稱梯里己，掌皇族政教。

[2]宣徽使：遼朝官名。遼設北、南宣徽，分隸北南樞密院之下。宣徽北院使常執行軍事使命。此外，宣徽使還掌領朝會、宴饗、禮儀、祭祀及御前祗應之事。　北院大王：契丹部族官。遼朝析迭剌部爲五院部和六院部。五院部有知五院事，在朝曰北大王院；六院部有知六院事，在朝曰南大王院。北院大王和南院大王即五院部和六院部的首領，握有兵權。

六月己巳，以知奚六部大王事回里不爲本部大王，[1]權參知政事趙孝嚴爲漢人行宮都部署，[2]圍場都管撒八以討阻卜功加鎮國大將軍。[3]癸巳，阻卜長禿里底及圖木葛來貢。[4]

[1]奚六部大王：遼對歸附以後的奚族首領的稱呼。奚本來衹有五部，阿保機降伏五部奚之後設置墮瑰部，而成六部。詳本書卷三三《營衛志·部族下》。

[2]漢人行宮都部署：遼在北、南面官系統中，分別設契丹行宮都部署和漢人行宮都部署，其上則有諸行宮都部署。行宮都部署完全是做中原王朝官制設置的，它不同於專管斡魯朵事務的某宮都部署的宮官。宋朝皇帝巡幸亦有行宮，且亦有行宮都部署之設。後避英宗趙曙名諱，改稱行宮都總管。詳本書卷四七《百官志三》。

[3]阻卜：即達旦、韃靼。元人諱言達旦，而稱達旦爲阻卜。詳王國維《觀堂集林》卷一四《達旦考》。

[4]禿里底：【劉校】中華點校本校勘記謂，原誤“香里底”，依本書卷七〇《屬國表》改。今從。殿本作“杳里底”，亦誤。

秋七月庚子，阻卜長猛達斯等來貢。癸卯，獵沙嶺。癸丑，頗里八部來附，進方物。甲寅，斡特剌奏磨古斯捷。[1]

[1]磨古斯：【劉注】人名。北阻卜酋長。

九月甲寅，祠木葉山。[1]丙辰，詔西京砲人、弩人教西北路漢軍。[2]

[1]木葉山：山名。契丹語稱"大"爲"木葉"。"木葉山"可以泛指任何"大山"，也可專指某一大山爲"木葉山"。此處指永州境内一座山，契丹人視此山爲神山，其地在今内蒙古自治區翁牛特旗新蘇莫蘇木的西拉木倫河與老哈河匯合處一帶。"上建契丹始祖廟，奇首可汗在南廟，可敦（可汗之妻）在北廟，繪塑二聖并八子神像。"詳見本書卷三七《地理志一》永州條。

[2]漢軍：遼朝有衆多的漢軍，其中有阿保機收編的"山北八軍"以及趙延壽的軍隊。此外，遼朝還有自己按照中原軍隊編制組建的漢軍，其中最重要的是燕京等地的禁軍。據《長編》卷五五宋真宗咸平六年（1003）七月己酉記李信云："國中所管幽州漢兵，謂之神武、控鶴、羽林、驍武等，約萬八千餘騎。"其中"羽林""控鶴"是唐、五代禁軍舊有的名號。因此可以斷定李信所説的遼燕京的"漢兵"就是戍衛京城的禁軍。

冬十月甲子，駐蹕藕絲淀。[1]甲戌，以北面林牙耶律大悲奴爲右夷离畢。[2]癸未，以參知政事王師儒爲樞密副使，[3]漢人行宫都部署趙孝嚴參知政事。壬辰，錄討阻卜有功將士。

　　[1]藕絲淀：即廣平淀，在永州（今内蒙古自治區翁牛特旗白音他拉古城）東南三十里，遼中期以後冬捺鉢所在地。詳本書卷三二《營衛志中》。契丹語寬大曰阿斯。“藕絲”是“阿斯”的異譯。

　　[2]林牙：契丹官名。掌文翰，相當於翰林學士。

　　[3]王師儒（1040—1101）：范陽人。父諱祁，重熙七年二十一歲舉進士狀元第。師儒“年二十有六舉進士，屈於丙科”（《全遼文・王師儒墓誌銘》）。蘇轍元祐四年（遼大安五年，1089）使遼，“彼以其侍讀學士王師儒館伴。師儒稍讀書，能道先君及子瞻所爲文，曰‘恨未見公全集’。然亦旣誦《服伏苓賦》等”（《欒城後集》卷一二《潁濱遺老傳》）。他主張維持與宋和好。據《長編》卷五〇三載，宋哲宗元符元年（遼壽昌四年，1098）冬十月乙亥朔，“雄州奏契丹新置魏州，欲徙上等户二千以實之。宰相王師儒以爲不可，力諫不從，退而自刺其腹。賴左右救止，微傷而已。遼主遽從其言，仍賜壓驚錢三千緡，加三官”。

　　十一月丙申，女直遣使進馬。己亥，以都統斡特剌爲西北路招討使，封漆水郡王。甲辰，夏國進貝多葉佛經。[1]庚申，高麗王昱疾，命其叔顒權知國事。[2]

　　[1]夏國（1038—1227）：以党項民族爲主體建立的政權。公元1038年，元昊叛宋稱帝，建立大夏王朝，傳十代，至1227年爲蒙古所滅。元昊稱帝以前，作爲北宋境内的地方割據政權，已經具有獨立性。史稱西夏，先後與遼、北宋及金、南宋並立於中國境内。境土包括今寧夏回族自治區全部、甘肅省大部、陝西省北部以及青海省、内蒙古自治區的部分地區。　貝多葉佛經：古代印度人將佛經書寫於貝多羅樹的葉子上，故稱。

　　[2]命其叔顒權知國事：【劉校】據中華點校本校勘記，“叔”原誤“子”，“按《高麗史》，徽三子：勳、運、顒。昱係運之子，

于顕爲侄"。據改。

十二月癸亥朔，以知北院樞密使事耶律阿思爲北院樞密使。[1]

是年，放進士陳衡甫等百三十人。

[1]耶律阿思（1033—1108）：字撒班。清寧初補祗候郎君。重元之亂，與護衛蘇射殺涅魯古，賜號靖亂功臣，徙契丹行宮都部署。壽昌元年（1095）爲北院樞密使，監修國史。道宗崩受顧命，加于越。受賂，包庇乙辛黨人。本書卷九六有傳。【劉注】耶律阿思，據漢字《耶律祺墓誌銘》殘石和契丹大字《耶律祺墓誌銘》，阿思爲契丹大字小名**正求**的音譯，確切的譯法應爲"阿思里"，第二個名爲**月丙**（撒班），漢名爲祺。其最後身份是于越守太師尚父齊王。卒於乾統八年（1743）正月二十三日，享年七十五歲。 北院樞密使：即契丹樞密院之樞密使，爲北面官之最高官職，掌軍事、部族。詳本書卷四五《百官志一》。

二年春正月甲午，如春水。癸卯，西南面招討司討拔思母，[1]破之。乙卯，駐蹕瑟尼思。辛酉，市牛給烏古、敵烈、隈烏古部貧民。

[1]拔思母：遼朝西北部叛服不常的部族之一。本書卷九四《耶律那也傳》"壽隆元年，復討達理得、拔思母等有功，賜詔褒美，改烏古敵烈部統軍使，邊境以寧"。這場由阻卜磨古斯開始的西北諸部叛亂，茶扎剌、拔斯母、耶覩刮等部也同時反叛，直至壽昌末年纔被平定。

二月癸亥，振達麻里別古部。

夏四月己卯，振西北邊軍。

六月辛酉，駐蹕撒里乃。

秋七月甲午，阻卜來貢。丙午，獵赤山。[1]

[1]赤山：【劉注】據《巴林左旗志》（内蒙古人民出版社1996
年版）第168頁稱“烏蘭達壩，遼代稱‘赤山’”。故遼代的“赤
山”應是今内蒙古自治區巴林左旗境内的烏蘭達壩。

八月乙丑，頗里八部進馬。[1]

[1]頗里八部：“頗里”又作“婆离”，卷二〇《興宗紀》“于
越摩梅欲之子不葛一及婆离八部夷离堇虎等内附”。另據卷三六
《兵衛志·屬國軍》，頗里當是西北部族。

九月丙午，徙烏古敵烈部於烏納水，[1]以扼北邊
之衝。

[1]烏古敵烈部：部族名。原爲二部。烏古又稱嫗厥律、于厥
律，居契丹西北；敵烈又譯迪烈、敵烈德、迭烈德、達里底。遼時
以遊牧、捕獵爲業，分佈於臚朐河（今克魯倫河）流域。有八部，
稱爲八部敵烈或八石烈敵烈。與烏古部並稱爲北邊大部。遼聖宗以
敵烈部降人置迭魯敵烈部和北敵烈部。開泰四年（1015），築河董
城於臚朐河北，安置敵烈、烏古降人。壽昌二年（1096），徙敵烈、
烏古於烏納水西。遼置烏古敵烈統軍司以應對阻卜諸部的反抗。金
末元初，敵烈人逐漸與女真人、蒙古人等同化。　烏納水：即今内
蒙古自治區牙克石市海拉爾河支流免渡河及其上源紮敦河。

冬十月戊辰，駐蹕藕絲淀。庚辰，高麗遣使來貢。

十二月己未，斡特剌討梅里急，破之。壬戌，南府宰相耶律鐸魯斡致仕。[1]癸亥，蕭撻不也爲北府宰相，[2]耶律大悲奴殿前都點檢。[3]乙亥，夏國獻宋俘。

[1]宰相：契丹部族官名。契丹可汗之下有北、南二府，各部族則分屬二府，分設宰相，故北宰相亦稱北府宰相，南宰相亦稱南府宰相。　耶律鐸魯斡：季父房之後。字乙辛隱。咸雍間累遷同知南京留守事。大康初年改任西南面招討使，爲北面林牙，轉任左夷离畢。大安五年（1089）拜南府宰相。壽昌初年致仕，卒。本書卷一〇五有傳。

[2]蕭撻不也：【劉注】與被殺於大康三年（1077）的蕭撻不也同姓名。

[3]殿前都點檢：官名。五代後周世宗設置殿前司，以都點檢、副都點檢爲正副長官，位在都指揮使之上，爲禁軍所統帥。宋初廢。遼設殿前都點檢，爲南面軍官，當係模倣周制。

三年春正月丁亥，如春水。壬寅，烏古部節度使耶律陳家奴以功加尚書右僕射。[1]癸卯，駐蹕雙山。

[1]耶律陳家奴：阿保機曾祖父懿祖薩拉德之弟葛剌的八世孫。字綿辛。重熙中歷任鷹坊、尚廄、四方館副使，改任徒魯古皮室詳穩。清寧初累遷右夷离畢。後皇太子被廢，道宗懷疑陳家奴黨附太子，予以罷官。本書卷九五有傳。

二月丙辰朔，[1]南京水，遣使振之。

[1]二月丙辰朔:【劉校】據中華點校本校勘記,"丙"原誤"甲"。按正月丙戌朔,下推三十一日丙辰,《朔考》二月丙辰朔。據改。

閏月丙午,[1]阻卜長猛撒葛、粘八葛長禿骨撒、梅里急長忽魯八等請復舊地,[2]貢方物,從之。

[1]閏月丙午:【劉校】據中華點校本校勘記,"閏月二字原脱,按二月丙辰朔,無丙午,閏二月丙戌朔,丙午二十一日,據補"。

[2]梅里急:本書卷三〇《天祚皇帝本纪四》,大石北行会十八部众有该部,作"密儿纪"。《元朝秘史》作"篾儿乞"或"篾儿乞惕"。

三月辛酉,燕國王延禧生子。癸亥,賜名撻魯。[1]妃之父長哥遷左監門衛上將軍,仍賜官屬錢。

是春,高麗王昱薨。

[1]撻魯:據本書卷七一《后妃傳》,此子係天祚德妃所生,然本書卷六四《皇子表》卻云"未詳所出"。

夏四月,南府宰相趙廷睦出知興中府事,[1]參知政事牛溫舒兼同知樞密院事。[2]

[1]興中府:治所在今遼寧省朝陽市。

[2]牛溫舒(?—1105):范陽(今河北省涿州市)人。咸雍年間進士及第。兩度出任參知政事,乾統五年(1105)使宋,調解

宋夏關係，歸來加中書令，卒。本書卷八六有傳。

五月癸亥，斡特剌討阻卜，破之。己巳，駐蹕撒里乃。

六月甲申，詔罷諸路馳馹貢新。[1]丙戌，詔每冬駐蹕之所，宰相以下構宅毋役其民。辛丑，夏人來告宋城要地，遣使之宋，諭與夏和。庚戌，以契丹行宮都部署耶律吾也爲南院大王。

[1]馳馹：駕乘驛馬疾行。　貢新：進貢新熟農産品，如新茶、新米等。

秋七月壬子朔，獵黑嶺。[1]

八月己亥，蒲盧毛朶部長率其民來歸。[2]乙巳，彗星見西方。

[1]黑嶺：即慶雲山。據本書卷三七《地理志一》，慶州有慶雲山，“本黑嶺也，聖宗駐蹕，愛羨，曰：‘吾萬歲後，當葬此。’興宗遵遺命，建永慶陵。有望仙殿、御容殿。置蕃、漢守陵三千户，並隸大内都總管司”。

[2]蒲盧毛朶部：女真部族。遼屬部，爲遼國外十部之一。

九月壬申，駐蹕藕絲淀。丁丑，以武定軍節度使梁援爲漢人行宮都部署。[1]戊寅，斡特剌奏討梅里急捷。己卯，五國部長來貢。[2]

[1]梁援（1034—1101）：【劉注】字輔臣，其先著籍於定州。其事蹟詳載《梁援墓誌銘》。"四代祖諱文規，字德仁，官至吏部尚書，以太子太保致仕，寓居扵燕臺。王父諱延敬，内供奉班祗候，雅有德望。娶荆王女耶律氏，生子曰仲方，公之考也。母鄭氏。五歲誦《孝經》《論語》《爾雅》。十一通《五經大義》。十三作《牽馬嶺碑文》。人頗異之。清寧五年，梁援二十有六歲，乃登甲科。所作辭賦，世稱其能。初命儒林郎、守右拾遺、直史館，歷左補闕、起居郎，並充史館修撰。三奉命接送南朝國信副使。六充館伴副使。一充皇太后南朝正旦國信副使。提按刑獄者六次。銓讀考試典掌貢舉者十次。其他出使小國雜領繁務者率在其間。蓋以善禮容、長決斷、精藻鑒之故也。適值賊臣耶律英弼等畏東宮之英斷，肆兇言以構之。公欲冒死上奏。潛作二書，一以致父母，一以示子孫，用史館印識之。遂奏狀曰：'皇太子年小，事理暗昧，不同凡庶。'及陳故事，用啓上心。英弼等大怒，請下吏，孝文皇帝不令致辨。至今家藏二書永以爲寶。"

[2]五國部：遼東北部族名。越里篤、剖阿里、奧里米、蒲奴里和越里吉，統稱五國部。

　　冬十月庚戌，以西北路招討使斡特剌爲南府宰相。

　　十一月乙卯，蒲盧毛朶部來貢。戊午，以安車召醫巫閭山僧志達。[1]己未，以中京留守韓資讓知樞密院事，[2]同知南院樞密使事蕭藥師奴知右夷离畢。丁丑，西北路統軍司奏討梅里急捷。

[1]安車：古代可以坐乘的小車。古車立乘，此爲坐乘，故稱安車。供年老的高級官員及貴婦人乘用。《周禮·春官·巾車》："安車，雕面鷖總，皆有容蓋。"鄭玄注："安車，坐乘車。凡婦人車皆坐乘。"《漢書》卷八一《張禹傳》："爲相六歲，鴻嘉元年，

以老病乞骸骨，上加優再三乃聽許。賜安車馴馬，黃金百斤，罷就第。"

[2]韓資讓：遼初著名漢臣韓延徽後代，韓紹芳之孫。壽昌初年拜中書侍郎、平章事。後任遼興軍節度使。本書卷七四有傳。

四年春正月壬子，如魚兒濼。己巳，徙阻卜等貧民於山前。[1]辛未，宋遣使來饋錦綺。

[1]山前：石敬瑭割讓給契丹的十六州地，分爲山前、山後兩部分。山前是指幽、薊、嬴、莫、涿、檀、順七州，是中原防範北方遊牧民族南下的一道天然屏障，在軍事上極爲重要。

三月庚午，幸春州。丙子，有司奏黃河清。

夏四月辛丑，以雨，罷獵。

五月癸酉，那也奏北邊捷。甲戌，駐蹕撒里乃。

六月戊寅朔，夏國爲宋所攻，遣使求援。丁亥，以遼興軍節度使涅里爲惕隱，[1]前知惕隱事耶律郭三爲南京統軍使。甲午，以參知政事牛溫舒兼知中京留守事。

[1]遼興軍：平州軍號。治所在今河北省盧龍縣。

秋七月戊午，如黑嶺。

冬十月乙亥朔，駐蹕藕絲淀。己卯，以南府宰相斡特剌兼契丹行宮都部署，以傅導燕國王延禧。

十一月乙巳朔，知右夷离畢事蕭藥師奴、樞密直學士耶律儼使宋，諷與夏和。[1]辛酉，夏復遣使求援。

[1]耶律儼（？—1113）：析津（今北京市）人。字若思。本姓李氏。咸雍進士。壽昌初授樞密直學士。拜參知政事。修《皇朝實録》七十卷。本書卷九八有傳。關於遼使宋朝與夏議和事，據《宋史》卷四八六《夏國傳》，遼使是蕭德崇。

十二月壬辰，爲燕國王延禧行再生禮，曲赦三百里内囚。[1]

[1]曲赦：猶特赦。《通鑑》卷八三晉惠帝元康元年（291）八月"曲赦洛陽"，胡三省注曰："不普赦天下而獨赦洛陽，故曰曲赦。"

五年春正月乙巳，如魚兒濼。己酉，詔夏國王李乾順伐拔思母等部。[1]

[1]李乾順（1083—1139）：西夏第四代皇帝。三歲即位。母梁氏，與弟乙逋擅政。永安元年（1098）梁太后死，乾順親政，年十七，謹事遼朝，但與宋交惡。遼以宗室女封公主下嫁。遼亡前夕，他曾出兵援遼，後臣於金。

夏五月壬戌，藥師奴等使宋廻，奏宋罷兵。[1]癸亥，謁乾陵。戊辰，以南府宰相斡特剌兼西北路招討使、禁軍都統。己巳，駐蹕沿柳湖。

[1]宋罷兵：據《長編》卷五○九宋哲宗元符二年（1099）夏四月辛卯，遼使蕭德崇向夏國轉達宋朝對其求和答復："若出自至誠，深悔前罪，所言可信，聽命無違，即當徐度所宜，開以自新

之路。”

六月甲申，以奚六部大王回離保爲契丹行宮都部署，[1]知右夷离畢事蕭藥師奴南面林牙，兼知契丹行宮都部署事。乙未，五國部長來朝。戊戌，阻卜來貢。己亥，以興聖宮使耶律郝家奴爲右夷离畢。[2]

[1]奚六部大王回離保（？—1123）：奚王怤鄰的後代。一名翰，字接懶。大安年間補護衛，稍陞遷爲鐵鷂軍詳穩。保大二年（1122）金兵來攻，天祚逃亡，回離保率官吏、民衆擁立秦晉國王耶律淳爲帝。同年，金兵由居庸關進入燕京，回離保知北樞密院。三年，其於箭笴山自立，號稱奚國皇帝，改元天復，後爲郭藥師的常勝軍所敗，於是一軍離心離德，回離保爲其同黨所殺。本書卷一一四有傳。
[2]興聖宮：聖宗宮分。

秋七月壬寅朔，惕德長禿的等來貢。辛亥，如大牢古山。
閏九月丙子，駐蹕獨盧金。[1]

[1]獨盧金：地名。在遼西京大同府雲中縣境內。傅樂煥《春水秋山考》：“《遼史》雲獨盧金，《長編》作雲中甸，名雖有異，地實相同。文彥博《潞公集》卷七《贈國信畢少卿仲衍》詩有云：‘朔風不度龍沙遠，只向雲中講信回。’仲衍使遼在元豐二年，當遼大康五年。檢是年《遼紀》道宗亦駐蹕獨盧金。知獨盧金與雲中甸確指同一地點。獨盧金《遼史》不詳所在，由前後相關地名準之，知在西京境內。今悉又稱雲中甸，雲中爲遼西京大同府倚郭縣，雲

中旬即謂雲中縣境郊野之地。"（見《遼史叢考》第48頁）

冬十月己亥朔，高麗王顒遣使乞封册。丁巳，斡特剌奏討耶覿刮捷。丙寅，以同知南京留守事蕭得里底知北院樞密使事。[1]丁卯，宋遣郭知章、曹平來聘。戊辰，振遼州饑，[2]仍免租賦一年。

[1]蕭得里底（？—1122）：晉王蕭孝先之孫。字糺鄰。乾統元年（1101）爲北面林牙，同知北院樞密使，受詔與北院樞密使耶律阿思懲治乙辛餘黨。阿思受賄，多爲乙辛餘黨減輕治罪；得里底也附會阿思的做法。女直初起，得里底阻礙發兵進討。後任北院樞密使，受到天祚信任。保大二年（1122）天祚率衛兵出逃，得里底離開天祚後，爲耶律淳所獲，不食數日而卒。本書卷一〇〇有傳。

[2]遼州：治所在今山西省左權縣。

十一月甲戌，振南、北二糺。乙酉，夏國以宋罷兵，遣使來謝。

十二月甲子，以參知政事趙孝嚴爲漢人行宮都部署，漢人行宮都部署梁援爲遼興軍節度使。

六年春正月癸酉，南院大王耶律吾也薨。壬午，以太師致仕禿開起爲奚六部大王。丁亥，如春水。辛卯，斡特剌執磨古斯來獻。丙申，詔問民疾苦。

二月丁未，以烏古部節度使陳家奴爲南院大王。己酉，磔磨古斯於市。[1]癸丑，出絹賜五院貧民。[2]辛酉，宋遣使告宋主煦殂，弟佶嗣位，即日遣使弔祭。

[1]磔（zhé）：古代的一種酷刑。以車分裂人體。當契丹興起時，中原地區早已廢除。據《唐律疏議·名例律》，唐朝死刑祇有二等，爲"絞"和"斬"。

[2]五院：即五院部。

三月甲申，弛朔州山林之禁。[1]

[1]朔州：治所在今山西省朔州市。

夏四月丁酉朔，日有食之。癸卯，如炭山。[1]

[1]炭山：山名。據《新五代史》卷七二《四夷附録第一》："漢城在炭山東南灤河上，有鹽鐵之利，乃後魏滑鹽縣也。其地可植五谷，安巴堅（阿保機）率漢人耕種，爲治城郭、邑屋、廛市如幽州制度，漢人安之，不復思歸。"另據本書卷四一《地理志·西京道》，炭山在歸化州，即武州（今河北省張家口市宣化區）。

五月壬午，烏古部討茶扎剌，破之。乙酉，漢人行宮都部署趙孝嚴薨。丙戌，駐蹕納葛濼。辛卯，宋遣使饋先帝遺物。[1]乙未，以東京留守何魯掃古爲惕隱，[2]南院宣徽使蕭常哥爲漢人行宮都部署。[3]

[1]先帝：指宋哲宗，公元1085年至1100年在位。

[2]何魯掃古：即耶律何魯掃古。字烏古鄰，是孟父房的後代。大安八年（1092）爲知西北路招討使事，以功加左僕射銜。再討耶律觀刮等部族，由於誤擊阻卜酋長磨古斯，北阻卜因此背叛朝命，而何魯掃古不以實情奏聞，被削去官職，並以大杖決罰。道宗駕崩，

何魯掃古與宰相耶律儼總領陵墓事務。乾統中致仕，卒。本書卷九四有傳。

　　[3]蕭常哥（？—1111）：【劉注】契丹語小名常哥，第二個名胡獨堇，漢名義，字守常。生居外戚之家，世處大臣之位。懸車致政，高蹈於前規；出綍申恩，載定於遺烈。其先迪烈寧（蕭敵魯），太祖姑表弟，應天皇后之長兄也。賛翊日月。初置北相，首居其位。時聖元肇祚，用人若身。運使從心，目公爲手。王父恭，在聖宗朝，高尚自晦。起家授南面丞旨。歷林牙、夷离畢等官。拜平章事。父宗石，贈中書令。母陳國太夫人耶律氏，故北府名王世遷之姊。實生三男，公其季子也。壽昌元年，歷南女直都監，授東京四軍副都指揮使。天祚皇帝初九潛龍，有大聖德。公之次女，選儷諸闈。輔佐於中，周旋有度。乾統二年，授遼興軍節度使。其最終身份是推誠保義守正崇仁全德功臣、北宰相、武寧軍節度、徐、宿等州觀察處置等使、開府儀同三司、檢校太尉、守太傅、兼中書令，行徐州大都督府長史、上柱國、蘭陵郡陳國公、食邑六千戶、食實封陸伯戶、致仕、贈守太師、諡恭穆。其事蹟詳載《蕭義墓誌銘》。另本書卷八二有傳。

　　六月庚子，遣使賀宋主。辛丑，以有司案牘書宋帝“嗣位”爲“登寶位”，詔奪宰相鄭顒以下官，出顒知興中府事，韓資讓爲崇義軍節度使，御史中丞韓君義爲廣順軍節度使。癸丑，阻卜長來貢。戊午，遣使決五京滯獄。己未，以遼興軍節度使梁援爲樞密副使。

　　秋七月庚午，如沙嶺。壬申，耶覩刮諸部寇西北路。

　　八月，斡特剌以兵擊敗之，使來獻捷。

　　九月癸未，望祠木葉山。戊子，駐蹕藕絲淀。

冬十月壬寅，以樞密副使王師儒監修國史。癸卯，五國諸部長來貢。甲寅，以平州饑，[1]復其租賦一年。

[1]平州：唐置，治所在今河北省盧龍縣。

十一月壬申，以天德軍民田世榮三世同居，[1]詔官之，令一子三班院祗候。丙子，召醫巫閭山僧志達設壇於內殿。[2]戊子，夏國王李乾順遣使請尚公主。

[1]天德：即豐州，唐軍鎮名。遼太祖阿保機於神冊五年（920）平党項，仍以此地爲天德軍。治所在今內蒙古自治區呼和浩特市東白塔一帶。

[2]醫巫閭山：一作醫無慮山，俗呼廣寧山。醫巫閭系鮮卑語，意爲“大山”。在遼寧省西部，大淩河以東、遼河平原西緣。東北—西南走向。海拔400米左右。主峰望海山，海拔867米。

十二月乙未，女直遣使來貢。己亥，以知右夷离畢事郝家奴爲北面林牙。辛亥，詔燕國王延禧擬注大將軍以下官。庚申，鐵驪來貢。[1]宋遣使來謝。帝不豫。

[1]鐵驪：族名。遼置鐵驪國王府，以統其衆。其地當今黑龍江省東部松花江流域。

是歲，封高麗王顒長子俣爲三韓國公。[1]放進士康秉儉等八十七人。

[1]封高麗王顒長子俁爲三韓國公：【劉校】“長子俁”三字原
脫，中華點校本校勘記云，“據《高麗史》十一，顒册封爲高麗王
在丁丑（壽昌三年），顒之長子俁册爲三韓國公在庚辰（壽昌六
年）。據補”。今從。

七年春正月壬戌朔，力疾御清風殿受百官及諸國使
賀。是夜，白氣如練自天而降，黑雲起于西北，疾飛有
聲。北有青赤黑白氣，相雜而落。癸亥，如混同江。甲
戌，上崩于行宫，[1]年七十。遺詔燕國王延禧嗣位。

[1]行宫：契丹語爲“捺鉢”。聖宗時，四時捺鉢皆有固定地
點，冬捺鉢在廣平淀。承天太后死於廣平淀冬捺鉢。

六月庚子，上尊謚仁聖大孝文皇帝，廟號道宗。
贊曰：道宗初即位，求直言、訪治道、勸農興學、
救菑恤患，粲然可觀。及夫謗訕之令既行，告訐之賞日
重。群邪並興，讒巧競進；賊及骨肉，皇基寖危。衆正
淪胥，[1]諸部反側，甲兵之用無寧歲矣。一歲而飯僧三
十六萬，[2]一日而祝發三千。徒勤小惠，蔑計大本，尚
足與論治哉！[3]

[1]淪胥：相率牽連。《詩·小雅·雨無正》：“若此無罪，淪胥
以鋪。”毛傳：“淪，率也。”鄭玄箋：“胥，相鋪徧也。言王使此無
罪者見牽率相引而徧得罪也。”王引之《經義述聞·毛詩中》：
“‘鋪’字當訓病，《韓詩》作‘痛’，本字也。謂相率而入於刑，
入於刑則病苦。”
[2]飯僧：向僧人施飯，奉佛藉以祈福。《舊唐書》卷一一八

《王縉傳》："初，代宗喜祠祀，未甚重佛，而元載、杜鴻漸與［王］縉喜飯僧徒。代宗嘗問以福業報應事，載等因而啟奏，代宗由是奉之過當，嘗令僧百餘人於宮中陳設佛像，經行念誦，謂之內道場。其飲膳之厚，窮極珍異，出入乘廄馬，度支具廩給。每西蕃入寇，必令群僧講誦《仁王經》，以攘虜寇。苟幸其退，則橫加錫賜。"

[3]與論治哉：【劉校】"哉"原本作"成"，明抄本、南監本、北監本和殿本均作"哉"。中華點校本及修訂本徑改。

（李錫厚注　劉鳳翥校）

遼史　卷二七

本紀第二十七

天祚皇帝一

　　天祚皇帝諱延禧，字延寧，小字阿果。道宗之孫，父順宗大孝順聖皇帝，[1]母貞順皇后蕭氏。[2]大康元年生。[3]六歲封梁王，[4]加守太尉兼中書令。後三年進封燕國王。大安七年總北、南院樞密使事，加尚書令，爲天下兵馬大元帥。[5]

　　[1]順宗：即昭懷太子耶律濬（1058—1077）。道宗長子。小字耶魯斡，生母是宣懿皇后蕭觀音。六歲封梁王，八歲立爲皇太子。大康元年（1075）兼管北、南樞密院事。因受奸臣耶律乙辛陷害，於大康三年被廢，隨即被乙辛殺害。壽昌七年（1101）天祚即位後，上尊號爲大孝順聖皇帝，廟號順宗。本書卷七二有傳。
　　[2]貞順皇后（？—1077）：【劉注】蕭知微（契丹語小名尤哲，本書卷九一有傳）之長女。母爲耶律仁先胞妹。太子濬之妃，與太子同年爲耶律乙辛所害。壽昌七年天祚即位後，追尊貞順皇后。

［3］大康：【劉注】遼道宗年號（1074—1084）。

［4］梁王：遼中期以後皇位繼承人的封號。聖宗以下諸帝即位前都曾封梁王。

［5］天下兵馬大元帥：遼最高軍職。天贊元年（922）十一月，太祖以皇子堯骨（耶律德光）爲天下兵馬大元帥，後繼位。此後，遼朝歷代皇帝立爲皇儲，多加此號，成爲皇帝以下的最高尊稱。

壽隆七年正月甲戌，[1]道宗崩，奉遺詔即皇帝位於柩前。群臣上尊號曰天祚皇帝。

［1］壽隆：【劉注】遼道宗年號（1095—1101）。

二月壬辰朔，改元乾統，大赦。詔爲耶律乙辛所誣陷者復其官爵，[1]籍没者出之，[2]流放者還之。乙未，遣使告哀于宋及西夏、高麗。[3]乙巳，以北府宰相蕭兀納爲遼興軍節度使，[4]加守太傅。

［1］耶律乙辛（？—1083）：五院部人。字胡覩袞。重熙中爲文班史。道宗清寧五年（1059）爲南院樞密使，改知北院，封趙王。九年重元亂平，拜北院樞密使，進封魏王。咸雍五年（1069）加守太師。大康元年（1075）誣皇后蕭觀音致死，三年又害死太子耶律濬。七年冬坐以禁物鬻入外國，幽於來州。九年謀奔宋及私藏兵甲事發伏誅。本書卷一一〇有傳。

［2］籍没：依照中國古代法律登記罪犯所有的家産，予以没收的稱爲"籍没"。遼代的籍没之法，還包括將犯罪者親屬收爲官奴婢。

［3］高麗：指王建創建的高麗王朝（918—1392）。統治地域在

今朝鮮半島，首都在開京（今朝鮮開城市）。

[4]蕭兀納：六院部人。一名撻不也，字特免。大康初年爲北院宣徽使。當時耶律乙辛已經陷害了太子，兀納護衛皇孫即後來的天祚皇帝，未爲乙辛所害。天祚即位後，兀納外放爲遼興軍節度使，加"守太傅"銜。天慶元年（1111）兀納任黃龍府知府，改任東北路統軍使。參與對女直戰爭，無功。本書卷九八有傳。 遼興軍：平州軍號。治所在今河北省盧龍縣。

三月丁卯，詔有司以張孝傑家屬分賜群臣。[1]甲戌，召僧法頤放戒於內庭。[2]

[1]張孝傑：建州永霸縣（今遼寧省朝陽市）人。重熙二十四年（1055）進士。咸雍三年（1067）參知政事，同知樞密院事，加工部侍郎。八年封陳國公。大康元年（1075），賜國姓。是年夏耶律乙辛譖皇太子，誣害忠良，孝傑之謀居多。而道宗竟以其爲忠，可比狄仁傑，賜名仁傑。大安中死於鄉。本書卷一一〇有傳。
[2]戒：佛教徒應守的行爲規範，本梵語"三婆羅"的義譯。唐代玄應《一切經音義》卷一四："戒，亦律之別義也。梵言'三婆羅'，此譯云'禁戒'者，亦禁義也。"

夏四月，旱。

六月庚寅朔，如慶州。[1]甲午，宋遣王潛等來弔祭。丙申，高麗、夏國各遣使慰奠。[2]戊戌，以南府宰相斡特剌兼南院樞密使。[3]庚子，追謚懿德皇后爲宣懿皇后。[4]壬寅，以宋魏國王和魯斡爲天下兵馬大元帥。[5]乙巳，以北平郡王淳進封鄭王。[6]丁未，北院樞密使耶律阿思加于越。[7]辛亥，葬仁聖大孝文皇帝、宣懿皇后于慶陵。[8]

[1]慶州：治所在今内蒙古自治區巴林右旗索博日嘎鎮。

[2]夏國（1038—1227）：以党項民族爲主體建立的政權。公元1038年，元昊叛宋稱帝，建立大夏王朝，傳十代，至1227年爲蒙古所滅。元昊稱帝以前，作爲北宋境内的地方割據政權，已經具有獨立性。史稱西夏，先後與遼、北宋及金、南宋並立於中國境内。境土包括今寧夏回族自治區全部、甘肅省大部、陝西省北部以及青海省、内蒙古自治區的部分地區。

[3]南院樞密使：即漢人樞密院之樞密使。爲南面官最高官職。詳見本書卷四七《百官志三》。 耶律斡特剌（1036—1105）：字乙辛隱，許國王寅底石六世孫。大安四年（1088）遷知北院樞密使事，賜翼聖佐義功臣。兩度出任西北路招討使，討伐耶覩刮部，因功加守太保，賜奉國匡化功臣。死於乾統五年（1105）。享年七十五歲。死後封許王。本書卷九七有傳。有契丹小字《許王墓誌》出土。

[4]宣懿皇后（1040—1075）：欽愛皇后蕭耨斤弟樞密使蕭孝惠之女。小字觀音。清寧元年（1055）立爲懿德皇后。生太子濬，有專房之寵。大康元年（1075）宮中婢女單登、教坊朱頂鶴誣告皇后與伶官趙惟一有私情，道宗詔令誅殺趙惟一全族，賜皇后自盡。天祚帝乾統元年（1101），追謚爲宣懿皇后，與道宗合葬慶陵。本書卷七一有傳。

[5]和魯斡（1041—1111）：【劉注】和魯斡爲耶律弘本契丹語小名的音譯。字阿輦。興宗第二子。重熙十七年（1048）封越王。乾統初爲天下兵馬大元帥，加守太師，免拜，不名。三年册爲義和仁壽皇太叔祖。其事蹟詳載漢字和契丹小字《義和仁壽皇太叔祖哀册》。

[6]北平郡王淳：即耶律淳（1062—1122）。興宗第四孫，南京

留守、宋魏王和魯斡之子。遼亡前夕保大二年（1122）在燕京自立爲帝，年號建福，降封天祚帝爲湘陰王。數月後死去，廟號宣宗。有傳附於本書卷三〇《天祚本紀》。

[7]北院樞密使：即契丹樞密院之樞密使，爲北面官之最高官職，掌軍事、部族。詳本書卷四五《百官志一》。　于越：契丹語官名的音譯。貴官，非有大功德不授。無具體執掌。位在北、南大王之上。　耶律阿思（1033—1108）：字撒班。清寧初補祗候郎君。重元之亂，與護衛蘇射殺涅魯古，賜號靖亂功臣，徙契丹行宮都部署。壽昌元年（1095）爲北院樞密使，監修國史。道宗崩，受顧命，加于越。受略，包庇乙辛黨人。本書卷九六有傳。【劉注】耶律阿思，據漢字《耶律祺墓誌銘》殘石和契丹大字《耶律祺墓誌銘》，阿思爲契丹大字小名**正来**的音譯，確切的譯法應爲“阿思里”，第二個名爲**丹禸**（撒班），漢名爲祺。其最後身份是于越守太師尚父齊王。卒於乾統八年正月二十三日，享年七十五歲。

[8]辛亥，葬仁聖大孝文皇帝、宣懿皇后於慶陵：【劉校】據中華點校本校勘記，“《遼文匯》八《道宗哀册》《宣懿哀册》並作壬子將遷座於永福陵”。　慶陵：包括遼聖宗耶律隆緒和仁德皇后、欽愛皇后的永慶陵，遼興宗耶律宗真和仁懿皇后的永興陵，遼道宗耶律弘基和宣懿皇后的永福陵。位於今内蒙古自治區巴林右旗索博日嘎（白塔子）鎮西北約十餘公里的瓦林茫哈地方。聖宗永慶陵中保存有壁畫，繪有人物、山水，尤以象徵四時捺鉢的四季山水圖彌足珍貴。三陵出土遺物多已散失，今僅存部分石刻哀册。其中漢文哀册有聖宗、仁德皇后、欽愛皇后、道宗、宣懿皇后的各一合，仁懿皇后哀册僅存漢字篆蓋。契丹小字哀册有道宗、宣懿皇后的各一合。1922年還從陵中抄寫出興宗和仁懿皇后的契丹小字哀册册文，原石仍埋墓中。

秋七月癸亥，阻卜、鐵驪來貢。[1]

[1]阻卜：即達旦、韃靼。元人諱言達旦，而稱達旦爲阻卜。詳王國維《觀堂集林》卷一四《達旦考》。　鐵驪：族名。遼置鐵驪國王府，以統其衆。住地當今黑龍江省東部松花江流域。

八月甲寅，謁慶陵。

九月壬申，謁懷陵。[1]乙亥，駐蹕藕絲淀。[2]

[1]懷陵：遼太宗、穆宗之陵。位於懷州境内。大同元年（947）遼置懷州奉陵軍，治所在今内蒙古自治區巴林右旗幸福之路蘇木崗根嘎查古城址。州隷永興宮。

[2]藕絲淀：即廣平淀，又名白馬淀。契丹語寬大曰阿斯。"藕絲"是阿斯的異譯。在永州東南三十里，爲遼中期以後冬捺鉢所在地。詳本書卷三二《營衛志中》。

冬十月壬辰，謁乾陵。[1]甲辰，上皇考昭懷太子謚曰大孝順聖皇帝，廟號順宗，皇妣曰貞順皇后。

[1]乾陵：遼景宗陵。位於乾州。《武經總要》前集卷一六下《戎狄舊地》乾州在醫巫閭山之南，古遼澤之地，遼主景宗陵寢在焉。今置廣德軍節度，兼山陵都部署。【劉注】據《東北歷史地理》下册，遼代乾州州治爲今遼寧省北鎮市廣寧鎮小常屯遼城址。

十二月戊子，以樞密副使張琳知樞密院事，[1]翰林學士張奉珪參知政事兼同知樞密院事。癸巳，宋遣黃實來賀即位。丁酉，高麗、夏國並遣使來賀。乙巳，詔先朝已行事，不得陳告。

[1]張琳（？—1123）：瀋州（今遼寧省瀋陽市）人。壽昌末年入仕。天祚即位擢升南府宰相，付以東征女直事。待中京失陷，天祚駕臨雲中，留張琳與李處温輔助魏國王淳守南京。淳稱帝，琳遭受排擠，鬱悒而卒。本書卷一〇二有傳。

初，以楊割爲生女直部節度使，[1]其俗呼爲太師。是歲楊割死，傳于兄之子烏雅束，束死，其弟阿骨打襲。[2]

[1]女直：本作女真，因避遼興宗耶律宗真名諱，改稱女直。遼時居東北東部。在南者入遼籍，稱熟女真，或合蘇館女真；在北者不入遼籍，稱生女真。

[2]其弟阿骨打襲：【劉校】據中華點校本校勘記，"按《金史世紀》，楊割（盈歌）卒於乾統三年癸未，烏雅束襲；烏雅束卒於天慶三年癸巳，阿骨打襲。此係帶敘，年份未合"。 阿骨打（1068—1123）：即金太祖。公元1115年至1123年在位。漢名旻。女真族完顏部人。遼天慶三年（1113）爲女真各部的都勃極烈（都部長）。連敗遼兵於寧江州（今吉林省松原市寧江區佰都鄉佰都村古城）、出河店（今黑龍江省肇源縣）。天慶五年（1115），建金國，稱帝，年號收國。取遼黃龍府（今吉林省農安縣），擊潰遼天祚帝親征軍。次年擊滅渤海人高永昌軍，招降保（今朝鮮新義州北）、開（今遼寧省鳳城市）等州的系遼籍女真人。天輔三年（1119）命完顏希尹創制女真文字。四年，取遼上京（今内蒙古自治區巴林左旗林東鎮）。六年，取遼中京（今内蒙古自治區寧城縣西北大明城）、南京（今北京市）。次年，西逐天祚帝，病死途中。廟號太祖，謚武元皇帝，墓號睿陵。

二年春正月，如鴨子河。[1]

[1]鴨子河：即混同江。今稱松花江。

二月辛卯，如春州。[1]

[1]春州：即長春州。治今吉林省前郭爾羅斯蒙古族自治縣西北部松花江畔的塔虎城。

三月，大寒，冰復合。

夏四月辛亥，詔誅乙辛黨，徙其子孫於邊。發乙辛、得里特之墓，[1]剖棺戮屍，[2]以其家屬分賜被殺之家。

[1]得里特：即蕭得里特。其祖先是遙輦洼可汗時期的宮分人。清寧初年耶律乙辛受重用執掌大權，得里特甚受重用，累經陞遷爲北面林牙、同知北院宣徽使事。是乙辛謀害太子的同夥。大康年間陞遷爲西南招討使。後因對道宗心懷不滿，全家籍没爲興聖宮宮分人，貶至西北統軍司。本書卷一一一有傳。

[2]戮屍：刑罰的一種。陳屍示衆，以示羞辱。

五月乙丑，斡特剌獻耶覩刮等部捷。[1]

[1]耶覩刮：遼朝西北部叛服不常的部族之一。本書卷九四《耶律那也傳》“大安九年，爲倒塌嶺節度使。明年冬，以北阻卜長磨古斯叛，與招討都監耶律胡呂率精騎二千往討，破之”。這場由阻卜長磨古斯開始的西北諸部叛亂，茶扎剌、拔斯母、耶覩刮等部也同時反叛，直至壽昌末年纔被平定。

六月壬辰，以雨罷獵，駐蹕散水原。丙午，夏國王李乾順復遣使請尚公主。[1]丁未，南院大王陳家奴致仕。壬子，李乾順爲宋所攻，遣李造福、田若水求援。

[1]李乾順（1083—1139）：西夏第四代皇帝。三歲即位。母梁氏與弟乙逋擅政。永安元年（1098）梁太后死，乾順親政，年十七，謹事遼朝，但與宋交惡。遼以宗室女封公主下嫁。遼亡前夕，他曾出兵援遼，後臣於金。諡號崇宗。

閏月庚申，策賢良。[1]壬申，降惠妃爲庶人。[2]

[1]賢良：唐宋考試選拔人才的科目。宋人徐度《卻掃編》卷下：“國朝制科初因唐制，有賢良方正，能直言極諫；經學優深，可爲師法；詳明吏理，達於教化。凡三科，應内外職官、前資見任、黄衣草澤人並許諸州及本司解送上吏部對御試策一道，限三千字以上。”宋人高承《事物紀原》卷三《學校舉貢部》：“漢唐逮今，取士之制有賢良方正、茂才異等六科，謂之制舉，亦曰大科，通謂之賢良。其制蓋自漢文帝始。”遼朝策賢良，蓋承唐制。

[2]惠妃：即遼道宗惠妃蕭氏（？—1118）。小字坦思，駙馬都尉蕭霞抹之妹。大康二年（1076）因受到乙辛讚譽，選入後宮，立爲皇后。八年（1082）皇孫延禧封梁王，坦思降爲惠妃，遷徙至乾陵。不久其母燕國夫人厭魅，伏誅。天祚即位後，乾統二年（1102）貶惠妃爲庶人。天慶六年（1116）召其回宮，封太皇太妃。兩年後，逃奔黑頂山，死後葬於太子山。本書卷七一有傳。

秋七月，獵黑嶺，[1]以霖雨給獵人馬。阻卜來侵，斡特剌等戰敗之。

[1]黑嶺：即慶雲山。據本書卷三七《地理志一》，慶州有慶雲山，"本黑嶺也，聖宗駐蹕，愛羨，曰：'吾萬歲後，當葬此。'興宗遵遺命，建永慶陵。有望仙殿、御容殿。置蕃、漢守陵三千户，並隸大内都總管司"。

冬十月乙卯，蕭海里叛，劫乾州武庫器甲。命北面林牙郝家奴捕之，[1]蕭海里亡入陪尤水阿典部。丙寅，以南府宰相耶律斡特剌爲北院樞密使，參知政事牛温舒知南院樞密使事。[2]

[1]林牙：契丹官名。掌文翰，相當於翰林學士。
[2]牛温舒（？—1105）：范陽（今河北省涿州市）人。咸雍年間，進士及第。兩度出任參知政事，乾統五年（1105）使宋，調解宋夏關係，歸來加中書令，卒。本書卷八六有傳。

十一月乙未，郝家奴以不獲蕭海里，免官。壬寅，以上京留守耶律慎思爲北院樞密副使。有司請以帝生日爲天興節。
三年春正月辛巳朔，如混同江。女直函蕭海里首遣使來獻。戊申，如春州。
二月庚午，以武清縣大水，[1]弛其陂澤之禁。

[1]武清縣：治所在今天津市武清區。

夏五月戊子，以獵人多亡，嚴立科禁。乙巳，清暑赤勒嶺。丙午，謁慶陵。

六月辛酉，夏國王李乾順復遣使請尚公主。

秋七月，中京雨雹傷稼。

冬十月甲辰，如中京。己未，吐蕃遣使來貢。[1]庚申，夏國復遣使求援。己巳，有事於觀德殿。[2]

[1]吐蕃：原爲中國古代藏族政權名。公元七世紀至九世紀在青藏高原建立。吐蕃政權崩潰以後，宋元及明初史籍稱青藏高原上的土著族、部爲吐蕃。

[2]觀德殿：中京宮殿名。本書卷一五《聖宗本紀六》載，開泰元年"十二月丙寅，奉遷南京諸帝石像於中京觀德殿"。

十一月丙申，文武百官加上尊號曰惠文智武聖孝天祚皇帝，大赦，以宋魏國王和魯斡爲皇太叔祖，[1]梁王撻魯進封燕國王，[2]鄭王淳爲東京留守，進封越國王，百官各進一階。丁酉，以惕隱耶律何魯掃古爲南院大王。[3]戊戌，以受尊號，告廟。[4]乙巳，謁太祖廟，追尊太祖之高祖曰昭烈皇帝、廟號肅祖，[5]妣曰昭烈皇后；曾祖曰莊敬皇帝、廟號懿祖，[6]妣曰莊敬皇后。召監修國史耶律儼纂太祖諸帝《實録》。[7]

[1]皇太叔祖：【劉校】"祖"字原脱，據漢字和契丹小字《義和仁壽皇太叔祖哀册》補。

[2]撻魯：天祚第三子。見本書卷六四《皇子表》。

[3]惕隱：契丹官名。又稱梯里己，掌皇族政教。 耶律何魯掃古：孟父房的後代。字烏古鄰。大安八年（1092）爲知西北路招討使事，以功加左僕射銜。再討耶覩刮等部族，因誤擊阻卜酉長磨古斯，北阻卜由此背叛朝命，而何魯掃古不以實情奏聞，被削去官

職，並以大杖決罰。道宗駕崩，與宰相耶律儼總領陵墓事務。乾統中致仕，卒。本書卷九四有傳。

[4]告廟：古代天子或諸侯出巡或遇兵戎等重大事件而祭告祖廟，稱"告廟"。《左傳·桓公二年》："凡公行，告於宗廟，反行，飲至、舍爵、策勳焉，禮也。"《新五代史》卷三七《伶官傳序》："莊宗受（三矢）而藏之于廟，其後用兵，則遣從事以一少牢告廟，請其矢，盛以錦囊，負而前驅。"

[5]蕭祖：名褥里思。

[6]懿祖：名薩剌德。

[7]耶律儼（？—1113）：析津（今北京市）人。字若思，本姓李氏。咸雍進士，壽昌初授樞密直學士，拜參知政事。修《皇朝實錄》七十卷。本書卷九八有傳。"太祖諸帝《實錄》"文義不通，應是太祖以下諸帝實錄。

十二月戊申，如藕絲淀。

是年，放進士馬恭回等百三人。

四年春正月戊子，幸魚兒濼。[1]壬寅，獵木嶺。癸卯，燕國王撻魯薨。

[1]魚兒濼：又稱長濼、長泊。在長春州境內，位於今吉林省前郭爾羅斯蒙古族自治縣西北部。

二月丁丑，鼻骨德遣使來貢。[1]

[1]鼻骨德：遼時黑龍江流域部族名。又作鱉古德，聖宗時分置伯斯鼻骨德部與撻馬鼻骨德部，均隸屬東北路統軍司。所在地相當於今黑龍江省富錦市至俄國境內哈巴羅夫斯克（伯力）沿江

一帶。

夏六月甲辰，駐蹕旺國崖。甲寅，夏國遣李造福、田若水求援。癸亥，吐蕃遣使來貢。

秋七月，南京蝗。庚辰，獵南山。癸未，以西北路招討使蕭得里底、北院樞密副使耶律慎思並知北院樞密使事。[1]辛卯，以同知南院樞密使事蕭敵里爲西北路招討使。

[1]蕭得里底（？—1122）：晉王蕭孝先之孫。字糺鄰。乾統元年（1101）爲北面林牙、同知北院樞密使，受詔與北院樞密使耶律阿思懲治乙辛餘黨。阿思受賄，多爲乙辛餘黨減輕治罪；得里底也附會阿思的做法。女直初起，得里底阻礙發兵進討。後任北院樞密使，受到天祚信任。保大二年（1122）天祚率衛兵出逃，得里底離開天祚後，爲耶律淳所獲，不食數日而卒。本書卷一〇〇有傳。

冬十月己酉，鳳凰見於潞陰。[1]己未，幸南京。

[1]潞陰：遼置，屬析津府。治所在今北京市通州區東南四十里潞縣鎮。本書卷四〇《地理志四》：“本漢泉山之霍村鎮。遼每季春，弋獵於延芳淀，居民成邑，就城故潞陰鎮，後改爲縣。在京東南九十里。”

十一月乙亥，御迎月樓，賜貧民錢。
十二月辛丑，以張琳爲南府宰相。
五年春正月乙亥，夏國遣李造福等來求援，且乞伐宋。庚寅，以遼興軍節度使蕭常哥爲北府宰相。[1]丁酉，遣樞密直學士高端禮等諷宋罷伐夏兵。

[1]蕭常哥（1039—1111）：【劉注】契丹語小名常哥，第二個
名胡獨堇，漢名義，字守常。生居外戚之家，世處大臣之位。懸車
致政，高蹈於前規；出綍申恩，載定於遺烈。其先迪烈寧（蕭敵
魯），太祖姑表弟，應天皇后之長兄也。贊翊日月。初置北相，首
居其位。時聖元肇祚，用人若身。運使從心，目公爲手。王父恭，
在聖宗朝，高尚自晦。起家授南面丞旨。歷林牙、夷离畢等官。拜
平章事。父宗石，贈中書令。母陳國太夫人耶律氏，故北府名王世
遷之姊。實生三男，公其季子也。壽昌元年，歷南女直都監，授東
京四軍副都指揮使。天祚皇帝初九潛龍，有大聖德。公之次女，選
儷諸闈。輔佐於中，周旋有度。乾統二年，授遼興軍節度使。其最
終身份是推誠保義守正崇仁全德功臣、北宰相、武寧軍節度，徐、
宿等州觀察處置等使，開府儀同三司、檢校太尉、守太傅、兼中書
令，行徐州大都督府長史、上柱國、蘭陵郡陳國公、食邑六千户、
食實封陸伯户、致仕、贈守太師、謚恭穆。其事蹟詳載《蕭義墓誌
銘》。另本書卷八二有傳。

二月癸卯，微行視民疾苦。丙午，幸駕鴛濼。[1]

[1]駕鴛濼：湖名。在今北京市延慶區境内。舊時周八十里。
其水停積不流，自遼金以來，爲飛放之所。即今野鴨湖。

三月壬申，以族女南仙封成安公主，下嫁夏國王李
乾順。

夏四月甲申，射虎炭山。[1]

[1]炭山：地名。據《新五代史》卷七二《四夷附録第一》：
"漢城在炭山東南灤河上，有鹽鐵之利，乃後魏滑鹽縣也。其地可
植五谷，阿保機率漢人耕種，爲治城郭、邑屋、廛市如幽州制度，
漢人安之，不復思歸。"另據本書卷四一《地理志·西京道》，炭
山在歸化州，即武州（今河北省張家口市宣化區）。

五月癸卯，清暑南崖。壬子，宋遣曾孝廣、王戩
報聘。

六月甲戌，夏國遣使來謝及貢方物。己丑，幸候
里吉。

秋七月，謁慶陵。

九月辛亥，駐蹕藕絲淀。乙卯，謁乾陵。

冬十一月戊戌，禁商賈之家應進士舉。丙辰，高麗
三韓國公王顒薨，[1]子俁遣使來告。

[1]高麗三韓國公王顒：此時爲三韓國公者非顒，而是其子俁，
顒先以晉封爲國王。《高麗史》卷一一《肅宗世家》庚辰五年（壽
昌六年，1100）九月壬子"遼遣蕭好古、高士寧來册王太子，勅
曰：'卿嗣膺祖服，遙臨海表之區，將建後昆，虔俟天朝之命……
册命卿長子俁爲三韓國公。'"

十二月己巳，夏國復遣李造福、田若水求援。癸
酉，宋遣林洙來議與夏約和。[1]

[1]林洙：【劉校】據中華點校本校勘記，《契丹國志》卷
一〇、《宋史》卷二〇及《長編》並作"林攄"。

六年春正月辛丑，遣知北院樞密使事蕭得里底，[1]知南院樞密使事牛温舒使宋，諷歸所侵夏地。[2]

[1]知北院樞密使事蕭得里底：【劉校】據中華點校本校勘記，“事”字原脱，據上文四年六月及卷一〇〇本傳補。

[2]關於此番宋夏衝突，《宋史》卷四八六《夏國傳》載：宋徽宗崇寧四年（1105），“詔西邊能招致者，毋問首從，賞同斬級令，用京計也。陶節夫在延州，大加招誘，乾順遣使巽請，皆拒之，又令殺其牧放者。夏人遂入鎮戎，略數萬口，執知鄜州高永年而去，又攻湟州，自是兵連者三年。大觀元年，始遣人修貢”。

夏五月，清暑散水原。

六月辛巳，夏國遣李造福等來謝。

秋七月癸巳，阻卜來貢。甲午，如黑嶺。庚子，獵鹿角山。

冬十月乙亥，宋與夏通好，遣劉正符、曹穆來告。[1]庚辰，以皇太叔祖南京留守和魯斡兼惕隱，[2]東京留守、越國王淳爲南府宰相。

[1]劉正符：【劉校】據中華點校本校勘記，《契丹國志》卷一〇、《宋史》卷二〇及《長編》並作“劉正夫”。

[2]以皇太叔祖南京留守和魯斡兼惕隱：【劉校】“祖”字原脱，據漢字和契丹小字《義和仁壽皇太叔祖哀册》補。

十一月乙未，以謝家奴爲南院大王，馬奴爲奚六部大王。[1]丙申，行柴册禮。[2]戊戌，大赦。以和魯斡爲義和仁壽皇太叔祖，[3]越國王淳進封魏國王，封皇子敖盧幹爲晉王，[4]習泥烈爲饒樂郡王。己亥，謁太祖廟。甲辰，祠木葉山。[5]

[1]奚六部大王：遼對歸附以後的奚族首領的稱呼。奚本來衹有五部，阿保機降伏五部奚之後設置墮瑰部，而成六部。詳本書卷三三《營衛志·部族下》。

[2]柴册禮：此禮源於中國傳統的“燔柴告天”，是古代天子祭天之禮。據《爾雅·釋天》：“祭天曰燔柴。”行禮時，積薪於壇，取玉及牲置於柴上焚燒。此禮與契丹的再生禮合併舉行，是爲契丹部落聯盟選汗和遼建國後新皇帝即位舉行的禮儀。相傳遙輦氏阻午可汗始制此儀，遼朝建國後有所增飾。

[3]以和魯幹爲義和仁壽皇太叔祖：【劉校】原作“以和魯幹爲義和仁聖皇太叔”，據漢字和契丹小字《義和仁壽皇太叔祖哀册》改“聖”爲“壽”。

[4]晉王敖盧幹（？—1122）：天祚皇帝長子。生母是文妃蕭氏。有人望，内外歸心。保大元年（1121）蕭奉先使人誣告南軍都統耶律余覩與晉王母文妃密謀立晉王爲帝，余覩投降金朝，文妃被誅。二年天祚帝賜敖盧幹死。本書卷七二有傳，記事與本紀多有不合。

[5]木葉山：山名。契丹語稱“大”爲“木葉”。“木葉山”可以泛指任何“大山”，也可專指某一大山爲“木葉山”。此處指永州境内一座山，契丹人視此山爲神山，其地在今内蒙古自治區翁牛特旗新蘇莫蘇木的西拉木倫河與老哈河匯合處一帶。“上建契丹始祖廟，奇首可汗在南廟，可敦（可汗之妻）在北廟，繪塑二聖并八子神像。”詳見本書卷三七《地理志一》“永州”條。

十二月己巳，封耶律儼爲漆水郡王，餘官進爵有差。

七年春正月，鉤魚於鴨子河。[1]

[1]鉤魚：鑿冰捕魚。

二月，駐蹕大魚濼。
夏六月，次散水原。
秋七月，如黑嶺。
冬十月，謁乾陵，獵醫巫閭山。[1]

[1]醫巫閭山：一作醫無慮山，俗呼廣寧山。醫巫閭係鮮卑語，
意思是“大山”。在遼寧省西部，大凌河以東、遼河平原西緣。東
北—西南走向。海拔 400 米左右。主峰望海山，海拔 867 米。

是年，放進士李石等百人。[1]

[1]李石：後更名李安弼。

八年春正月，如春州。
夏四月丙申，封高麗王俣爲三韓國公，贈其父顒爲
高麗國王。[1]

[1]封高麗王俣爲三韓國公，贈其父顒爲高麗國王：【劉注】
據中華點校本校勘記，依《高麗史》卷一一《肅宗世家》，壽昌三
年（1097）已封顒爲高麗王，六年已封俣爲三韓國公。又卷一二，
六年二月，遼遣使册俣爲高麗王，顒無追封之事。

五月，清暑散水原。

六月壬辰，西北路招討使蕭敵里率諸蕃來朝。丙申，射柳祈雨。[1]壬寅，夏國王李乾順以成安公主生子，遣使來告。丁未，如黑嶺。

[1]射柳祈雨：亦稱祈雨射柳。契丹的一種禮儀。分爲祈雨和射柳兩部分，始於遙輦蘇可汗。祈雨稱爲瑟瑟儀。本書卷四九《禮志一》載："瑟瑟儀：若旱，擇吉日行瑟瑟儀以祈雨。"瑟瑟儀祈雨如果奏效，主持此儀式的官員敵烈麻都將受到賞賜，否則就要受到戲弄。這是因爲他作爲禮官，不僅是這一禮儀的主持者，同時還被看作契丹人與祖先溝通的中間人。射柳也可以單獨舉行。《長編》卷一一〇宋仁宗天聖九年（1031）六月丁丑載：契丹"每謁木葉山，即射柳枝，諢子唱番歌，前導彈胡琴和之，已事而罷"。此外，祈雨也射柳。金初接待宋使，亦以射柳作爲一種遊樂項目，元朝、明朝也有此類活動。

秋七月戊辰，以雨罷獵。

冬十二月己卯，高麗遣使來謝。

九年春正月丙午朔，如鴨子河。

二月，如春州。

三月戊午，夏國以宋不歸地，遣使來告。

夏四月壬午，五國部來貢。[1]

[1]五國部：遼東北部族名。越里篤、剖阿里、奧里米、蒲奴里和越里吉，統稱五國部。

六月乙亥，清暑特禮嶺。

秋七月，隕霜，傷稼。甲寅，獵于候里吉。

八月丁酉，雪，罷獵。

冬十月癸酉，望祠木葉山。丁丑，詔免今年租稅。

十二月甲申，高麗遣使來貢。

是年，放進士劉楨等九十人。

十年春正月辛丑，預行立春禮。[1]如鴨子河。

[1]立春禮：遼朝禮儀。又作立春儀。本書卷四二《曆象志上》載：“大同元年，太宗皇帝自晉汴京收百司僚屬、伎術、曆象，遷於中京，遼始有曆……聖宗統和十二年，可汗州刺史賈俊進新曆，則大明曆是也。”遼初無曆，當然也就無正旦、立春、冬至等禮儀。後來遼宋雙方曆法不同，但正旦等朝賀儀式卻相似，因爲遼多模倣宋。遼朝立春儀與宋主要不同之處是將中原民間迎春活動也納入了皇家禮儀。如《遼史》卷五三《禮志六》載：“皇帝於土牛前上香，三奠酒，不拜。教坊動樂，侍儀使跪進彩杖。皇帝鞭土牛。”“鞭土牛”非契丹故俗。《大唐開元禮》卷三載：“凡立春前，兩京及諸州縣門外並造土牛。”這種習俗甚爲久遠。《文獻通考·郊社考》載：“立春前五日，於州大門外之東造青土牛兩頭、耕夫、犁具。立春有司迎春於東郊，豎青幡於青牛之旁。”以上記載可證，迎春造土牛乃各地官府之事，更無皇帝“鞭土牛”一節。孟元老《東京夢華錄·立春》“前一日，開封府進春牛入禁中，鞭春。開封、祥符兩縣置春牛於府前，至日絕早，府僚打春如方州儀”。府雖進春牛入禁中，但並無皇帝“鞭土牛”之記載。鞭打土牛亦是小兒遊戲。宋人楊萬里《誠齋集》卷一二《觀小兒戲打春牛》詩有“小兒著鞭鞭土牛，學翁打春先打頭”的詩句。遼朝皇帝親自鞭打土牛，確實反映了燕京等漢族地區農業經濟的重要地位。

二月庚午朔，駐蹕大魚濼。

夏四月丙子，五國部長來貢。丙戌，預行再生禮。癸巳，獵於北山。

六月甲戌，清暑玉丘。癸未，夏國遣李造福等來貢。甲午，阻卜來貢。

秋七月辛丑，謁慶陵。

閏月辛亥，謁懷陵。己未，謁祖陵。[1]壬戌，皇太叔祖和魯斡薨。

[1]祖陵：遼太祖耶律阿保機的葬所。位於祖州西五里，其地在今內蒙古自治區巴林左旗查干哈達蘇木石房子嘎查。

九月甲戌，免重九節禮。

冬十月，駐蹕藕絲淀。

十二月己酉，改明年元。

是歲，大饑。

天慶元年春正月，鉤魚於鴨子河。

二月，如春州。

三月乙亥，五國部長來貢。

夏五月，清暑散水原。

秋七月，獵。

冬十月，駐蹕藕絲淀。

二年春正月己未朔，如鴨子河。丁丑，五國部長來貢。

二月丁酉，如春州，幸混同江鉤魚，[1]界外生女直酋長在千里內者，以故事皆來朝。適遇"頭魚宴"，[2]酒半酣，上臨軒，命諸酋次第起舞，獨阿骨打辭以不能。諭之再三，終不從。他日上密謂樞密使蕭奉先曰："前日之燕，阿骨打意氣雄豪，顧視不常，可託以邊事誅之。否則，必貽後患。"[3]奉先曰："麁人不知禮義，無大過而殺之，恐傷向化之心。假有異志，又何能爲?"其弟吳乞買、粘罕、胡舍等嘗從獵，[4]能呼鹿，刺虎，搏熊。上喜，輒加官爵。

[1]混同江:【劉校】據中華點校本校勘記，"按《紀》太平四年二月，詔改鴨子河曰混同江"。但此後鴨子河之名仍沿用未廢。

[2]頭魚宴:遼俗，春季在混同江上鑿冰鈎魚，舉行宴會，爲一歲之盛禮，屆時貴族、近臣皆以獲准出席這一盛禮爲莫大榮幸。宋仁宗至和元年（遼重熙二十三年，1054）九月王拱辰使遼，曾出席頭魚宴，見《長編》卷一七七至和元年九月記載。

[3]阿骨打赴宴事:《三朝北盟會編》卷三載:"天慶二年春，天祚混同江釣（鈎）魚。舊例，諸國酋長盡來獻方物，宴會犒勞，使諸酋長歌舞爲樂。至阿骨打，但端立正視，辭以'不能'。天祚謂蕭奉先曰:'阿骨打筵上意氣雄豪，可託一邊事殺之，不然恐貽後患。'"奉先諫而止。阿骨打自宴漁河歸，即懷異志，疑遼見伐。

[4]吳乞買（1075—1135）:即金太宗。公元1123年至1135年在位。漢名完顏晟，金太祖弟。收國元年（1115），輔太祖建國，爲諳班勃極烈。天輔五年（1121）奉詔副太祖執國政。七年八月太祖死，九月即帝位，改元天會。天會三年（1125）滅遼，俘遼天祚帝。南下攻宋，四年底入汴京，滅北宋，五年俘徽、欽二帝北去。旋又大舉侵南宋，連年用兵。在位期間改革勃極烈制，建立中樞機構。燕雲地區則採用漢官制度。在原屬北宋的汴京地區建齊國傀儡政權。舉行科舉考試，建立賦稅制度，將大批女真人遷往漢地。天會八年立太祖孫合剌（熙宗）爲諳班勃極烈，作爲皇位繼承人。

粘罕（1080—1137）：即完顏宗翰。金宗室，撒改長子。女真名粘没喝，又譯粘罕。早年參預擁立太祖阿骨打及對遼戰爭，隨太祖取燕京。太宗時對宋作戰，粘罕爲西路軍統帥。天會四年（1126）與東路軍統帥宗望會兵攻下汴京。熙宗即位，拜太保、尚書令，領三省事，封晉國王。《金史》卷七四有傳。　其弟吳乞買、粘罕、胡舍等嘗從獵：【劉注】按《契丹國志》卷一〇云：“阿骨打有弟侄曰吳乞馬、粘罕、胡舍輩，天祚歲入秋山，數人必從行。”吳乞馬即吳乞買，漢名晟，爲阿骨打之弟。粘罕，本名粘没喝，又作粘哥，《金史》七四有傳作宗翰。胡舍，《大金國志》卷二七有傳，作骨舍。二人均爲阿骨打之侄。

夏六月庚寅，清暑南崖。甲午，和州回鶻來貢。[1]戊戌，成安公主來朝。甲辰，阻卜來貢。

[1]和州回鶻：又稱西州回鶻、高昌回鶻。和州，在今新疆維吾爾自治區吐魯番市以東高昌故城。

秋七月乙丑，獵南山。

九月己未，射獲熊，燕群臣，上親御琵琶。初，阿骨打混同江宴歸，疑上知其異志，遂稱兵，先併旁近部族。[1]女直趙三、阿鶻産拒之，[2]阿骨打虜其家屬。二人走訴咸州，[3]詳穩司送北樞密院。樞密使蕭奉先作常事以聞上，仍送咸州詰責，欲使自新。後數召，阿骨打竟稱疾不至。

[1]先併旁近部族：據《三朝北盟會編》卷三載：“阿骨打自宴漁河歸，益懷異志，疑遼見伐。粘罕曰：‘迎風縱棹，順阪走丸，

禍至速矣。不如乘其無備，先併鄰國，聚衆爲備，以待其變。'於
是併瀕海部族。"

[2]女直趙三、阿鶻産：趙三、阿鶻産，又作"阿骨産、趙三
大王"。此二人敵不過阿骨打，於是逃到了遼國境内。據《三朝北
盟會編》卷三所載，阿骨打向遼朝提出的十項要求中的第十項就是
"送還阿鶻産、趙三大王"。

[3]咸州：治所在今遼寧省開原市。

冬十月辛亥，高麗三韓國公王俣之母死，來告，即
遣使致祭，起復。是月，駐蹕奉聖州。[1]

[1]奉聖州：即新州。治所在今河北省涿鹿縣。

十一月乙卯，幸南京。丁卯，謁太祖廟。
是年，放進士韓昉等七十七人。[1]

[1]韓昉：燕京（今北京市）人。字公美。累世通顯。天慶二
年（1112）中進士第一。降金，曾充高麗國信使。天會四年
（1126）高麗奉表稱藩而不肯進誓表，韓昉迫使高麗進誓表稱臣。
《金史》卷一二五有傳。

三年春正月丙寅，賜南京貧民錢。丁卯，如大魚
濼。甲戌，禁僧尼破戒。[1]丙子，獵狗牙山，大寒，獵
人多死。

[1]破戒：指受戒僧尼違反佛教戒律。《百喻經·斫樹取果
喻》："如彼伐樹，復欲還活，都不可得，破戒之人亦復如是。"

三月，籍諸道户，徙大牢古山圍場地居民于別土。阿骨打一日率五百騎突至咸州，吏民大驚。翌日，赴詳穩司，與趙三等面折庭下。阿骨打不屈，送所司問狀。一夕遁去。遣人訴於上，謂詳穩司欲見殺，故不敢留。自是召不復至。

夏閏四月，李弘以左道聚衆爲亂，支解，分示五京。

六月乙卯，斡朗改國遣使來貢良犬。[1]丙辰，夏國遣使來貢。

[1]斡朗改：遼屬國部。《遼史·兵衛志》"斡朗改"亦作"嗢娘改"。《元秘史》作"兀良合"，清代稱"烏梁海"，分爲三部。其中之一的唐努烏梁海部，同治三年（1864）沙皇俄國迫清政府簽訂《中俄勘分西北界約記》，割去其西北十佐領之地，即今俄羅斯哈卡斯自治州和克麥羅沃州南部。1912年，中部二十七佐領又爲沙俄侵佔，1948年改爲蘇聯圖瓦自治州。東部九佐領之地，即今蒙古國庫蘇古爾省。本書卷四六《百官志二》有"斡朗改國王府"。

秋七月，幸秋山。

九月，駐蹕藕絲淀。

十一月甲午，以三司使虞融知南院樞密使事，[1]西南面招討使蕭樂古爲南府宰相。

[1]三司使：唐宋以鹽鐵、度支、户部爲三司，主理財賦。其長官爲三司使。《通鑑》卷二六五唐昭宣帝天祐三年（906）三月戊寅："以朱全忠爲鹽鐵、度支、户部三司都制置使。三司之名始於此。"遼代在南京設三司使司。此外，在上京設鹽鐵使司，東京

設户部使司，中京設度支使司，西京設計司。

十二月庚戌，高麗遣使來謝致祭。癸丑，回鶻遣使來貢。甲寅，以樞密直學士馬人望參知政事。[1]丙辰，知樞密院事耶律儼薨。癸亥，高麗遣使來謝起復。

[1]馬人望：字儼叔。高祖馬胤卿，原爲後晉青州刺史，被俘，一族被遷徙至醫巫閭山。曾祖廷煦，官至南京留守。人望咸雍年間，進士及第，任松山縣令。轉任涿州新城縣知縣。被擢升中京度支司鹽鐵判官。天祚即位後，轉任南京三司度支判官。本書卷一〇五有傳。

四年春正月，如春州。初，女直起兵，以紇石烈部人阿疏不從，[1]遣其部撒改討之。[2]阿疏弟狄故保來告，詔諭使勿討，不聽，阿疏來奔。至是女直遣使來索，不發。

[1]阿疏：女直紇石烈部首領。壽昌二年（1096）唐括部跋葛勃菫被温都部人跋忒殺害，生女直完顏部首領盈哥命其侄阿骨打率師討伐跋忒，然而爲紇石烈部的阿疏所阻。當盈哥親自率師前來討伐時，阿疏則向遼求援。乾統三年（1103）盈哥病故，其兄劾里鉢之子烏雅束襲位，在位十一年。這期間，完顏部進一步加強了對生女直各部的控制。天慶三年（1113）十月烏雅束病故，阿骨打襲位，稱“都勃極烈”。阿骨打襲位後，亦遣使至遼要求遣送阿疏。天慶四年再次派遣宗室習古廼及完顏銀尤可向遼索還阿疏。其實，他們的真實使命是要探聽遼朝虛實，索還叛人不過是個藉口。同年九月阿骨打進軍寧江州。天慶六年阿疏反遼，失敗。《金史》卷六

七有傳。

[2]撒改（？—1121）：女直景祖烏古廼之孫。大安十年（1094）穆宗盈歌初襲生女直節度使位，命撒改爲國相。天慶三年金太祖阿骨打稱都勃極烈，與撒改分治諸部，匹脱水以北太祖統之，來流水人民撒改統之。太宗吳乞買爲諳班勃極烈，撒改爲國論勃極烈，位高權重。死於天輔五年（1121）。《金史》卷七〇有傳。

夏五月，清暑散水原。

秋七月，女直復遣使取阿疏，不發。乃遣侍御阿息保問境上多建城堡之故，[1]女直以慢語答曰："若還阿疏，朝貢如故；不然，城未能已。"遂發渾河北諸軍，益東北路統軍司。阿骨打乃與弟粘罕、胡舍等謀，[2]以銀尤割、移烈、婁室、闍母等爲帥，[3]集女直諸部兵，擒遼障鷹官。[4]及攻寧江州，[5]東北路統軍司以聞，時上在慶州射鹿，聞之略不介意，遣海州刺史高仙壽統渤海軍應援。[6]蕭撻不也遇女直，[7]戰于寧江東，敗績。

[1]阿息保：即耶律阿息保。五院部人。字特里典。天慶初年轉任樞密院侍御。金兵攻陷寧江州後，與耶律章奴等持天祚帝書信往見女直首領，被拘，后逃回。待天祚親征敗績之後，轉任都巡捕使，加領軍衛大將軍。天祚從廣平淀出走，阿息保因進見不及時，被殺。本書卷一〇一及《金史》卷六七有傳。　問境上：【劉校】中華修訂本校勘記謂"境"，原作一字空格，據《大典》卷五二五一引《遼史·天祚皇帝紀》、明抄本、南監本、北監本、殿本及本書卷七〇《屬國表》補。今從。

[2]阿骨打乃與弟粘罕、胡舍等謀：【劉校】弟，中華點校本以爲應作"侄"。

　　[3]銀尤割：亦作銀尤可（1073—1140）。金宗室子，首先向阿骨打建議伐遼。《金史》卷七二有傳。　移烈：未詳所指。　婁室（1077—1130）：字斡里衍，完顏部人。女直將領。《金史》卷七二有傳。　闍母（1089—1129）：金太祖阿骨打異母弟。《金史》卷七一有傳。

　　[4]障鷹官：負責從女直地區捕海東青鶻的官員。

　　[5]寧江州：治所在今吉林省松原市寧江區佰都鄉佰都村古城。

　　[6]渤海軍：遼朝四類軍隊之一，另有契丹軍、奚軍和漢軍。

　　[7]蕭撻不也：【劉注】本書卷九九的蕭撻不也已經在道宗時期被殺，與天慶四年（1114）七月“遇女直，戰于寧江東”的蕭撻不也不是一個人。衹是同名而已。

　　冬十月壬寅朔，[1]以守司空蕭嗣先爲東北路都統，靜江軍節度使蕭撻不也爲副，發契丹、奚軍三千人，中京禁兵及土豪二千人，[2]別選諸路武勇二千餘人，以虞候崔公義爲都押官、控鶴指揮邢潁爲副，[3]引軍屯出河店。[4]兩軍對壘，女直軍潛渡混同江掩擊遼衆，蕭嗣先軍潰，崔公義、邢潁、耶律佛留、蕭葛十等死之，其獲免者十有七人。蕭奉先懼其弟嗣先獲罪，輒奏：“東征潰軍所至劫掠，若不肆赦，恐聚爲患。”上從之，嗣先但免官而已。諸軍相謂曰：“戰則有死而無功，退則有生而無罪。”故士無鬭志，望風奔潰。

　　[1]冬十月壬寅朔：【劉校】原脱“冬”“朔”二字。“冬”字，依文例補。“朔”字，中華點校本據本書卷四四《曆象志下·朔考》補。今從。

　　[2]中京禁兵：遼朝漢軍之一部。遼朝按民族分別組建軍隊，

有契丹軍、奚軍、渤海軍和漢軍，故北遼有“四軍大王”。

[3]控鶴：漢軍名號之一。

[4]出河店：在今黑龍江省肇源縣。

十一月壬辰，都統蕭敵里等營於斡鄰濼東，又爲女直所襲，士卒死者甚衆。甲午，蕭敵里亦坐免官。[1]辛丑，以西北路招討使耶律斡里朶爲行軍都統，[2]副點檢蕭乙薛、同知南院樞密使事耶律章奴副之。[3]

[1]蕭敵里亦坐免官：【劉校】據中華點校本校勘記，此蕭敵里即上文蕭嗣先，《金史》作“蕭糺里”。

[2]西北路招討使耶律斡里朶爲行軍都統：【劉校】據中華點校本校勘記，《契丹國志》卷一〇作“北樞密副使耶律斡离朶淶流河路都統”。

[3]耶律章奴（？—1115）：季父房的後代。字特末衍。天慶四年（1114）授東北路統軍副使。次年當天祚親征女直時，以章奴爲都監。大軍渡鴨子河，章奴與魏國王耶律淳的妻兄蕭敵里及其外甥蕭延留等謀立淳爲帝，誘軍隊將領和士卒三百餘人從前綫逃回。但耶律淳不配合他們行動。叛軍攻打上京不克，章奴於是逃往北方。順國女直阿鶻産率兵追趕，將其擊敗，章奴伏誅。本書卷一〇〇有傳。　蕭乙薛（？—1122）：國舅少父房之後。字特免。天慶初年知國舅詳穩事，轉任殿前副點檢。金朝起兵，爲行軍副都統。以作戰失利被撤職。十年（1120），金兵攻陷上京，天祚詔令乙薛兼上京留守、東北路統軍使。保大二年（1122）金兵發動大規模進攻，乙薛軍潰敗，降爲西南面招討使。天祚出逃後，拜乙薛爲殿前都點檢。後爲耶律大石所殺。本書卷一〇一有傳。

十二月，咸、賓、祥三州及鐵驪、兀惹皆叛入女直。[1]乙薛往援賓州，[2]南軍諸將實婁、特烈等往援咸州，並爲女直所敗。

[1]兀惹：【劉注】遼代屬國名。《長編》卷五五載宋真宗咸平六年（1003）秋七月己巳，李信云："遼陽城，即號東京者也。又東北六百里至兀惹城。"故地約在今黑龍江省拉林河流域，一説在今黑龙江省通河縣城附近。

[2]賓州：【劉注】遼代賓州州治在今吉林省農安縣靠山屯鎮廣元店村古城址。

（李錫厚注　劉鳳翥校）

遼史　卷二八

本紀第二十八

天祚皇帝二

五年春正月，下詔親征，遣僧家奴持書約和，斥阿骨打名。阿骨打遣賽剌復書，[1]若歸叛人阿疏，遷黃龍府於別地，[2]然後議之。都統耶律斡里朶等與女直兵戰於達魯古城，[3]敗績。

[1]賽剌：【劉校】據中華點校本校勘記，又見本年九月。本書卷七○《屬國表》並作"塞剌"。

[2]黃龍府：治所在今吉林省農安縣。

[3]女直：本作女真，因避遼興宗耶律宗真名諱，改稱女直。遼時居東北東部。在南者入遼籍，稱熟女真，或合蘇館女真；在北者不入遼籍，稱生女真。　達魯古城：爲防禦女直所築，其地當在黃龍府以东。

二月，饒州渤海古欲等反，[1]自稱大王。

[1]饒州：據《讀史方輿紀要》卷一八，該州在"臨潢西南二百三十里"。【劉注】據孫進己、馮永謙編《東北歷史地理》下册所載，遼代饒州州治在今内蒙古自治區林西縣小城子鄉西拉木倫河北岸的西櫻桃溝村黃土坑屯東古城址。

三月，以蕭謝佛留等討之。遣耶律張家奴等六人齎書使女直，[1]斥其主名，冀以速降。

[1]耶律張家奴：即耶律章奴（？—1115）。字特末衍，是季父房的後代。天慶四年（1114）授東北路統軍副使。次年當天祚親征女直時，以章奴爲都監。大軍渡鴨子河，章奴與魏國王耶律淳的妻兄蕭敵里及其外甥蕭延留等謀立淳爲帝，誘軍隊將領和士卒三百餘人從前綫逃回。但耶律淳不配合他們行動。叛軍攻打上京不克，章奴於是逃往北方。順國女直阿鶻産率兵追趕，將其擊敗，章奴伏誅。本書卷一〇〇有傳。

夏四月癸丑，蕭謝佛留等爲渤海古欲所敗，以南面副部署蕭陶蘇斡爲都統，[1]赴之。

[1]蕭陶蘇斡：契丹突呂不部人。字乙辛隱。天慶四年（1114）爲漢人行宫副部署。當時金兵初起，攻陷寧江州。陶蘇斡主張大規模征發諸道兵，以威勢壓制女直。其計不被採用。本書卷一〇一有傳。

五月，陶蘇斡及古欲戰，敗績。張家奴等以阿骨打書來，復遣之往。
六月己亥朔，清暑特禮嶺。壬子，張家奴等還，阿骨打復書，亦斥名諭之使降。癸丑，以親征諭諸道。丙辰，陶蘇斡招獲古欲等。癸亥，以惕隱耶律末里爲北院大王。[1]是月，遣蕭辭剌使女直，以書辭不屈見留。

[1]惕隱：契丹官名。又稱梯里己，掌皇族政教。 北院大王：契丹部族官。遼朝析迭剌部爲五院部和六院部。五院部有知五院事，在朝曰北大王院；六院部有知六院事，在朝曰南大王院。北院大王和南院大王即五院部和六院部的首領，握有兵權。 耶律末里：【劉校】“律”原本作“非”，明抄本、南監本、北監本和殿本均作“律”。中華點校本及修訂本徑改。今從改。

秋七月辛未，宋遣使致送助軍銀絹。丙子，獵於嶺東。是月，都統斡里朶等與女直戰于白馬濼，敗績。

八月甲子，罷獵，趨軍中。以斡里朶等軍敗，免官。丙寅，以圍場使阿不爲中軍都統、耶律張家奴爲都監率番漢兵十萬，[1]蕭奉先充御營都統、諸行營都部署耶律章奴爲副，以精兵二萬爲先鋒，[2]餘分五部爲正軍、貴族子弟千人爲硬軍、扈從百司爲護衛軍，北出駱駝口；以都點檢蕭胡覩姑爲都統、樞密直學士柴誼爲副，[3]將漢步騎三萬南出寧江州。[4]自長春州分道而進，[5]發數月糧，期必滅女直。

[1]漢兵：也稱“漢軍”。遼朝有衆多的漢軍，其中有阿保機收編的“山北八軍”以及趙延壽的軍隊。此外，遼朝還有自己按照中原軍隊編制組建的漢軍，其中最重要的是燕京等地的禁軍。據《長編》卷五五宋真宗咸平六年（1003）七月己酉記李信云：“國中所管幽州漢兵，謂之神武、控鶴、羽林、驍武等，約萬八千餘騎。”

其中“羽林”“控鶴”是唐、五代禁軍舊有的名號。因此可以斷定李信所說的遼燕京的“漢兵”就是戍衛京城的禁軍。

　　[2]“耶律張家奴爲都監”至“耶律章奴爲副”：【劉校】中華點校本校勘記云，耶律章奴即耶律張家奴，《金史》作“張奴”。紀事重複。

　　[3]都點檢：即殿前都點檢。五代後周世宗設置殿前司，以都點檢、副都點檢爲正副長官，位在都指揮使之上，爲禁軍統帥。宋初廢。遼設殿前都點檢，爲南面軍官，當係模倣周制。

　　[4]寧江州：治所在今吉林省松原市寧江區佰都鄉佰都村古城。

　　[5]長春州：治所在今吉林省前郭爾羅斯蒙古族自治縣塔虎城。

　　九月丁卯朔，女直軍陷黃龍府。己巳，知北院樞密使蕭得里底出爲西南面招討使。[1]辭剌還，女直復遣賽剌以書來報：[2]若歸我叛人阿疏等，即當班師。上親征。粘罕、兀尤等以書來上，陽爲卑哀之辭，實欲求戰。書上，上怒，下詔有“女直作過，大軍剿除”之語。女直主聚衆，剺面仰天慟哭曰：“始與汝等起兵，蓋苦契丹殘忍，欲自立國。今主上親征，奈何？非人死戰莫能當也。不若殺我一族，汝等迎降，轉禍爲福。”諸軍皆曰：“事已至此，惟命是從。”乙巳，耶律章奴反，[3]奔上京，謀迎立魏國王淳。[4]上遣駙馬蕭昱領兵詣廣平淀護后妃，[5]行宮小底乙信持書馳報魏國王。時章奴先遣王妃親弟蕭諦里以所謀説魏國王。王曰：“此非細事，主上自有諸王當立，北、南面大臣不來，而汝言及此何也？”密令左右拘之。有頃乙信等賷御劄至，備言章奴等欲廢立事。魏國王立斬蕭諦里等首以獻，單騎間道詣廣平淀待罪。上遇之如初。章奴知魏國王不聽，率麾下掠慶、饒、懷、祖等州，[6]結渤海群盜，衆至數萬，趨廣平淀犯行宮。順國女直阿鶻產以三百騎一戰而勝，擒其貴族二百餘人，並斬首以徇。其妻子配役繡院，或散諸近侍爲婢，餘得脫者皆奔女直。章奴詐爲使者，欲奔女直，爲邏者所獲，縛送行在，腰斬於市，剖其心以獻祖廟，支解以徇五路。

[1]蕭得里底（？—1122）：晉王蕭孝先之孫。字糺鄰。乾統元年（1101）爲北面林牙，同知北院樞密使，受詔與北院樞密使耶律阿思懲治乙辛餘黨。阿思受賄，多爲乙辛餘黨減輕治罪；得里底也附會阿思的做法。女直初起，得里底阻礙發兵進討。後任北院樞密使，受到天祚信任。保大二年（1122）天祚率衛兵出逃，得里底離開天祚後，爲耶律淳所獲，不食數日而卒。本書卷一〇〇有傳。

北院樞密使：即契丹樞密院之樞密使，爲北面官之最高官職，掌軍事、部族。詳本書卷四五《百官志一》。

[2]女直復遣賽剌以書來報：據《金史》卷二《太祖本紀》，女直未向遼遣使，而是以書信交遼使帶回。但不知賽剌是何人。

[3]耶律章奴反：與本年十二月乙巳，耶律張家奴叛爲同一件事，章奴謀反時間當以十二月爲是。本書卷三二《營衛志中》：“十月，坐冬行在所。”帝、后到廣平淀坐冬的時間是十月上旬至來年正月上旬。九月間后妃尚未到達廣平淀。

[4]魏國王淳：即耶律淳（1062—1122）。興宗第四孫，南京留守、宋魏王和魯斡之子。遼亡前夕保大二年，在燕京自立爲帝，年號建福，降封天祚帝爲湘陰王。數月後死去，廟號宣宗。有傳，附於本書卷三〇《天祚本紀四》。

[5]廣平淀：在永州東南三十里，爲遼中期以後冬捺鉢所在地。詳本書卷三二《營衛志中》。

[6]慶：即慶州，治所在今内蒙古自治區巴林右旗索博日嘎鎮。
饒：即饒州，治所在今内蒙古自治區林西縣小城子鄉。　懷：即
懷州，治所在今内蒙巴林右旗幸福之路苏木崗根嘎查古城址。
祖：即祖州，遼代地名。治所在今内蒙古自治區巴林左旗林東鎮西
南查干哈達蘇木石房子嘎查，因係阿保機祖先出生之地，故名。遼
在此置祖州天成軍。

　　冬十一月，遣駙馬蕭特末、林牙蕭察剌等將騎兵五
萬、步卒四十萬、親軍七十萬至馳門。[1]

　　[1]遼天祚帝集結大軍親征事據《金史》卷二《太祖本紀》
載：收國元年九月，"克黃龍府……十一月，遼主聞取黃龍府，大
懼，自將七十萬至駞門。駙馬蕭特末、林牙蕭查剌等將騎五萬、步
四十萬至斡鄰濼"。八月所載之"駱駝口"即"駞門"。此一路稱
"御營"，表明是親征主力。另一路出寧江州，亦即《金史》所記
斡鄰濼一路。兵分三路是遼的傳統戰法，御營所在即中路，另有
左、右翼。　蕭特末：大安初，娶道宗第三女越國公主。後爲都
統，與金人戰，敗於石輦鐸，被擒。

　　十二月乙巳，耶律張家奴叛。[1]戊申，親戰于護步
答岡，[2]敗績，盡亡其輜重。己未，錦州刺史耶律尤者
叛應張家奴。[3]庚申，北面林牙耶律馬哥討張家奴。癸
亥，以北院宣徽使蕭韓家奴知北院樞密使事，[4]南院宣
徽使蕭特末爲漢人行宮都部署。

　　[1]耶律張家奴叛：【劉校】按此即上文九月乙巳耶律章奴反，
奔上京，謀迎立魏國王淳事。以下章奴事重出不備舉。

　　[2]護步答岡：地名。《讀史方輿紀要》卷三八載："耶律章奴作亂，遼主引還，金人追敗之于護步答岡。蓋在混同江之西。"

　　[3]錦州：治所在今遼寧省錦州市舊城。　錦州刺史耶律尤者：【劉校】按本書卷一〇〇本傳，左遷銀州刺史。錦州爲節度，非刺史。

　　[4]蕭韓家奴：昭懷太子女延壽之夫。延壽於乾統元年（1101）進封趙國公主，加秦晉國長公主。

　　六年春正月丙寅朔，東京夜有惡少年十餘人乘酒執刃，踰垣入留守府，問留守蕭保先所在："今軍變，請爲備。"蕭保先出，刺殺之。户部使大公鼎聞亂，[1]即攝留守事，與副留守高清明集奚、漢兵千人，[2]盡捕其衆斬之，撫定其民。東京故渤海地，太祖力戰二十餘年乃得之。而蕭保先嚴酷，渤海苦之，故有是變。其裨將渤海高永昌僭號，稱隆基元年。[3]遣蕭乙薛、高興順招之，不從。[4]

　　[1]大公鼎（1042—1121）：渤海人。咸雍十年（1074）進士及第。天祚即位後，歷任長寧軍節度使、南京副留守，改任東京户部使。拜中京留守。本書卷一〇五有傳。

　　[2]攝：代理，兼理。　副留守高清明：【劉校】據中華點校本校勘記，本書卷四八《百官志四》及《契丹國志》卷一〇並作"高清臣"。

　　[3]隆基：【劉校】據中華點校本校勘記，《契丹國志》卷一〇作"應順"。

　　[4]蕭乙薛（？—1122）：國舅少父房之後。字特免。天慶初年知國舅詳穩事，轉任殿前副點檢。金起兵，爲行軍副都統。以作

戰失利，被撤職。十年金兵攻陷上京，天祚詔令乙薛兼上京留守、東北路統軍使。保大二年（1122）金兵發動大規模進攻，乙薛軍潰敗，降爲西南面招討使。天祚出逃後，拜乙薛爲殿前都點檢。後爲耶律大石所殺。本書卷一〇一有傳。

閏月己亥，遣蕭韓家奴、張琳討之。[1]戊午，貴德州守將耶律余覩以廣州渤海叛附永昌，[2]我師擊敗之。

[1]張琳（？—1123）：瀋州（今遼寧省瀋陽市）人。壽昌末年入仕。天祚即位，擢升南府宰相，付與東征女直事。待中京失陷，天祚駕臨雲中，留張琳與李處温輔助魏國王淳守南京。淳稱帝，琳遭受排擠，鬱悒而卒。本書卷一〇二有傳。
[2]貴德州：其州城故址當在今遼寧省撫順市城北高爾山前。

二月戊辰，侍御司徒撻不也等討張家奴，戰于祖州，敗績。乙酉，遣漢人行宮都部署蕭特末率諸將討張家奴。戊子，張家奴誘饒州渤海及中京賊侯槩等萬餘人，攻陷高州。[1]

[1]高州：統和八年更名武安州，隸大定府。治所在今內蒙古自治區敖漢旗東。

三月，東面行軍副統酬斡等擒侯槩於川州。[1]

[1]川州：遼代州名。據《嘉慶重修一統志·承德府》：舊城在朝陽縣（今遼寧省朝陽市）東北六十七里。初置川州，會同（938—947）中改爲白川州。【劉注】遼代川州，前期治所爲今遼

寧省北票市南八家子鄉四家板村古城址；後期治所爲今遼寧省北票
市黑城子鎮駐地黑城子村古城址。

夏四月戊辰，親征張家奴。癸酉，敗之。甲戌，誅
叛黨，饒州渤海平。丙子，賞平賊將士有差，而蕭韓家
奴、張琳等復爲賊所敗。

五月，清暑散水原。女直軍攻下瀋州，[1]復陷東京，
擒高永昌。東京州縣族人痕孛、鐸剌、吳十、撻不也、
道剌、酬斡等十三人皆降女直。[2]

[1]瀋州：治所在今遼寧省瀋陽市。
[2]族人：指契丹人。

六月乙丑，籍諸路兵，有雜畜十頭以上者皆從軍。
庚辰，魏國王淳進封秦晉國王爲都元帥，上京留守蕭撻
不也爲契丹行宮都部署兼副元帥。丁亥，知北院樞密使
事蕭韓家奴爲上京留守。

秋七月，獵秋山。春州渤海二千餘戶叛，[1]東北路
統軍使勒兵追及，盡俘以還。

[1]春州：即長春州。

八月，烏古部叛，[1]遣中丞耶律撻不也等招之。

[1]烏古：部族名。又稱嫗厥律、于厥律，居契丹西北。據
《新五代史》卷七三《四夷附録第二》：“嫗厥律，其人長大，髡頭，

酋長全其髮，盛以紫囊。地苦寒，水出大魚，契丹仰食。又多黑、白、黃貂鼠皮，北方諸國皆仰足。其人最勇，鄰國不敢侵。"

九月丙午，謁懷陵。[1]

[1]懷陵：遼太宗、穆宗之陵。位於懷州境内。大同元年（947）遼置懷州奉陵軍，治所在今内蒙古自治區巴林右旗幸福之路蘇木崗根嘎查古城址。州隸永興宫。

冬十月丁卯，以張琳軍敗，奪官。庚辰，烏古部來降。

十一月，東面行軍副統馬哥等攻曷蘇館，[1]敗績。

[1]曷蘇館：即熟女真。《松漠紀聞》卷上稱："居混同江之南者謂之熟女真，以其服屬契丹也。江之北爲生女真，亦臣於契丹。"

十二月乙亥，封庶人蕭氏爲太皇太妃。[1]辛巳，削副統耶律馬哥官。

[1]庶人蕭氏：即道宗惠妃蕭氏（？—1118）。小字坦思，駙馬都尉蕭霞抹之妹。大康二年（1076）因受到乙辛讚譽，選入後宫，立爲皇后。八年（1082）皇孫延禧封梁王，坦思降爲惠妃，遷徙至乾陵。不久，其母燕國夫人厭魅，伏誅。貶惠妃爲庶人。天慶六年（1116）召其回宫，封太皇太妃。兩年後逃奔黑頂山，死後葬於太子山。本書卷七一有傳。

七年春正月甲寅，減廄馬粟，分給諸局。是月，女直軍攻春州，東北面諸軍不戰自潰，女古、皮室四部及渤海人皆降，復下泰州。[1]

[1]女古、皮室四部及渤海人皆降，復下泰州：按《金史》卷七六《完顏杲傳》，"杲以兵一萬攻泰州，下金山縣，女固、脾室四部及渤海人皆來降，遂克泰州"。泰州，治所在今吉林省白城市東南。

二月，淶水縣賊董厖兒聚眾萬餘，[1]西京留守蕭乙薛、南京統軍都監查剌與戰於易水，[2]破之。

[1]淶水縣：治所在今河北省淶水縣。
[2]易水：河流名。在今河北省西部。大清河上源支流，有北、中、南三支，均源出易縣境，匯合後在定興縣入南拒馬河。東南流注大清河。

三月，厖兒黨復聚，乙薛復擊破之于奉聖州。[1]

[1]奉聖州：治所在今河北省涿鹿縣。

夏五月庚寅，東北面行軍諸將涅里、合魯、涅哥、虛古等棄市。[1]乙巳，諸圍場隙地，縱百姓樵採。

[1]棄市：執行死刑。古代在鬧市上行刑，並暴屍於街頭，稱爲棄市。

六月辛巳，以同知樞密院事余里也爲北院大王。

秋七月癸卯，獵秋山。

八月丙寅，獵狃斯那里山，命都元帥秦晉王赴沿邊，[1]會四路兵馬防秋。[2]

[1]秦晉王：【劉校】“王”原本作“非”，明抄本、南監本、北監本和殿本均作“王”。中華點校本及修訂本徑改。今從改。

[2]防秋：古代西北各遊牧部落往往趁秋高馬肥時南侵。屆時邊軍特加警衛，調兵防守，稱爲“防秋”。《舊唐書》卷一三九《陸贄傳》：“又以河隴陷蕃已來，西北邊常以重兵守備，謂之防秋。”

九月，上自燕至陰涼河，[1]置怨軍八營：募自宜州者曰前宜、後宜，[2]自錦州者曰前錦、後錦，自乾自顯者曰乾、曰顯，[3]又有乾顯大營、岩州營，[4]凡二萬八千餘人，屯衛州蒺藜山。[5]丁酉，獵輞子山。

[1]陰涼河：流經臨潢府南境，合於潢河。

[2]怨軍：遼末在在遼東地區招募的一支軍隊。《三朝北盟會編》卷一〇載：“遼人始以征伐女真，爲女真所敗，多殺其父兄，乃立是軍，使之報怨女真，故謂之怨軍。”然而“每女真兵入，則怨軍從以爲亂，女真退則因而復服，常以爲苦，天祚與群下謀殺怨軍，除其患，故其中郭藥師等反，殺其首領而降都統蕭幹，遂拜金吾大將軍，俾守涿州”。郭藥師是渤海鐵州人，與多數“怨軍”將領一樣，也是一個反復之徒。保大二年（1122）耶律淳稱帝，改怨軍爲常勝軍。　宜州：治所在今遼寧省義縣。

[3]乾：指乾州。【劉注】遼代乾州州治爲今遼寧省北鎮市廣寧鎮小常屯古城址。　顯：指顯州。【劉注】治所在今遼寧省北

鎮市。

[4]岩州：唐太宗時置，治白岩城（今遼寧省遼陽市東燕州城）。後廢。轄境相當今遼寧省遼陽市以東、本溪市以西地區。遼復置，治白岩縣。屬瀋州。

[5]衞州蒺藜山：在今遼寧省阜新蒙古族自治縣北。《金史・太祖紀》：天輔元年（1117），"斡魯古等敗耶律捏里兵于蒺藜山"即此。

冬十月乙卯朔，至中京。

十二月丙寅，都元帥秦晉國王淳遇女直軍戰於蒺藜山，敗績。女直復拔顯州旁近州郡。庚午，下詔自責。癸酉，遣夷离畢查剌與大公鼎諸路募兵。[1]丁丑，以西京留守蕭乙薛爲北府宰相，[2]東北路行軍都統奚霞末知奚六部大王事。[3]

[1]夷离畢：契丹官名。爲執政官，相當於副宰相參知政事。後來官分南、北，北面官有夷离畢院，主要掌刑政。

[2]宰相：契丹部族官名。契丹可汗之下有北、南二府，各部族則分屬二府，分設宰相，故北宰相亦稱北府宰相，南宰相亦稱南府宰相。

[3]奚六部大王：遼對歸附以後的奚族首領的稱呼。奚本來祇有五部，阿保機降伏五部奚之後設置墮瑰部，而成六部。詳本書卷三三《營衞志下・部族下》。

是歲，女直阿骨打用鐵州楊朴策即皇帝位，[1]建元天輔，國號金。楊朴又言，自古英雄開國或受禪，必先求大國封册，遂遣使議和，以求封册。[2]

[1]阿骨打：【劉校】"打"原本作"行"，明抄本、南監本、北監本和殿本均作"打"。中華點校本及修訂本徑改。今從改。

[2]楊朴：《三朝北盟會編》卷三載："有楊朴者，鐵州人，少第進士，累官至秘書郎。説阿骨打曰：'匠者與人規矩，不能使人必巧；師者，人之模範，不能使人必行。大王創興師旅，當變家爲國，圖霸天下，謀萬乘之國，非千乘所能比也。諸部兵衆皆歸大王，今力可抜山填海，而不能革故鼎新。願大王册帝號、封諸蕃，傳檄響應，千里而定。東接海隅，南連大宋，西通西夏，北安遠國之民，建萬世之鎡基，興帝王之社稷。行之有疑，禍如發矢。大王如何？'阿骨打大悦。吳乞買等皆推尊楊朴之言，上阿骨打尊號爲皇帝，國號大金……改元收國。令韓企先訓字，以王爲姓，以旻爲名。楊朴又稱説，自古英雄開國，或受禪，或求大國封册。遣人使大遼以求封册，其事有十：乞徽號'大聖大明'者一也；國號'大金'者二也；玉輅者三也；袞冕者四也；玉刻印'御前之寶'者五也；以弟兄通問者六也；生辰正旦遣使者七也；歲輸銀絹十五萬兩疋者八也；割遼東、長春兩路者九也；送還女真阿鶻産、趙三大王者十也。"《契丹國志》卷一〇載："有楊朴者，遼東鐵州人也，本渤海大族，登進士第，累官校書郎。先是高永昌叛時，降女真，頗用事，勸阿骨打稱皇帝，改元天輔。以王爲姓，以旻爲名。以其國産金，號大金。又陳説阿骨打曰：'自古英雄開國受禪，必先求大國封册。'八月阿骨打遣人詣天祚求封册，其事有十：徽號'大聖大明皇帝'，一也；國號'大金'，二也；玉輅，三也；袞冕，四也；玉刻'御前之寶'，五也；以弟兄通問，六也；生辰正旦遣使，七也；歲輸銀絹二十五萬疋兩，分南宋歲幣之半，八也；割遼東、長春二路，九也；送還女直阿鶻産、趙三大王，十也。"

八年春正月，幸鴛鴦濼。[1]丁亥，遣耶律奴哥等使金議和。[2]庚寅，保安軍節度使張崇以雙州二百户降金。[3]東路諸州盜賊蜂起，掠民自隨以充食。

[1]鴛鴦濼：湖名。在今北京市延慶區境內。舊時周八十里。其水停積不流，自遼金以來，爲飛放之所。即今野鴨湖。

[2]使金議和：據《三朝北盟會編》卷三：“天祚付南北面大臣會議，蕭奉先等悉從所請。遂差靜江軍節度使奚王府監軍蕭習泥烈、翰林學士楊勉充封册使副，歸州觀察使張孝偉、太常少卿王甫充慶問使副，衛尉少卿劉湜充管押禮物官，將作少監楊邱忠充讀册文官。”册使非耶律奴哥。

[3]保安軍：雙州軍號。本書卷三八《地理志二》載，雙州係“漚里僧王從太宗南征，以俘鎮、定二州之民建城置州”。統縣一，雙城縣。《滿洲源流考》卷一○：“雙城故縣在鐵嶺西六十里，金時州廢，以縣屬瀋州。”即今遼寧省鐵嶺縣西南六十里古城子村。

二月，耶律奴哥還自金，金主復書曰：“能以兄事朕，歲貢方物，歸我上、中京、興中府三路州縣，以親王、公主、駙馬、大臣子孫爲質，還我行人及元給信符，[1]並宋、夏、高麗往復書詔、表牒，則可以如約。”

[1]行人：使者的通稱。

三月甲午，復遣奴哥使金。

夏四月辛酉，以西南面招討使蕭得里底爲北院樞密使。

五月壬午朔，奴哥以書來，約不踰此月見報。戊戌，復遣奴哥使金，要以酌中之議。是月，至納葛濼。[1]賊安生兒、張高兒衆二十萬，耶律馬哥等斬生兒於龍化州，[2]高兒亡入懿州，[3]與霍六哥相合。金主遣胡突衮與奴哥持書，報如前約。

[1]納葛瀼：據傅樂煥考證“當即今熱河經棚縣（今内蒙古自治區克什克騰旗駐地經棚鎮）西之達里瀼。在遼上京之南”（參《遼史叢考》第84頁）。

[2]龍化州：傳説契丹始祖奇首可汗居此，原稱龍庭。地當今内蒙古自治區奈曼旗東北。唐天復二年（902），阿保機成爲迭剌部夷離堇，破代北，遷徙代北居民，於此建州。詳本書卷三七《地理志一·上京道》。

[3]懿州：【劉注】治所在今遼寧省阜新市蒙古族自治縣塔營子鎮塔營子村古城址。

六月丁卯，遣奴哥等齎宋、夏、高麗書詔、表牒至金。霍六哥陷海北州，趣義州，[1]軍帥回離保等擊敗之。[2]通、祺、雙、遼四州之民八百餘户降於金。[3]

[1]義州：【劉注】據劉鳳翥、王雲龍《契丹大字〈耶律昌允墓誌銘〉之研究》，遼代義州故址在今内蒙古自治區赤峰市元寶山區小五家回族鄉大營子村。

[2]回離保（？—1123）：奚人。一名翰，字揆懶，奚王忒鄰的後代。大安年間補護衛，稍陞遷爲鐵鷂軍詳穩。保大二年（1122）金兵來攻，天祚逃亡，回離保率官吏、民衆擁立秦晉國王耶律淳爲帝。同年金兵由居庸關進入燕京，回離保知北樞密院。三年，其於箭笴山自立，號稱奚國皇帝，改元天復。後爲郭藥師的常勝軍所敗，於是一軍離心離德，回離保爲其同黨所殺。本書卷一一四有傳。

[3]通：即通州，【劉注】治所在今吉林省四平市西部一面城

遼城址。 祺：即祺州，【劉注】治所在今遼寧省康平縣郝官屯鎮小塔子村古城址。 雙：即雙州，【劉注】治所在今遼寧省瀋陽市新城子區石佛寺村古城址。 遼：即遼州，【劉注】治所在今遼寧省新民市公主屯鎮遼濱塔村遼城址。

秋七月，獵秋山。金復遣胡突袞來，免取質子及上京、興中府所屬州郡，裁減歲幣之數，“如能以兄事朕，冊用漢儀，可以如約”。

八月庚午，遣奴哥、突迭使金，議冊禮。

九月，突迭見留。遣奴哥還，謂之曰：“言如不從，勿復遣使。”

閏月丙寅，遣奴哥復使金，而蕭寶、訛里等十五人各率戶降于金。[1]

[1]蕭寶、訛里等十五人各率戶降于金：【劉校】據中華點校本校勘記，本書卷七〇《屬國表》：“蕭寶、訛里野、特末、霍石、韓慶和、王伯龍等各率衆歸於金。”《金史》卷二《太祖紀》亦作蕭寶、訛里野。

冬十月，奴哥、突迭持金書來。龍化州張應古等四人率衆降金。

十一月，副元帥蕭撻不也薨。

十二月甲申，議定冊禮，遣奴哥使金。寧昌軍節度使劉宏以懿州戶三千降金。時山前諸路大饑，乾、顯、宜、錦、興中等路，斗粟直數縑，民削榆皮食之，既而人相食。

是年，放進士王翬等百三人。

九年春正月，金遣烏林荅贊謨持書來迎册。

二月，至駕鴛濼。賊張撒八誘中京射糧軍，[1]僭號。南面軍帥余覩擒撒八。

[1]射糧軍：遼金兵役制度。關於“射糧軍”，《遼史》失載。金朝的射糧軍是被刺面在軍中充雜役的，不僅地位低下，而且没有人身自由。《金史》卷四四《兵志》：“諸路所募射糧軍，五年一籍三十以下、十七以上强壯者，皆刺其□，所以兼充雜役者也。”

三月丁未朔，遣知右夷离畢事蕭習泥烈等册金主爲東懷國皇帝。[1]己酉，烏林荅贊謨、奴哥等先以書報。

[1]册金主爲東懷國皇帝：《九朝編年備要》卷二八記載此事爲重和元年（1118），即遼天慶八年，“女真衆中有楊朴者，遼東人也。勸阿骨打稱皇帝，以王爲姓，以旻爲名。以其國産金，故稱大金，改元天輔，皆從之。樸又勸阿骨打遣人詣天祚求封册。天祚付南北面大臣議，蕭奉先喜以爲自此可無患矣，請許之。天祚遂遣使備袞冕之服，册阿骨打‘東懷皇帝’。阿骨打召楊朴等觀驗，以儀物不純用天子之制，大怒，欲斬其使諸臣，爲謝乃解，猶人笞百餘，尋遣還。要其稱‘大金皇帝兄’，不然則提兵取上京。天祚惡聞女真事，蕭奉先揣其意不以聞。明年上京破，和議遂格”。

夏五月，阻卜補疏只等叛，[1]執招討使耶律斡里朶，都監蕭斜里得死之。

[1]阻卜：即達旦、韃靼。元人諱言達旦，而稱達旦爲阻卜。詳王國維《觀堂集林》卷一四《達旦考》。

秋七月，獵南山。金復遣烏林荅贊謨來，責册文無"兄事"之語，不言"大金"而云"東懷"，乃小邦懷其德之義；及册文有"渠材"二字，語涉輕侮；若"遙芬多戩"等語，皆非善意，殊乖體式。[1]如依前書所定，然後可從。楊詢卿、羅子韋率衆降金。

[1]"金復遣烏林荅贊謨來"至"殊乖體式"：金以爲册書非善意。《契丹國志》卷一〇載：册立阿骨打爲東懷國至聖至明皇帝，其册文略曰："眷惟蕭慎之區，實介扶餘之俗。土濱上國，材布中嶔。雅有山川之名，承其父祖之蔭。碧雲衮野，固須挺於渠材；皓雪飛霜，疇不雄於絶駕。封章屢報，誠意交孚；載念遙芬，宜膺多戩。是用遣蕭習泥烈等持節備禮，册爲東懷國至聖至明皇帝。義敦友睦，地裂豐腴。鳴呼，戒哉欽哉，式孚於休。"所有徽號緣犯祖號，改爲至聖至明，餘悉從之。使人自十月發行，十二月至金國。楊朴以儀物不全用天子之制，又東懷國乃小邦懷其德之義，仍無册爲兄之文。如"遙芬多戩"，皆非美意；彤弓象輅，亦諸侯事；"渠材"二字意似輕侮。命習泥烈歸易其文。隨答云"兄友弟恭"，出自《周書》，言友睦則兄之義見矣。楊朴等面折，以爲非是。阿骨打大怒，叱出使、副，欲腰斬之。粘罕諸人爲謝，乃解，尚人笞百餘。次年三月，止遣蕭習泥烈、楊立忠回，云："册文罵我，我都不曉，徽號、國號、玉輅、御寶，我都有之。須稱我大金皇帝兄即已，能從我，今秋可至軍前。不然，我提兵取上京矣。"帝惡聞女直事，蕭奉先揣其意，皆不以聞。遷延久之，聞上京已破，和議遂寢。後天祚雖復請和，皆不報。是歲宋徽宗重和元年。按：金攻佔遼上京是在遼天慶十年（宣和二年，1120）春二月，宋遣中奉大夫、右文殿修撰趙良嗣假朝奉大夫，以買馬爲名，由登州泛海使女真。四月十四日抵達遼東。當時女真三路大軍正準備對遼上京發起攻擊，便約趙良嗣前去觀戰。　渠材：言其爲"大材"，或"首領之材"。金人認爲這是遼站在高高在上的立場上評價他們的領導人，

故認爲“語涉輕侮”。

八月，以趙王習泥烈爲西京留守。

九月，至西京。復遣習泥烈、楊立忠先持册稿使金。[1]

[1]楊立忠：【劉校】按本書卷七〇《屬國表》，作“楊近忠”。

冬十月甲戌朔，耶律陳圖奴等二十餘人謀反，伏誅。是月，遣使送烏林荅贊謨持書以還。

十年春二月，幸駕鴛濼。金復遣烏林荅贊謨持書及册文副本以來，仍責乞兵于高麗。

三月己酉，民有群馬者，十取其一，給東路軍。庚申，以金人所定“大聖”二字，與先世稱號同，復遣習泥烈往議。金主怒，遂絶之。

夏四月，獵胡土白山，聞金師再舉，耶律白斯不等選精兵三千以濟遼師。

五月，金主親攻上京，克外郛，留守撻不也率衆出降。

六月乙酉，以北府宰相蕭乙薛爲上京留守、知鹽鐵內省兩司、東北統軍司事。

秋，獵沙嶺。

冬，復至西京。

（李錫厚注　劉鳳翥校）

遼史　卷二九

本紀第二十九

天祚皇帝三

保大元年春正月丁酉朔，改元，肆赦。初，金人興兵，郡縣所失幾半。上有四子：長趙王，母趙昭容；[1] 次晉王，母文妃；[2] 次秦王、許王，皆元妃生。[3] 國人知晉王之賢，深所屬望。元妃之兄樞密使蕭奉先恐秦王不得立，[4] 潛圖之。文妃姊妹三人：長適耶律撻曷里，次文妃，次適余覩。[5] 一日其姊若妹俱會軍前，奉先諷人誣駙馬蕭昱及余覩等謀立晉王，[6] 事覺，昱、撻曷里等伏誅，文妃亦賜死，獨晉王未忍加罪。余覩在軍中聞之大懼，即率千餘騎叛入金。[7] 上遣知奚王府事蕭遐買、北府宰相蕭德恭、太常衮耶律諦里姑、歸州觀察使蕭和尚奴、四軍太師蕭幹將所部兵追之，[8] 及諸閭山縣。[9] 諸將議曰：“主上信蕭奉先言，奉先視吾輩蔑如也。余覩乃宗室豪俊，常不肯爲奉先下，若擒余覩，他日吾黨皆余覩也，不若縱之。”還，即紿曰：“追襲不及。”奉先既見余覩之亡，恐後日諸校亦叛，遂勸驟加爵賞，以結衆心。以蕭遞買爲奚王，[10] 蕭德恭試中書門下平章事兼判上京留守事，耶律諦里姑爲龍虎衛上將軍，蕭和尚奴金吾衛上將軍，蕭幹鎮國大將軍。

[1] "上有四子" 至 "母趙昭容"：【劉校】據中華點校本校勘記，依本書卷六四《皇子表》，天祚六子。《初校》："趙昭容，'趙'字衍。"

[2] 文妃：即天祚文妃蕭氏（？—1121）。小字瑟瑟。國舅大父房之女。乾統三年（1103）冬，立爲文妃。生蜀國公主、晉王敖盧斡。敖盧斡平素在衆人之中有威望。天祚元妃之兄蕭奉先對敖盧斡深懷妒忌，於是誣衊南軍都統耶律余覩陰謀立晉王敖盧斡，以爲文妃參與此事，賜死。本書卷七一有傳。

[3] 元妃：小字貴哥，隨天祚逃亡西部，因病而卒。然《契丹國志》卷一三稱其後爲金人擒獲，粘罕收爲次室。本書卷七一有傳。

[4] 蕭奉先（？—1122）：天祚元妃之兄。因元妃故，奉先得以累次陞遷，最後官至樞密使，封蘭陵郡王。天慶四年（1114）阿骨打起兵進犯寧江州，天祚命奉先弟嗣先爲都統，率領番、漢兵前去征討，於出河店敗績逃走。奉先擔心其弟嗣先被誅，奏請天祚肆赦。從此以後士無鬥志，遇敵即潰。當初，蕭奉先曾誣告耶律余覩勾結駙馬蕭昱陰謀立其外甥晉王爲帝，導致蕭昱被殺，余覩投奔女直。本書卷一〇二有傳。

[5] 余覩：即耶律余覩（？—1121）。皇族。保大初年曾任副都統。其妻是天祚文妃之妹，文妃生晉王；蕭奉先之妹是天祚元妃，生秦王。奉先怕秦王不能繼承皇位，於是指使人誣陷余覩結納駙馬蕭昱等陰謀立晉王爲帝。天祚爲此殺蕭昱，賜文妃死。余覩在軍中得知此事後，恐怕不能自明而被誅，即率千餘士兵，連同軍帳

中的親信叛歸女直。本書卷一○二有傳。

[6]駙馬蕭昱：【劉注】《契丹國志》卷一○作"長公主駙馬蕭昱"。

[7]即率千餘騎叛入金：【劉校】據中華點校本校勘記，依《契丹國志》卷一一、《金史·太祖本紀》，余覩叛入金在本年五月。

[8]蕭幹：即奚回離保（？—1123）。一名翰，字揆懶。奚王忒鄰的後代。大安年間補護衛，稍陞遷爲鐵鷂軍詳穩。保大二年（1122）金兵來攻，天祚逃亡，回離保率官吏、民衆擁立秦晉國王耶律淳爲帝。同年，金兵由居庸關進入燕京，回離保知北樞密院。三年，其於箭笴山自立，號稱奚國皇帝，改元天復。後爲郭藥師的常勝軍所敗，於是一軍離心離德，回離保爲其同黨所殺。本書卷一一四有傳。

[9]閭山縣：【劉注】興中府的屬縣。具體位置待考，應從今遼寧省朝陽市以西求之。

[10]奚王：對奚族首領的稱呼。本書卷四六《百官志二》："奚六部在朝曰奚王府。"

二月，幸鴛鴦濼。[1]

[1]鴛鴦濼：湖名。在今北京市延慶區境內。舊時周八十里。其水停積不流，自遼金以來，爲飛放之所。即今野鴨湖。

夏五月，至曷里狨。
秋七月，獵炭山。[1]

[1]炭山：山名。據《新五代史》卷七二《四夷附錄第一》："漢城在炭山東南灤河上，有鹽鐵之利，乃後魏滑鹽縣也。其地可植五谷，阿保機率漢人耕種，爲治城郭、邑屋、廛市如幽州制度，

漢人安之，不復思歸。"另據本書卷四一《地理志五·西京道》，炭山在歸化州，即武州（今河北省張家口市宣化區）。

九月，至南京。

冬十一月癸亥，以西京留守趙王習泥烈爲惕隱。[1]

[1]趙王習泥烈：天祚第四子。　惕隱：契丹官名。又稱梯里己，掌皇族政教。

二年春正月乙亥，金克中京，進下澤州。[1]上出居庸關，[2]至鴛鴦濼。聞余覩引金人婁室字董奄至，[3]蕭奉先曰："余覩乃王子班之苗裔，此來欲立甥晉王耳。若爲社稷計，不惜一子，明其罪誅之，可不戰而余覩自廻矣。"上遂賜晉王死，素服三日，耶律撒八等皆伏誅。王素有人望，諸軍聞其死，無不流涕，由是人心解體。余覩引金人逼行宮，上率衛兵五千餘騎幸雲中，[4]遺傳國璽于桑乾河。[5]

[1]澤州：【劉注】遼代澤州州治在今河北省平泉市會州村古城址。

[2]居庸關：要塞名。位於今北京市昌平區西北。

[3]婁室字董：即完顏婁室（1077—1130）。字斡里衍，金女真完顏部人。年二十一，代父白荅爲雅撻懶等七水部長。從阿骨打（金太祖）起兵，屢勝遼軍。以萬户守黃龍府。進爲都統，從完顏杲取中京（今内蒙古自治區寧城縣），與闍母破西京（今山西省大同市），擒獲遼天祚帝後，取河中府（今山西省永濟市西）、京兆府（今陝西省西安市附近）、鳳翔，進克延安府，降境内諸州、寨、

堡。與婆盧火守延安。進爲右副元帥，總陝西征伐諸軍事。死於涇州，追封金源郡王，謚壯義。爲金朝開國功臣之一。《金史》卷七二有傳。

[4]雲中：即雲州，在今山西省大同市。

[5]桑乾河：源出今山西省朔州市。遼西京大同府近桑乾河上游，故聖宗獵於此。

二月庚寅朔，日有食之，既。甲午，知北院大王事耶律馬哥、漢人行宮都部署蕭特末並爲都統，[1]太和宮使耶律補得副之，將兵屯鴛鴦濼。己亥，金師敗奚王霞末於北安州，[2]遂降其城。

[1]北院大王：契丹部族官。遼朝析迭剌部爲五院部和六院部。五院部有知五院事，在朝曰北大王院；六院部有知六院事，在朝曰南大王院。北院大王和南院大王即五院部和六院部的首領，握有兵權。　蕭特末：大安初，娶道宗第三女越國公主。後爲都統，與金人戰，敗於石輦鐸，被擒。

[2]北安州：北安州：《御批通鑒輯覽》卷八一宋宣和四年三月“金尼瑪哈（粘罕）敗遼奚王于北安州”。注：“遼置，金曰興州。故城在今熱河南喀喇河屯。”即河北省承德市雙灤區灤河鎮。【劉注】據河北省文物研究所鄭紹宗所長調查，遼代北安州州治在今河北省灤平縣縣城。　於北安州：【劉校】中華修訂本謂，“於”原作“非”，據《大典》卷五二五一引《遼史·天祚皇帝紀》及明抄本、南監本、北監本和殿本改。今從。

三月辛酉，上聞金師將出嶺西，遂趨白水濼。乙丑，群牧使謨魯斡降金。[1]丙寅，上至女古底倉。聞金兵將近，計不知所出，乘輕騎入夾山。[2]方悟奉先之不忠，怒曰：“汝父子誤我至此，今欲誅汝，何益於事！恐軍心忿怨，爾曹避敵苟安，禍必及我，其勿從行。”奉先下馬哭拜而去，行未數里，左右執其父子縛送金兵。金人斬其長子昂，以奉先及其次子昱械送金主，道遇遼軍，奪以歸國，遂並賜死。逐樞密使蕭得里底。[3]召撻不也典禁衛。丁卯，以北院樞密副使蕭僧孝奴知北院樞密使事，同知北院樞密使事蕭查刺爲左夷离畢。[4]戊辰，同知殿前點檢事耶律高八率衛士降金。己巳，偵人蕭和尚、牌印郎君耶律哂斯爲金師所獲。癸酉，以諸局百工多亡，凡扈從不限吏民皆官之。初，詔留宰相張琳、李處溫與秦晉國王淳守燕。[5]處溫聞上入夾山，數日命令不通，即與弟處能、子奭外假怨軍，[6]内結都統蕭幹謀立淳。遂與諸大臣耶律大石、左企弓、虞仲文、曹勇義、康公弼集蕃漢百官、諸軍及父老數萬人詣淳府。[7]處溫邀張琳至，白其事。琳曰：“攝政則可。”[8]處溫曰：“天意人心已定，請立班耳。”處溫等請淳受禮，淳方出，李奭持赭袍被之，令百官拜舞山呼。淳驚駭，再三辭，不獲已而從之。以處溫守太尉，[9]左企弓守司徒，曹勇義知樞密院事，虞仲文參知政事，張琳守太師，李處能直樞密院，李奭爲少府少監、提舉翰林醫官。李爽、陳秘十餘人曾與大計，並賜進士及第，授官有差。蕭幹爲北樞密使，駙馬都尉蕭旦知樞密院事。改怨軍爲常勝軍。於是肆赦，自稱天錫皇帝，改元建福，降封天祚爲湘陰王。遂據有燕、雲、平及上京、遼西六路。天祚所有沙漠已北西南、西北路兩都招討府諸蕃部族而已。

[1]群牧使：管理契丹國家畜群機構的官員。契丹有專門機構管理畜群，這類機構亦稱“群牧”。諸路設群牧使司，下設某群太保、某群侍中、某群敞史；朝廷設總典群牧使司，有總典群牧部籍使、群牧都林牙。以“群”爲單位設某群牧司，設群牧使、群牧副使。此外，還有祇管理馬及牛群的機構。遼亡之後，金稱契丹群牧爲“烏魯古”。

[2]夾山：今內蒙古土默特左旗東北、武川縣西南之大青山。據陳得芝《耶律大石北行史地雜考》（《歷史地理》第二輯），夾山應在天德軍附近之漁陽嶺以北。據《長春真人西遊記》，漁陽嶺在豐州之西五十里。當即今內蒙古自治區呼和浩特市西北之吳公壩。故夾山應指吳公壩北武川縣附近地區。

[3]蕭得里底（？—1122）：晉王蕭孝先之孫。字糺鄰。乾統元年（1101）爲北面林牙、同知北院樞密事，受詔與北院樞密使耶律阿思懲治乙辛餘黨。阿思受賄，多爲乙辛餘黨減輕治罪，得里底也附會阿思的做法。女直初起，得里底阻礙發兵進討。後任北院樞密使，受到天祚信任。保大二年（1122）天祚率衛兵出逃，得里底離開天祚後，爲耶律淳所獲，不食數日而卒。本書卷一〇〇有傳。

[4]夷离畢：契丹官名。爲執政官，相當於副宰相參知政事。後來官分南、北，北面官有夷离畢院，主要掌刑政。

[5]張琳（？—1123）：瀋州（今遼寧省沈陽市）人。壽昌末年入仕。天祚即位，擢陞南府宰相，付與東征女直事。中京失陷，天祚駕臨雲中，留張琳與李處温輔助魏國王淳守南京。淳稱帝，琳遭受排擠，鬱悒而卒。本書卷一〇二有傳。　李處温：析津（今北京市）人。李儼之侄。儼卒，蕭奉先推薦處温爲相。保大初年金人攻陷中京，天祚逃奔夾山，處温與族弟處能、子奭，外靠怨軍聲

援，勾結都統蕭幹立魏國王耶律淳爲帝。魏國王死後，蕭幹擁契丹兵，立王妃蕭氏爲太后，暫時主持軍國大事。處溫曾密謀挾持蕭后歸宋，事發賜死。本書卷一〇二有傳。

[6]怨軍：遼末在遼東地區招募的一支軍隊。《三朝北盟會編》卷一〇載，“遼人始以征伐女真，爲女真所敗，多殺其父兄，乃立是軍，使之報怨女真，故謂之怨軍”。然而“每女真兵入，則怨軍從以爲亂，女真退則因而復服，常以爲苦，天祚與群下謀殺怨軍，除其患，故其中郭藥師等反，殺其首領而降都統蕭幹，遂拜金吾大將軍，俾守涿州”。郭藥師是渤海鐵州（今遼寧省營口市）人，與多數“怨軍”將領一樣，也是一個反復之徒。保大二年耶律淳稱帝，改怨軍爲常勝軍。

[7]耶律大石（1094—1143）：遼太祖阿保機八代孫。字重德。通漢文及契丹文字，且善騎射，是遼末契丹皇室中少有的文武全才。登天慶五年（1115）進士第。燕京陷落後，大石在保大四年七月脫離天祚。最初他活動於今内蒙古東部地區，要在契丹初興之地復興遼朝。但是由於抵擋不住金軍的攻擊，他祇好向西北的遊牧部族地區退卻，並在那里“置北、南面官屬，自立爲王，率所部西去”。號召遊牧各部與他“共救君父”。大石沿襲遼朝傳統的政治體制，建立了有南、北面官的政權。這個政權的實際首領雖是大石，但它仍然承認天祚皇帝作爲遼朝合法君主的地位，這一政權爲以後西遼在中亞立國做了準備。大石約於1132年在八拉沙衮稱帝改元，號葛兒罕。復上漢尊號曰天祐皇帝，改元延慶。本書卷三〇有傳，但所記時間未可盡信。　左企弓（1051—1124）：燕京（今北京市）人。字君材。中進士，天慶末拜廣陵軍節度使，同中書門下平章事、知樞密院事。天祚自駕鴛鴦濼亡入夾山，秦晉國王耶律淳於保大二年三月自立於燕，企弓守司徒。數月後耶律淳死，德妃攝政，企弓加侍中。三年初金占燕京，企弓等奉表降。金既定燕京，根據當初約定，以燕京與宋人。企弓獻詩，略曰：“君王莫聽捐燕議，一寸山河一寸金。”是時，置樞密院於廣寧府。保大四年五月

企弓等將赴廣寧，過平州，被遼將張覺殺於栗林下，年七十三。《金史》卷七五有傳。　虞仲文、曹勇義、康公弼：燕京陷落後降金，保大四年金人令其東遷。路經平州時，被張覺處死。

[8]攝政：代理、兼理政務。

[9]守：本品高而職事官低者謂之守某官。

夏四月辛卯，西南面招討使耶律佛頂降金，雲內、寧邊、東勝等州皆降。[1]阿疏爲金兵所擒。[2]金已取西京，沙漠以南部族皆降。上遂遁於訛莎烈。時北部謨葛失賂馬、駝、食羊。

[1]雲內：據陳得芝考證，應在天德軍以東，大黑河下游，即《古豐識略》所記歸化城西南八十里西白塔古城。　寧邊：【劉注】遼代州名。治所在今內蒙古自治區准格爾旗東南黃河西岸。　東勝：【劉注】遼代州名。治所在今內蒙古自治區托克托縣的大皇城古城址。

[2]阿疏：女直紇石烈部首領。壽昌二年（1096）唐括部跋葛勃菫被温都部人跋忒殺害，生女直完顏部首領盈哥命其侄阿骨打率師討伐跋忒，但爲紇石烈部的阿疏所阻。當盈哥親自率師前來討伐時，阿疏則向遼求援。乾統三年（1103）盈哥病故，其兄劾里鉢之子烏雅束襲位，在位十一年。這期間，完顏部進一步加強了對生女直各部的控制。天慶三年（1113）十月，烏雅束病故，阿骨打襲位，稱“都勃極烈”。阿骨打襲位後，亦遣使至遼要求遣送阿疏。天慶四年（1114）再次派遣宗室習古廼及完顏銀術可向遼索還阿疏。其實，他們的真實使命是要探聽遼朝虛實，索還叛人不過是個藉口。同年九月阿骨打進軍寧江州。天慶六年阿疏反遼失敗。《金史》卷六七有傳。

五月甲戌，都統馬哥收集散亡，會於漚里謹。丙子，以馬哥知北院樞密使事兼都統。

六月，淳寢疾。聞上傳檄天德、雲內、朔、武、應、蔚等州，[1]合諸蕃精兵五萬騎約以八月入燕，並遣人問勞，索衣裘、茗藥。淳甚驚，命南、北面大臣議，而李處溫、蕭幹等有迎秦拒湘之説。[2]集蕃漢百官議之，從其議者東立，惟南面行營都部署耶律寧西立。處溫等問故，寧曰："天祚果能以諸蕃兵大舉奪燕，則是天數未盡，豈能拒之？否則秦、湘父子也，拒則皆拒，自古安有迎子而拒其父者？"處溫等相顧微笑，以寧扇亂軍心，欲殺之。淳欹枕長歎曰："彼忠臣也，焉可殺！天祚果來，吾有死耳，復何面目相見耶。"已而淳死，衆乃議立其妻蕭氏爲皇太后主軍國事，奉遺命，迎立天祚次子秦王定爲帝。[3]太后遂稱制，改元德興。處溫父子懼禍，南通童貫，欲挾蕭太后納土于宋；北通于金，欲爲內應，外以援立大功自陳。蕭太后罵曰："誤秦晉國王者，皆汝父子。"悉數其過數十，賜死，鬻其子爽而磔之。[4]籍其家得錢七萬緡，[5]金玉寶器稱是，爲宰相數月之間所取也。謨葛失以兵來援，爲金人敗于洪灰水，擒其子陀古及其屬阿敵音。夏國援兵至，[6]亦爲金所敗。

[1]朔：即朔州，治所在今山西省朔州市。　武：即武州，治所在今河北省張家口市宣化區。　應：即應州，治所在今山西省應縣。　蔚：即蔚州，治所在今河北省蔚縣。

[2]迎秦拒湘：耶律淳在燕京的朝廷欲立秦王定爲繼承人，而拒絕承認天祚帝。

[3]秦王定：此處言"天祚次子"，實際爲天祚第五子，至青塚濼，爲金師所獲。

[4]磔（zhé）：古代的一種酷刑，即車裂。當契丹興起時，中原地區早已廢除。據《唐律疏議·名例律》，唐朝死刑祇有二等，爲"絞"和"斬"。

[5]籍其家得錢七萬緡：【劉校】據中華點校本校勘記，《契丹國志》卷一一作"得見錢十萬餘貫"。

[6]夏國（1038—1227）：以党項民族爲主體建立的政權。公元1038年，元昊叛宋稱帝，建立大夏王朝，傳十代，至1227年爲蒙古所滅。元昊稱帝以前，作爲北宋境内的地方割據政權，已經具有獨立性。史稱西夏，先後與遼、北宋及金、南宋並立於中國境内。境土包括今寧夏回族自治區全部、甘肅省大部、陝西省北部以及青海省、内蒙古自治區的部分地區。

秋七月丁巳朔，敵烈部皮室叛，烏古部節度使耶律棠古討平之，[1]加太子太保。乙丑，上京毛八十率二千户降金。[2]辛未，夏國遣曹價來問起居。

[1]烏古：部族名。又稱嫗厥律、于厥律，居契丹西北。據《新五代史》卷七三《四夷附録第二》："嫗厥律，其人長大，髡頭，酋長全其髮，盛以紫囊。地苦寒，水出大魚，契丹仰食。又多黑、白、黄貂鼠皮，北方諸國皆仰足。其人最勇，鄰國不敢侵。" 耶律棠古（1050—1122）：字蒲速宛，六院郎君葛剌的後代。天慶初年，烏古敵烈部反叛，棠古受召，拜烏古部節度使。至該部，諭令該部投降。然後拿出自己私人錢財及富民積蓄，用以振濟部民困乏，於是部民大悦，棠古加鎮國上將軍。保大元年（1121）請求致仕。二年天祚出逃，棠古謁見於倒塌嶺，再拜烏古部節度使。及至該部，敵烈以五千人前來攻擊，棠古率家奴將來犯的敵烈人擊潰。

本書卷一〇〇有傳。

[2]毛八十率二千戶降金：【劉校】據中華點校本校勘記，“毛八十即毛子廉。《金史》卷七五本傳稱‘率戶二千六百來歸’”。

八月戊戌，親遇金軍，戰於石輦驛，[1]敗績，都統蕭特末及其姪撒古被執。辛丑，會軍於歡撻新查剌，金兵追之急，棄輜重以遁。

[1]石輦驛：【劉校】據中華點校本校勘記，本書卷一〇一《耶律阿息保傳》、卷一一四《蕭特烈傳》作“石輦鐸”，《金史》卷七四《宗望傳》作“石輦驛”。

九月，敵烈部叛，都統馬哥克之。

冬十月，金兵攻蔚州，降。

十一月乙丑，聞金兵至奉聖州，[1]遂率衛兵屯於落昆髓。秦晉王淳妻蕭德妃五表于金，求立秦王，不許，以勁兵守居庸。及金兵臨關，厓石自崩，戍卒多壓死，不戰而潰。德妃出古北口，[2]趨天德軍。

[1]奉聖州：治所在今河北省涿鹿縣。

[2]古北口：位於今北京市密雲區東北，爲長城上的要塞之一。

十二月，知金主撫定南京，[1]上遂由塪里關出居四部族詳穩之家。

[1]金主撫定南京：據《九朝編年備要》卷二九，宣和四年

（遼保大二年，1122）十二月金人入燕。

三年春正月丁巳，奚王回離保僭號，稱天復元年，命都統馬哥討之。甲子，初，張瑴爲遼興軍節度副使，[1]民推瑴領州事。秦晉王淳既死，蕭德妃遣時立愛知平州。[2]瑴知遼必亡，練兵畜馬，籍丁壯爲備。立愛至，瑴弗納。金帥粘罕入燕，[3]首問平州事於故參知政事康公弼，公弼曰："瑴狂妄寡謀，雖有鄉兵，彼何能爲？示之不疑，圖之未晚。"金人招時立愛赴軍前，加瑴臨海軍節度使，[4]仍知平州。既而又欲以精兵三千先下平州，擒張瑴。公弼曰："若加兵，是趣之叛也。"公弼請自往覘之。瑴謂公弼曰："遼之八路，七路已降，獨平州未解甲者，防蕭幹耳。"厚賂公弼而還。公弼復粘罕曰："彼無足慮。"金人遂改平州爲南京，加瑴試中書門下平章事，判留守事。庚辰，宜、錦、乾、顯、成、川、豪、懿等州相繼皆降，上京盧彥倫叛，[5]殺契丹人。

[1]張瑴（？—1124）：亦作張覺。平州義豐（今河北省灤州市）人。在遼第進士，仕至遼興軍節度副使。金占燕京，以平州爲南京，瑴爲留守。但他仍幻想天祚勢力復振。金以燕京與宋，保大四年（1124）五月，東遷者路經平州，瑴將左企弓、虞仲文、曹勇義、康公弼等遼降臣處死，公開反金。失敗奔宋，入燕京。宗望以納叛責宋宣撫司，索要張瑴。宣撫王安中不得已，殺張瑴，函其首以與金人。《金史》卷一三三有張覺傳。　遼興軍：平州軍號。治所在今河北省盧龍縣。

[2]時立愛（1055—1137）：涿州新城人。字昌壽。遼大康九年（1083）中進士第。累遷遼興軍節度使兼漢軍都統。保大二年（1122）金占燕京後，時立愛以平州降金，金以平州爲南京，用張覺爲留守，立愛既去平州歸鄉里。及宗望再取燕山，立愛拜同中書門下平章事。天會十五年（1137）致仕，卒於家，年八十二。《金史》卷七八有傳。

[3]粘罕（1080—1137）：即完顏宗翰。金宗室，撒改長子。女真名粘没喝，又譯粘罕。早年參預擁立太祖阿骨打及對遼戰爭，隨太祖取燕京。太宗時對宋作戰，粘罕爲西路軍統帥。天會四年（1126）與東路軍統帥宗望會兵攻下汴京。熙宗即位，拜太保、尚書令，領三省事，封晉國王。《金史》卷七四有傳。

[4]臨海軍：錦州軍號。在今遼寧省北鎮市。【劉注】遼代錦州州治在今遼寧省錦州市舊城，不在北鎮。

[5]盧彦倫（1082—1151）：臨潢（今內蒙古自治區巴林左旗）人。遼天慶初授殿直、勾當兵馬公事。遼兵敗於出河店，還至臨潢，散居民家，令給養之，彦倫不滿。遼授彦倫團練使、勾當留守司公事。據《金史》卷七五本傳，天慶十年（1120）彦倫從上京留守撻不野出降。【靳校】盧彦倫，原本作“盧彦綸”，中華修訂本據《永樂大典》卷五二五一引《遼史·天祚皇帝紀》、《金史·盧彦倫傳》改。今從改。

二月乙酉朔，興中府降金。來州歸德軍節度使田顥、權隰州刺史杜師回、權遷州刺史高永昌、權潤州刺史張成，[1]皆籍所管户降金。丙戌，誅蕭德妃，降淳爲庶人，盡釋其黨。癸巳，興中、宜州復城守。

三月，駐蹕於雲内州南。

[1]潤州：【靳校】原本作“閏州”，中華修訂本據本書卷三九

《地理志三》潤州條及《金史・太祖紀》改。今從改。

夏四月甲申朔，以知北院樞密使蕭僧孝奴爲諸道大都督。丙申，金兵至居庸關，[1]擒耶律大石。戊戌，金兵圍輜重於青塚，[2]硬寨太保特母哥竊梁王雅里以遁，秦王、許王、諸妃、公主、從臣皆陷没。庚子，梁宋大長公主特里亡歸。壬寅，金遣人來招。癸卯，答言請和。丙午，金兵送族屬、輜重東行，乃遣兵邀戰於白水濼，趙王習泥烈、蕭道寧皆被執。上遣牌印郎君謀盧瓦送兔紐金印僞降，遂西遁雲内。駙馬都尉乳奴詣金降。己酉，金復以書來招，答其書。壬子，金帥書來，[3]不許請和。是月，特母哥挈雅里至，上怒不能盡救諸子，詰之。

[1]金兵至居庸關：據《九朝編年備要》卷二九記載，金人至居庸關是在保大二年（1122）十二月。據《建炎以來系年要錄》卷一宣和四年（保大二年）十二月戊子：“後三日金主旻入燕，林牙大石以七千騎奔夾山，蕭太后偕行，爲遼主禧所殺。”

[2]青塚：即王昭君墓，在今内蒙古自治區呼和浩特市南。

[3]金帥：【劉注】應爲斡魯和宗望。

五月乙卯，夏國王李乾順遣使請臨其國。[1]庚申，軍將耶律敵烈等夜劫梁王雅里奔西北部，[2]立以爲帝，改元神曆。辛酉，渡河，止于金肅軍北。[3]回離保爲衆所殺。

[1]李乾順（1083—1139）：即夏崇宗。西夏第四代皇帝。三歲即位。母梁氏與弟乙逋擅政。永安元年（1098）梁太后死，乾順親政，年十七，謹事遼朝，但與宋交惡。遼以宗室女封公主下嫁。遼亡前夕，他曾出兵援遼，後臣於金。

[2]梁王雅里：本書卷三〇有傳。

[3]金肅軍：又稱金肅州。治所在今內蒙古自治區准格爾旗西北。

六月，遣使冊李乾順爲夏國皇帝。

秋九月，耶律大石自金來歸。

冬十月，復渡河東還，居突呂不部。梁王雅里殁，耶律尤烈繼之。

十一月，尤烈爲衆所殺。

四年春正月，上趨都統馬哥軍。金人來攻，棄營北遁，馬哥被執。謨葛失來迎，贐馬、駞、羊，又率部人防衛。時侍從乏糧數日，[1]以衣易羊。至烏古敵烈部，以都點檢蕭乙薛知北院樞密使事，[2]封謨葛失爲神于越王。特母哥降金。

[1]乏糧數日：【劉校】“乏”原本作“之”，明抄本、南監本、北監本和殿本均作“乏”。中華點校本及修訂本徑改。今從改。

[2]蕭乙薛（？—1122）：國舅少父房之後。字特免。天慶初年知國舅詳穩事，轉任殿前副點檢。金朝起兵，爲行軍副都統，以作戰失利，被撤職。十年金兵攻陷上京，天祚詔令乙薛兼上京留守、東北路統軍使。保大二年（1122）金兵發動大規模進攻，乙薛軍潰敗，降爲西南面招討使。天祚出逃後，拜乙薛爲殿前都點檢。後爲耶律大石所殺。本書卷一〇一有傳。　殿前都點檢：遼官名。

五代後周世宗設置殿前司，以都點檢、副都點檢爲正副長官，位在都指揮使之上，爲禁軍統帥。宋初廢。遼設殿前都點檢，爲南面軍官，當係模倣周制。

二月，耶律遙設等十人謀叛，伏誅。

夏五月，金人既克燕，驅燕之大家東徙，以燕空城及涿、易、檀、順、景、薊州與宋以塞盟。[1]左企弓、康公弼、曹勇義、虞仲文皆東遷。燕民流離道路，不勝其苦，入平州，言於留守張瑴曰："宰相左企弓不謀守燕，使吾民流離，無所安集。公今臨巨鎮，握強兵，盡忠於遼，必能使我復歸鄉土，人心亦惟公是望。"瑴遂召諸將領議，皆曰："聞天祚兵勢復振，出没漠南。公若仗義勤王，奉迎天祚，以圖中興，先責左企弓等叛降之罪而誅之，盡歸燕民，使復其業，而以平州歸宋，則宋無不接納，平州遂爲藩鎮矣。即後日金人加兵，内用平山之軍，外得宋爲之援，又何懼焉！"瑴曰："此大事也，不可草草。翰林學士李石智而多謀，可召與議。"石至，其言與之合。乃遣張謙率五百餘騎，傳留守令，召宰相左企弓、曹勇義、樞密使虞仲文、參知政事康公弼至灤河西岸，[2]遣議事官趙秘校往數十罪曰：[3]"天祚播遷夾山不即奉迎，一也；勸皇叔秦晉王僭號，二也；詆訐君父，降封湘陰，三也；天祚遣知閣王有慶來議事而殺之，四也；檄書始至，有迎秦拒湘之議，五也；不謀守燕而降，六也；不顧大義，臣事於金，七也；根括燕財，取悦于金，八也；使燕人遷徙失業，九也；教金人發兵先下平州，十也。爾有十罪，所不容誅。"左企弓等無以對，皆縊殺之。仍稱保大三年，畫天祚象，朝夕謁，事必告而後行，稱遼官秩。

[1]"金人既克燕"至"與宋以塞盟"：金以燕空城歸宋。據《九朝編年備要》卷二九，宋宣和五年（1123）夏四月金人來歸燕京六州。

[2]灤河：發源於今河北省沽源縣，流經該省北部，至灤州市、樂亭縣分道入海。

[3]趙秘校：【劉校】據中華點校本校勘記，《契丹國志》卷一二作"趙能"。

六月，榜諭燕人復業，恒産爲常勝軍所占者，悉還之。燕民既得歸，大悦。翰林學士李石更名安弼，偕故三司使高黨往燕山，説宋王安中曰："平州帶甲萬餘，毅有文武材，可用爲屏翰；不然，將爲肘腋之患。"安中深然之，令安弼與黨詣宋。宋主詔帥臣王安中、詹度厚加安撫，與免三年常賦。[1]毅聞之，[2]自謂得計。

[1]宋接受張毅歸降事：據《三朝北盟會編》卷一八載此事於宣和五年（1123）六月五日，引史願《亡遼録》。

[2]毅聞之：【靳校】原本作"毅問之"，據上下文意改。

秋七月，金人屯來州，闍母聞平州附宋，[1]以二千騎問罪，[2]先入營州，毅以精兵萬騎擊敗之。宋建平州爲泰寧軍，[3]以毅爲節度使，以安弼、黨爲徽猷閣待制，令宣撫司出銀絹數萬犒賞。毅喜，遠迎。金人諜知，舉兵來襲，斡不得歸，奔燕。金人克三州，[4]始來索斡，王安中諱之。索急，斬一人貌類者去。金人曰非斡也，以兵來取。安中不得已，殺斡，函其首送金。[5]天祚既得林牙耶律大石兵歸，又得陰山室韋謨葛失兵，[6]自謂得天助，再謀出兵，復收燕云。大石林牙力諫曰：“自金人初陷長春、遼陽，則車駕不幸廣平淀而都中京；及陷上京，則都燕山；及陷中京，則幸雲中；自雲中而播遷夾山。向以全師不謀戰備，使舉國漢地皆爲金有。國勢至此而方求戰，非計也。當養兵待時而動，不可輕舉。”不從。大石遂殺乙薛及坡里括，置北、南面官屬，自立爲王，率所部西去。上遂率諸軍出夾山，下漁陽嶺，取天德、東勝、寧邊、雲内等州。南下武州，[7]遇金人，戰於奄遏下水，復潰，直趨山陰。[8]

[1]聞平州附宋：【劉校】原本、南監本作“開平州附宋”，據北監本和殿本改。中華點校本和修訂本徑改。

[2]二千騎：【劉校】據中華點校本校勘記，依《契丹國志》卷一二，作“三千騎”。

[3]宋建平州爲泰寧軍：據《建炎以來系年要錄》卷一宣和五年（遼保大三年，1123）六月丙戌，“燕山宣撫使真定王安中以營平形勝，勸上皇（宋徽宗）受之，斡邀回金人所遷燕京職官户口，乃拜斡泰寧軍節度使，世襲平州”。

[4]三州：謂營州（今河北省昌黎縣）、平州（今河北省盧龍縣）、欒州（今河北省灤州市）。

[5]“夏五月，金人既克燕”至“殺斡，函其首送金”：中華點校本以爲此一大段應屬三年。

[6]陰山：昆侖山北支。西起河套西北，向東綿亘於今内蒙、

河北等省區，與内興安嶺相接，隨地易名。此處所謂“陰山”，可能指内蒙境内的大青山。　室韋：部族名。北魏始見於記載，分佈於黑龍江、嫩江流域，唐時分爲許多部。契丹，多爲其役屬。

[7]武州：治所在今河北省張家口市宣化區。

[8]山陰：本書卷四一《地理志五》作“河陰”。《索隱》：“遼置河陰縣，金改山陰。”河陰縣，治所在今山西省山陰縣東南。

八月，國舅詳穩蕭撻不也、筆硯祗候察刺降金。是月，金主阿骨打死。[1]

[1]是月，金主阿骨打死：【劉校】據中華點校本校勘記，依《金史·太祖本紀》，阿骨打死於天輔七年（保大三年，1123）八月戊申。

九月，建州降金。[1]

[1]建州：地當今遼寧省朝陽市西八十里處。《武經總要》前集卷一六下《戎狄舊地》：“建州，胡中地，今號保靜軍節度，本遼西之地，德光立爲州。嗣王即位，三關之地復爲周世宗所取，時江南諸國欲牽制中原，遣使齎金幣泛海至契丹國，乞出師南牧，卒不能用其謀。入蕃人使舟棹、水師悉留之，建州、雙州、霸州並置營居之，號通吳軍。東南至器仗山三十里，東北至霸州九十里，南至渝州五十里，西南至小陵河十里。”《新五代史》云“自遼陽東南行千二百里至建州”，方位完全錯了。建州在遼陽西。【劉注】遼代後期建州州治爲今遼寧省朝陽縣大平房鄉黄花灘村古城址。

冬十月，納突呂不部人訛哥之妻諳葛，以訛哥爲本部節度使。昭古牙率衆降金。金攻興中府，降之。

十一月，從行者舉兵亂，北護衛太保尤者、舍利詳穩牙不里等擊敗之。

十二月，置二總管府。

（李錫厚注　劉鳳翥校）

遼史　卷三〇

本紀第三十

天祚皇帝四

　　五年春正月辛巳，党項小斛禄遣人請臨其地。[1]戊子，趨天德，[2]過沙漠，金兵忽至。上徒步出走，近侍進珠帽，[3]卻之，乘張仁貴馬得脱，至天德。[4]己丑，遇雪，無御寒具，尤者以貂裘帽進；途次絶糧，尤者進麨與棗；[5]欲憩，尤者即跪坐，倚之假寐。尤者輩惟齧冰雪以濟饑。過天德。至夜，將宿民家，紿曰偵騎，其家知之，乃叩馬首，跪而大慟，潛宿其家。居數日，嘉其忠，遙授以節度使，遂趨党項。以小斛禄爲西南面招討使，總知軍事，仍賜其子及諸校爵賞有差。

　　[1]党項：中國古代族名。又稱党項羌，唐以後主要活動於靈、慶、銀、夏等州，即今甘肅、寧夏、陝西和内蒙古等省區交界地區。

　　[2]天德：唐軍鎮名，即豐州。遼太祖阿保機於神册五年

（920）平党項，仍以此地爲天德軍。治所在今内蒙古自治區呼和浩特市東白塔一帶。

[3]近侍：遼朝皇帝身邊的奴僕。

[4]至天德：【劉校】據中華點校本校勘記，依《金史》卷八二《蕭仲恭傳》作“至霍里底泊”。

[5]尤者進鈔與棗：【劉校】中華修訂本謂，“鈔”原作“之”，據《大典》卷五二五一引《遼史·天祚皇帝紀》及明抄本、南監本、北監本和殿本改。今從。

二月，至應州新城東六十里，[1]爲金人完顔婁室等所獲。[2]

[1]應州：治所在今山西省應縣。

[2]完顔婁室（1077—1130）：金女真完顔部人。字斡里衍。年二十一，代父白苔爲七水諸部長。從阿骨打（金太祖）起兵，屢勝遼軍。以萬户守黄龍府。進爲都統，從完顔杲取中京（今内蒙古自治區寧城縣），與闍母破西京（今山西省大同市），擒獲遼天祚帝後，取河中府（今山西省永濟市西）、京兆府（今陝西省西安市附近）、鳳翔，進克延安府，降境内諸州、寨、堡。與婆盧火守延安。進爲右副元帥，總陝西征伐諸軍事。死於涇州，追封金源郡王，謚壯義。爲金朝開國功臣之一。《金史》卷七二有傳。

八月癸卯，至金。丙午，降封海濱王。以疾終，年五十有四，[1]在位二十四年。金皇統元年二月改封豫王。五年，葬於廣寧府閭陽縣乾陵傍。

[1]關於天祚卒年事，據《宋史全文》卷一四：“乙巳宣和七

年春正月辛丑，故遼國主天祚爲金人所擒，削封海濱王。後踰年而卒。"《松漠紀聞》卷一："乃走小博囉，復不納。乃夜回，欲之雲中，未明，遇牒者言婁室軍且至，天祚大驚。時從騎尚千餘，有精金鑄佛長丈有六尺者，他寶貨稱是，皆委之而遁。值天微雪，車馬皆有轍跡，爲敵所及。先遣近貴論降未復，婁室下馬跪於天祚前曰：'奴婢不佞，乃以介胄犯皇帝天威，死有餘罪。'因捧觴而進，遂俘以還，封海濱王，處之東海上。"

耶律淳者，世號爲北遼。淳小字涅里，興宗第四孫，南京留守、宋魏王和魯斡之子。[1]清寧初太后鞠育之。[2]既長，篤好文學。昭懷太子得罪，[3]上欲以淳爲嗣。上怒耶律白斯不，知與淳善，出淳爲彰聖等軍節度使。

[1]和魯斡（1041—1110）：興宗第二子。字阿輦。重熙十七年（1048）封越王。乾統初爲天下兵馬大元帥，加守太師，免拜，不名。三年（1103）册爲皇太叔祖。【劉注】和魯斡是耶律弘本契丹語小名的音譯。乾統三年被册爲義和仁壽皇太叔祖。其事蹟詳載漢字和契丹小字《義和仁壽皇太叔祖哀册》。

[2]清寧初太后鞠育之：【劉校】據中華點校本校勘記，淳死於保大二年（1122），若"年六十"無誤，則當生於清寧九年（1063），"清寧初"有誤字。

[3]昭懷太子：即耶律濬（1058—1077）。道宗長子。天祚帝生父。大康三年（1077）被廢，隨即被耶律乙辛殺害。九年追諡昭懷太子。本書卷七二有傳。

天祚即位，進王鄭。[1]乾統二年加越王。[2]六年拜南府宰相，[3]首議制兩府禮儀，上喜，徙王魏。其父和魯斡薨，即以淳襲父守南京。冬夏入朝，[4]寵冠諸王。

[1]天祚即位，進王鄭：【劉校】中華點校本校勘記云，“按《紀》乾統元年六月，以北平郡王淳進封鄭王”。

[2]乾統二年加越王：【劉校】中華點校本校勘記云，“按《紀》乾統三年十一月，鄭王淳進封越國王”。

[3]宰相：契丹部族官名。契丹可汗之下有北、南二府，各部族則分屬二府，分設宰相，故北宰相亦稱北府宰相，南宰相亦稱南府宰相。

[4]冬夏入朝：參與北、南臣僚會議。

天慶五年東征，都監章奴濟鴨子河，[1]與淳子阿撒等三百餘人亡歸，先遣敵里等以廢立之謀報淳，[2]淳斬敵里首以獻，進封秦晉國王，拜都元帥，賜金券，免漢拜禮，不名。許自擇將士，乃募燕雲精兵。東至錦州，[3]隊長武朝彥作亂，劫淳。淳匿而免，收朝彥誅之。會金兵至，聚兵戰于阿里軫斗，[4]敗績，收亡卒數千人拒之。淳入朝，釋其罪，詔南京刻石紀功。

[1]章奴：即耶律章奴（？—1115）。季父房的後代。字特末衍。天慶四年（1114）授東北路統軍副使。次年當天祚親征女直時，以章奴爲都監。大軍渡鴨子河，章奴與魏國王耶律淳的妻兄蕭敵里及其外甥蕭延留等謀立淳爲帝，誘軍隊將領和士卒三百餘人從前綫逃回。但耶律淳不配合他們行動。叛軍攻打上京不克，章奴於是逃往北方。順國女直阿鶻產率兵追趕將其擊敗，章奴伏誅。本書卷一〇〇有傳。

　　[2]敵里：本書卷二八作"蕭諦里"。天慶五年（1115）九月，"章奴先遣王妃親弟蕭諦里以所謀説魏國王"。

　　[3]錦州：【劉注】遼代錦州州治爲今錦州市舊城。

　　[4]阿里軫斗：本書卷二八作"蒺藜山"。天慶七年十二月丙寅，"都元帥秦晉國王淳遇女直軍，戰於蒺藜山，敗績"。蒺藜山在今辽宁省阜新蒙古族自治县北。

　　保大二年，天祚入夾山，[1]奚王回離保、林牙耶律大石等引唐靈武故事，[2]議欲立淳。淳不從。官屬勸進曰："主上蒙塵，中原擾攘，若不立王，百姓何歸？宜熟計之。"遂即位。百官上號天錫皇帝，改保大二年爲建福元年，大赦。放進士李寶信等一十九人，遙降天祚爲湘陰王。以燕、雲、平、上京、中京、遼西六路，淳主之；沙漠以北南、北路兩都招討府諸蕃部族等，仍隸天祚。自此遼國分矣。封其妻普賢女爲德妃，以回離保知北院樞密使事，軍旅之事悉委大石。又遣使報宋，[3]免歲幣，結好。宋人發兵問罪，擊敗之。[4]尋遣使奉表于金，乞爲附庸。事未決，淳病死，年六十。百官僞謚曰孝章皇帝，廟號宣宗，葬燕西香山永安陵。

　　[1]夾山：據陳得芝《耶律大石北行史地雜考》（《歷史地理》第二輯），夾山應在天德軍附近之漁陽嶺以北。據《長春真人西遊記》漁陽嶺在豐州之西五十里，當即呼和浩特西北之吳公壩。故夾山應指吳公壩北武川縣附近地區。

　　[2]奚王回離保（？—1123）：奚王忒鄰的後代。一名翰，字接懶。大安年間補護衛，稍陞遷爲鐵鷂軍詳穩。保大二年（1122）金兵來攻，天祚逃亡，回離保率官吏、民衆擁立秦晉國王耶律淳爲

帝。同年金兵由居庸關進入燕京，回離保知北樞密院。三年，其於箭笴山自立，號稱奚國皇帝，改元天復。後爲郭藥師的常勝軍所敗，於是一軍離心離德，回離保爲其同黨所殺。本書卷一一四有傳。 靈武故事：指安史之亂，天寶十五年（756）玄宗入蜀，唐肅宗於靈武繼位的故事。

[3]耶律淳即位遣使報宋之事據《三朝北盟會編》卷五載，宣和四年（遼保大二年，1122）三月十七日丙子，"遼秦晉國王耶律淳篡立於燕山，遣使來告謝，不受"。《宋史全文》卷一四"［宣和四年］三月，金人初以正月癸酉陷中京，天祚奔夾山。李處溫謀立燕王淳，淳於天祚爲從叔，號天錫皇帝，遂廢天祚爲湘陰王，遼國自此分矣。朝廷遂遣童貫勒兵十五萬巡邊"。

[4]宋人發兵問罪，擊敗之：《三朝北盟會編》卷六引《茆齋自敍》曰："明日（五月十八日），燕京差到，漢兒官牛稔充接伴使，達燕京門外，復遣四方館使蕭奧、禮部郎中張覺（乃後來據平州者）充館伴，館淨垢寺。次日，有殿前指揮使姚璠、樞密承旨蕭夔、都管乙信來伴食，因請所持書榜云：'兩府官欲借看。'僕云：'宣撫司令見九大王親納，不敢先以示人。'辭難久之，衆持榜去。既暮，諸人親來云：'書榜中語言大段狂悖，多是指斥，不通商量，安敢進呈，今復納回。'僕笑而取之，謂諸人曰：'貴朝不度德量力，不審天時人事。此何等時而較此閒事耶？'蕭夔曰：'南朝禮義之國，今不顧盟好輒先舉兵。兵貴有名，不知兵戈緣何至此？'僕答曰：'朝廷命將出師，使人不能盡知。但略聞北朝興兵累年，並不相報。天祚皇帝播遷，不發赴難之師乃篡立於燕京，鄰國義均兄弟，今來問天祚皇帝車駕所在。又聞已削降爲湘陰王，事出非常，興師問罪，訪尋邊主存亡，舉合禮經，何謂無名！'夔云：'國不可一日無主，本朝緣天祚失道奔竄，宗社顛危，臣民推戴冊立今上，事與貴朝殊無干涉，何至問罪！況自古有之，唐明皇奔蜀，肅宗即位於靈武，但期中興，豈不與此事體一同。南朝宜念鄰國久和之義，假借兵力，共除大難。今乃乘釁攘奪民土，豈所望於大國哉？'

僕曰：‘明皇幸蜀，太子監國既即位，乃册明皇爲太上皇，禍亂既定，迎還明皇，肅宗親步控馬，此則君臣父子之道盡矣。貴朝初非委託自立，又貶削湘陰之號，何可少望古人，況假師求救，當在志誠，包胥泣秦，孔明趨吳，皆竭誠意，則鄰國寧不相應耶。貴朝泥於矯飾，未常行一信使，本朝雖有哀救之心，無所施設。今大兵壓境，止在旦夕，禍福存亡，貴朝君臣自裁可也。’諸人唯唯而退。”《九朝編年備要》卷二九：“［宣和四年］五月，我師與燕人遇戰，失利。六月退保雄州。”

　　遺命遙立秦王定以存社稷，[1]德妃爲皇太后，稱制，改建福爲德興元年，[2]放進士李球等百八人。時宋兵來攻，[3]戰敗之，由是人心大悦，兵勢日振。宰相李純等潛納宋兵，[4]居民内應，抱關者被殺甚衆。[5]翌日，攻内東門，衛兵力戰，宋軍大潰，踰城而走，死者相藉。五表于金，求立秦王，不從。而金兵大至，德妃奔天德軍，見天祚。天祚怒，誅德妃，降淳庶人，[6]除其屬籍。

　　[1]秦王定：天祚第五子。至青塚濼，爲金師所獲。

　　[2]改建福爲德興元年：事在保大二年（1122）六月。

　　[3]宋兵來攻：宋兵五月來攻，失利，九月間再度來攻。《九朝編年备要》卷二九宋宣和四年（1122）九月載“我師再舉，遼高鳳、郭藥師以易州、涿州來”。

　　[4]宰相李純：【劉校】據中華點校本校勘記，“《紀》保大二年三月及本書卷一〇二本傳並作李處温”。

　　[5]抱關者：守城門的小吏。

　　[6]天祚怒，誅德妃：《三朝北盟會編》卷一二：“［宣和四年十二月］五日庚寅，金人到居庸關，蕭后與蕭幹、大石林牙夜出燕

城。《亡遼録》曰：蕭后纔聞居庸失險，夜率契丹并老幼、車帳駐城下，聲言劄野寨迎敵，其實避竄。宰相左企弓以下拜辭於門外，蕭后諭曰：'國難至此，我親統大軍盡死一戰，爲社稷計勝則再與卿等見，萬一失利，則我誓死於陣前，卿等多方保全。合境漢民無使濫被殘害。'遂泣下數行。行至松亭關，議所往，耶律大石林牙者，契丹也，欲歸天祚；四軍大王蕭幹，欲就奚王府立國。於是契丹、奚軍列陣相拒而分矣。奚、渤海諸軍從蕭幹，留奚王府；大石林牙挾蕭后歸陰山見天祚，取蕭后殺之。《亡遼録》曰：蕭后行五十里，金人遊騎已到城下，左企弓等語百官共議力拒未定，已報統軍副使蕭乙信開啟夏門，放入婁宿孛堇軍登城。"

耶律雅里者，天祚皇帝第二子也，字撒鸞。七歲，欲立爲皇太子，別置禁衛，封梁王。

保大三年金師圍青塚寨，雅里在軍中。太保特母哥挾之出走，[1]間道行至陰山。[2]聞天祚失利趨雲內，[3]雅里馳赴。時扈從者千餘人，多於天祚。天祚慮特母哥生變，欲誅之。責以不能全救諸王，將訊之。仗劍召雅里問曰："特母哥教汝何爲？"雅里對曰："無他言。"廼釋之。

[1]太保特母哥：【劉校】"太"原本作"大"，明抄本、南監本、北監本和殿本均作"太"。中華點校本及修訂本徑改。今從改。

[2]陰山：崑崙山北支。西起河套西北，向東綿亘於今內蒙古、河北等省區，與內興安嶺相接，隨地易名。此處所謂"陰山"，可能指內蒙境內的大青山。

[3]雲內：據陳得芝考證，應在天德軍以東，大黑河下游，即《古豐識略》所記歸化城西南八十里西白塔古城。

天祚渡河奔夏,[1]隊帥耶律敵列等劫雅里北走。[2]至沙嶺,見蛇橫道而過,識者以爲不祥。後三日,群僚共立雅里爲主。雅里遂即位,改元神曆,命士庶上便宜。

[1]渡河奔夏:【劉注】本書卷二九保大三年（1123）五月"辛酉,渡河,止於金肅軍北"。

[2]耶律敵列等劫雅里北走:【劉注】本書卷二九保大三年五月"庚申,軍將耶律敵烈劫梁王雅里奔西北部,立以爲帝,改元神曆"。

雅里性寬大,惡誅殺。獲亡者,笞之而已。有自歸者,即官之。因謂左右曰:"欲附來歸,不附則去。何須威逼耶?"每取《唐貞觀政要》及林牙資忠所作《治國詩》,[1]令侍從讀之。烏古部節度使糺哲、迭烈部統軍撻不也、都監突里不等各率其衆來附。[2]自是諸部繼至。而雅里日漸荒怠,好擊鞠。[3]特母哥切諫,乃不復出。以耶律敵列爲樞密使,特母哥副之。敵列劾西北路招討使蕭糺里熒惑衆心,志有不臣,與其子麻涅並誅之。以遙設爲招討使,與諸部戰,數敗,杖免官。

[1]《唐貞觀政要》:史書名。唐吳兢撰。宋《中興書目》稱兢於《太宗實錄》外採其與羣臣問答之語,作此書,總四十篇。《新唐書》著錄十卷,均與今本合。 林牙資忠:即耶律資忠,字沃衍,小字劉剌,系出仲父房。博學,工辭章。開泰中授中丞。初,高麗臣服,遼取女直六部地賜高麗。後與高麗交惡,遼聖宗詔資忠前往索還六州舊地。高麗無歸地意。三年（1014）再使高麗,被留。資忠每懷君親,輒有著述,號《西亭集》。返回後,出知來

遠城事，歷保安、昭德二軍節度使。本書卷八八有傳。

　　[2]烏古：部族名。又稱嫗厥律、于厥律，居契丹西北。據《新五代史》卷七三《四夷附録第二》：“嫗厥律，其人長大，髡頭，酋長全其髮，盛以紫囊。地苦寒，水出大魚，契丹仰食。又多黑、白、黃貂鼠皮，北方諸國皆仰足。其人最勇，鄰國不敢侵。”

　　[3]擊鞠：即打馬球，是當時流行的競技活動。因爲參賽者都在馬上擊球，奔馳的快馬有時會失控，因此具有一定的危險性。統和六年（988），一日承天太后觀看臣下擊鞠，她的寵臣韓德讓被胡里室衝撞墜馬，太后一怒之下，下令將胡里室斬首。内蒙古敖漢旗皮匠溝1號遼墓墓門西側的穹隆頂下部，有一幅打馬球圖。現存寬180釐米、高50釐米。畫面有多處剥落，但大體可辨。

　　從行有疲困者，輒振給之。直長保德諫曰：“今國家空虛，賜賚若此，將何以相給耶？”雅里怒曰：“昔敗於福山，卿誣獵官，今復有此言。若無諸部，我將何取？”不納。初，令群牧運鹽濼倉粟而民盜之，[1]議籍以償。雅里乃自爲直：每粟一車償一羊，三車一牛，五車一馬，八車一駝。左右曰：“今一羊易粟二斗且不可得，乃償一車！”雅里曰：“民有則我有。若令盡償，民何堪？”[2]

　　[1]群牧：此指管理契丹國家畜群的機構。諸路設群牧使司，下設某群太保、某群侍中、某群敞史。朝廷設總典群牧使司，有總典群牧部籍使、群牧都林牙。以“群”爲單位設某群牧司，設群牧使、群牧副使。此外，還有祇管理馬及牛群的機構。遼亡之後，金稱契丹群牧爲“烏魯古”。

　　[2]民何堪：【劉校】“何”字，原作一字空格，中華修訂本據

《大典》卷五二五一引《遼史·天祚皇帝紀》及明抄本、南監本、北監本和殿本改。今從。

後獵查剌山，一日而射黃羊四十，狼二十一，因致疾，卒，[1]年三十。

[1]因致疾，卒：【劉校】“卒”字，原作一字空格，中華修訂本據《大典》卷五二五一引《遼史·天祚皇帝紀》及明抄本、南監本、北監本和殿本改。今從。

耶律大石者，世號爲西遼。大石字重德，太祖八代孫也。通遼、漢字，善騎射，登天慶五年進士第，擢翰林應奉，尋陞承旨。遼以翰林爲林牙，故稱大石林牙。歷泰、祥二州刺史，[1]遼興軍節度使。[2]

[1]泰州：治所在今吉林省白城市東南。　祥州：治所在今吉林省懷德縣。
[2]遼興軍：平州軍號。治所在今河北省盧龍縣。

保大二年金兵日逼，天祚播越，與諸大臣立秦晉王淳爲帝。淳死，立其妻蕭德妃爲太后以守燕。及金兵至，蕭德妃歸天祚。天祚怒誅德妃而責大石曰：“我在，汝何敢立淳？”對曰：“陛下以全國之勢不能一拒敵，棄國遠遁，使黎民塗炭。即立十淳，皆太祖子孫，豈不勝乞命於他人耶？”上無以答，賜酒食，赦其罪。
大石不自安，遂殺蕭乙薛、坡里括，[1]自立爲王，率鐵騎二百宵遁。北行三日，過黑水，[2]見白達達詳穩牀古兒。[3]牀古兒獻馬四百，駝二十，羊若干。西至可敦城，[4]駐北庭都護府，[5]會威武、崇德、會蕃、新、大林、紫河、駝等七州及大黃室韋、敵剌、王紀剌、茶赤剌、也喜、鼻古德、尼剌、達剌乖、達密里、密兒紀、合主、烏古里、阻卜、普速完、唐古、忽母思、奚的、糺而畢十八部王衆，[6]諭曰：“我祖宗艱難創業歷世九主，歷年二百，金以臣屬逼我國家、殘我黎庶、屠翦我州邑，使我天祚皇帝蒙塵于外，日夜痛心疾首。我今仗義而西，欲借力諸蕃翦我仇敵、復我疆宇，惟爾衆亦有軫我國家、憂我社稷、思共救君父、濟生民於難者乎？”遂得精兵萬餘，置官吏，立排甲，具器仗。

[1]蕭乙薛（？—1122）：國舅少父房之後。字特免。天慶初年，知國舅詳穩事，轉任殿前副點檢。金朝起兵，爲行軍副都統。以作戰失利，被撤職。十年（1120）金兵攻陷上京，天祚詔令乙薛兼上京留守、東北路統軍使。保大二年（1122）金兵發動大規模進攻，乙薛軍潰敗，降爲西南面招討使。天祚出逃之後，拜乙薛爲殿前都點檢。後被耶律大石所殺。本書卷一〇一有傳。

[2]黑水：即《大清一統志》所載之“愛畢哈河”，今稱艾不蓋河，在今内蒙古自治區達爾罕茂明安聯合旗東北。一説爲呼和浩特市南大黑河。

[3]白達達：即後來的蒙古汪古部。

[4]可敦城：即鎮州。陳得芝《耶律大石北行史地雜考》（《歷史地理》第二輯）説：遼朝統治漠北屬部的最高軍政機構是西北路招討司（又稱西北路都招討司），遼聖宗統和十二年（994）因西北“阻卜”諸部作亂，以蕭撻凜爲西北路招討使，命隨皇太妃

（齊王妃）出征，"屯西鄙驢駒兒河，西捍轄觕，盡降之"。蕭撻凜鑒於達旦諸部叛服不常，上表乞建三城以鎮之。統和二十二年（1004）城完工，設置鎮、防、維三州。

［5］駐北庭都護府：此句是《遼史》編者的錯誤。耶律大石西征途中確實駐"北庭"（別失八里），回鶻王把他迎入宮內，大宴三日。

［6］"大黃室韋"至"十八部王衆"：【劉校】據中華點校本校勘記，"敵剌，《百官志》二作敵烈；王紀剌即《金史》之廣吉剌、元史之宏吉剌；茶赤剌，《紀》大安十年四月、《百官志》二並作茶札剌，即《元史》之札只剌特；鼻古特，《百官志》二作鼻國德；密兒紀，《紀》壽隆三年閏二月作梅里急，即《元秘史》之篾兒乞；忽母思，即《百官志》二之胡母思山部，《兵衛志》下之胡母思山蕃；糺而畢，《部族表》作紀而畢"。

明年二月甲午，以青牛白馬祭天地、祖宗，[1]整旅而西。先遺書回鶻王畢勒哥曰："昔我太祖皇帝北征過卜古罕城，[2]即遣使至甘州，[3]詔爾祖烏母主曰：'汝思故國耶，朕即為汝復之；汝不能返耶，朕則有之。在朕，猶在爾也。'爾祖即表謝，以為遷國於此十有餘世，軍民皆安土重遷，不能復返矣。是與爾國非一日之好也。今我將西至大食，[4]假道爾國，其勿致疑。"畢勒哥得書，即迎至邸，大宴三日。臨行，獻馬六百，駞百，羊三千，願質子孫為附庸，送至境外。所過敵者勝之，降者安之。兵行萬里，歸者數國，獲駞、馬、牛、羊、財物，不可勝計。軍勢日盛，銳氣日倍。

［1］青牛白馬祭天地：契丹祭祀天地用青牛白馬，表示不忘祖

先。本書卷三七《地理志一·上京道》："相傳有神人乘白馬，自馬盂山浮土河而東，有天女駕青牛車，由平地松林泛潢河而下。至木葉山，二水合流，相遇爲配偶，生八子。其后族屬漸盛，分爲八部。每行軍及春秋時祭，必用白馬青牛，示不忘本云。"

[2]卜古罕城：即本書卷二《太祖本紀下》所記之古回鶻城，其地當在今蒙古國鄂爾渾河上游左岸哈喇八喇哈孫。

[3]甘州：治所在今甘肅省張掖市。

[4]大食國：此指中亞某國。大食是唐宋時期中國對阿拉伯人的專稱與對伊朗語地區穆斯林的泛稱。當時人們還不知阿拉伯人、波斯人、穆斯林三者的區別，統稱爲大食。《遼史》有關於契丹遣嫁公主於大食王子等記載，其中大食顯然不是指遠在西方的阿拉伯人而言，而應是指中亞地區的某個穆斯林政權。

至尋思干，[1]西域諸國舉兵十萬號"忽兒珊"來拒戰，兩軍相望二里許。諭將士曰："彼軍雖多而無謀，攻之則首尾不救，我師必勝。"遣六院司大王蕭斡里剌、招討副使耶律松山等將兵二千五百攻其右，樞密副使蕭剌阿不、[2]招討使耶律尤薛等將兵二千五百攻其左，自以衆攻其中。三軍俱進，忽兒珊大敗，僵屍數十里。駐軍尋思幹凡九十日，回回國王來降，貢方物。

[1]尋思干：文淵閣四庫全書本《遼史》作"塔什干"，其實應是撒馬爾罕，今屬烏茲別克斯坦。

[2]蕭剌阿不：【劉校】據中華點校本校勘記，下文作"蕭查剌阿"。

又西至起兒漫，文武百官册立大石爲帝，以甲辰歲二月五日即位，[1]年三十八，號葛兒罕，[2]復上漢尊號曰天祐皇帝，改元延慶。追謚祖父爲嗣元皇帝，祖母爲宣義皇后，册元妃蕭氏爲昭德皇后。因謂百官曰："朕與卿等行三萬里，跋涉沙漠，夙夜艱勤。賴祖宗之福卿等之力，冒登大位。爾祖爾父宜加恤典，共用尊榮。"自蕭斡里刺等四十九人祖、父封爵有差。

[1]大石稱帝事：大石約於 1132 年即紹興二年壬子在八拉沙袞稱帝改元。　甲辰歲：【劉注】遼朝應是保大四年（1124）。

[2]葛兒罕：又譯作"菊兒汗""古兒汗"，意爲"衆汗之汗"。伊朗歷史學家志費尼《世界征服者史》（内蒙古人民出版社 1981 年版，上册第 417 至 418 頁）載："該邦（指八剌沙渾）的君王是一個把他的先世追溯到阿甫剌西牙卜、但無能無力的人。該地的哈剌魯和康里突厥人已擺脱了對他的隸屬，而且經常欺凌他，襲擊他的部屬和牲口，進行抄掠。這個當君王的傢夥，不能阻止他們或者把他們趕跑。聽説菊兒汗（即大石）及其部下的移居，以及他們人多，他向他們遣出使者，把自己的軟弱、康人和哈剌魯人的強大和奸詐告訴他，並請求他到他的都城去，以此他可以把他的整個版圖置於他的治下，從而使他自己擺脱這塵世的煩惱。菊兒汗進抵八剌撒渾，登上那不費他分文的寶座。他從阿甫剌西牙葡後人那里接受汗的稱號，授與後者夷离堇突厥蠻的頭銜。"

延慶三年班師東歸，馬行二十日得善地，遂建都城號虎思斡耳朶，[1]改延慶爲康國元年。三月，以六院司大王蕭斡里刺爲兵馬都元帥，敵刺部前同知樞密院事蕭查刺阿不副之，茶赤刺部禿魯耶律燕山爲都部署，護衛耶律鐵哥爲都監，率七萬騎東征。以青牛白馬祭天，樹旗以誓於衆曰："我大遼自太祖、太宗艱難而成帝業，其後嗣君耽樂無厭、不恤國政，盜賊蠭起，天下土崩。朕率爾衆遠至朔漠，期復大業，以光中興，此非朕與爾世居之地。"申命元帥斡里剌曰："今汝其往，信賞必罰，與士卒同甘苦，擇善水草以立營，量敵而進，毋自取禍敗也。"行萬餘里無所得，牛馬多死，勒兵而還。大石曰："皇天弗順，數也！"康國十年歿，在位二十年，廟號德宗。

[1]虎思斡耳朵：或譯作骨斯訛魯朵。據《金史》卷一二一《粘割韓奴傳》載："大定中，回紇移習覽三人至西南招討司貿易，自言本國回紇鄒括番部，所居城名骨斯訛魯朵。俗無兵器，以田爲業，所獲十分之一輸官。耆老相傳，先時契丹至不能拒，因臣之。契丹所居屯營，乘馬行自旦至日中始周匝。"鄒括番部也就是被契丹耶律大石征服的喀拉汗王朝，土著居民信奉伊斯蘭教，故稱爲"移習覽"（伊斯蘭）。他們所居之城，後來雖名骨斯訛魯朵（即虎思斡耳朵），但顯然是契丹人到來之前就存在的，地當今中亞吉爾吉斯斯坦楚河流域之托克瑪克城附近，突厥人原稱爲八剌沙袞，即《唐書·地理志》上的裴羅將軍城（王國維《觀堂集林》卷一四《西遼都城虎思斡耳朵考》）。但應指出的是契丹人並不住在城中，他們另有"屯營"而不與土著居民混雜。這個屯營與土著居民的城相去不甚遠，故兩者皆稱虎思斡耳朵，真正的虎思斡耳朵顯然是指契丹人的屯營，而不是指土著居民的城。這個屯營範圍很大，以至於騎馬繞行一周也得花上大半天，也就是說，比明清時期的北京城還要大。

子夷列年幼，遺命皇后權國。后名塔不煙，號感天皇后，稱制，改元咸清，在位七年。子夷列即位，改元紹興。籍民十八歲以上，得八萬四千五百户。在位十三年歿，廟號仁宗。

子幼，遺詔以妹普速完權國，稱制，改元崇福，號承天太后。后與駙馬蕭朶魯不弟朴古只沙里通，出駙馬爲東平王，羅織殺之。駙馬父斡里剌以兵圍其宮，射殺普速完及朴古只沙里。普速完在位十四年。

仁宗次子直魯古即位，改元天禧，在位三十四年。時秋出獵，乃蠻王屈出律以伏兵八千擒之而據其位，[1]遂襲遼衣冠，尊直魯古爲太上皇，皇后爲皇太后，朝夕問起居，以侍終焉。直魯古死，遼絶。

[1]直魯古被擒：西遼紀年存在很多爭議，此據魏良弢著《西遼史綱》附《西遼王朝紀年表》直魯古是在天禧三十四年（1211）被擒。

耶律淳在天祚之世歷王大國，受賜金券、贊拜不名，一時恩遇無與爲比。當天祚播越，以都元帥留守南京，獨不可奮大義以激燕民及諸大臣興勤王之師，東拒金而迎天祚乎？乃自取之，是簒也，況忍王天祚哉！

大石既帝淳而王天祚矣，復歸天祚。天祚責以大義，乃自立爲王而去之，幸藉祖宗餘威遺智，建號萬里之外。雖寡母弱子，更繼迭承，幾九十年，亦可謂難矣。

然淳與雅里、大石之立，皆在天祚之世，有君而復君之，其可乎哉？諸葛武侯爲獻帝發喪，[1]而後立先主爲帝者，不可同年語矣。故著以爲戒云。

[1]諸葛武侯爲獻帝發喪：《通鑑》卷六九曹魏黄初二年（221）三月："蜀中傳言漢帝已遇害，於是漢中王發喪制服，謚曰孝愍皇帝。群下競言符瑞，勸漢中王稱尊號。""夏四月丙午，漢中王即皇帝位於武擔之南部郡。"

贊曰：遼起朔野，兵甲之盛，鼓行儌外，席卷河朔，樹晉植漢，何其壯歟？太祖、太宗乘百戰之勢，輯新造之邦，英謀叡略可謂遠矣。雖以世宗中才、穆宗殘暴，連遭弒逆而神器不搖，蓋由祖宗威令猶足以震疊其國人也。

聖宗以來，内修政治，外拓疆宇。既而申固鄰好，四境乂安，維持二百餘年之基，有自來矣。

降臻天祚，既丁末運，又觖人望，崇信姦回，自椓國本，群下離心。金兵一集内難先作，廢立之謀、叛亡之跡相繼蠭起，[1]馴致土崩瓦解，不可復支，良可哀也！耶律與蕭世爲甥舅，義同休戚。奉先挾私滅公，[2]首氏構難，一至於斯。天祚窮蹙，始悟奉先誤己，不幾晚乎！

[1]廢立之謀：指蕭奉先誣告耶律余覩勾結駙馬蕭昱陰謀立其外甥晉王爲帝一事。　叛亡之跡：蕭奉先誣陷余覩結納駙馬蕭昱等陰謀立晉王爲帝。天祚爲此殺蕭昱，賜文妃死。余覩在軍中得知此事後，恐怕不能自明而被誅，即率千餘士兵，連同軍帳中的親信叛歸女直。

[2]奉先：即蕭奉先（？—1122）。天祚元妃之兄。因元妃故，奉先得以累次陞遷，最後官至樞密使，封蘭陵郡王。天慶四年（1114）阿骨打起兵進犯寧江州，天祚命奉先弟嗣先爲都統，率領番、漢兵前去征討，於出河店敗績逃走。奉先擔心其弟嗣先被誅，奏請天祚肆赦。從此以後士無鬥志，遇敵即潰。本書卷一〇二有傳。

淳、雅里所謂名不正，言不順，事不成者也。大石苟延，彼善於此，亦幾何哉？

（李錫厚注　劉鳳翥校）